Blumenstock · Handbuch der Leseübungen

Leonhard Blumenstock

Handbuch der Leseübungen

Vorschläge und Materialien zur Gestaltung des Erstleseunterrichts mit Schwerpunkt im sprachlich-akustischen Bereich

6. Auflage

Beltz Verlag · Weinheim und Basel

6., neu ausgestattete Auflage 1997

Gesetzt nach den neuen Rechtschreibregeln

Lektorat: Peter E. Kalb

Satz: Satz- und Reprotechnik GmbH, Hemsbach
Druck: Druckhaus Beltz, Hemsbach
Zeichnungen und Gestaltung: Ottmar Frick, Reutlingen
Umschlaggestaltung: Federico Luci, Köln
Umschlagfoto: Michael Seifert, Hannover
Printed in Germany

ISBN 3-407-62357-7

Inhaltsverzeichnis

0. Einleitung

Der grundlegende Leseunterricht besitzt für die schulische Laufbahn eines Kindes große Bedeutung. Vor allem Lese-Rechtschreib-Schwächen können durch einen ungenügend durchdachten und nicht auf wesentliche Fähigkeiten ausgerichteten Erstleseunterricht begünstigt werden (vgl. u.a. Valtin 1975, Schultheis 1976). Die in den letzten Jahren erschienenen Leselernwerke bieten zwar viel Material an, unterscheiden aber häufig nicht zwischen wesentlichen und unwesentlicheren Bereichen; sie erschweren oft auch durch die Vielfalt der gebotenen Übungen unterschiedlicher Zielrichtungen den Überblick oder binden den Lehrer eng in einen festgelegten Lehrgang ein.

Im vorliegenden Übungs- und Materialangebot wurden Bereiche besonders herausgestellt, die sich in den Forschungen zur Lese-Rechtschreib-Schwäche der letzten Jahre als besonders wichtig herausgestellt haben und die zentral für den Erwerb der Lesefähigkeit sein dürften:

- Einsicht in das phonematische Grundprinzip der Schriftsprache gewinnen;
- Beziehungen zwischen Lautsprache und Schriftsprache herstellen;
- Sprache akustisch-sprachlich durchschauen und differenzieren;
- Einblick in die Wortstruktur gewinnen.

Bei der Zusammenstellung des Materials ist Vollständigkeit nicht angestrebt. Kein kompletter Erstleselehrgang soll angeboten werden, sondern ein nach Schwerpunkten geordnetes Übungs- und Materialangebot, das für häufig auftretende Lernsituationen des 1. Schuljahres gedacht ist. Besondere individuelle Probleme einzelner Schüler oder spezifische Klassensituationen können natürlich nicht berücksichtigt werden. So kommen zwangsläufig auch kommunikative Bezüge zwischen Schreiber und Leser oder situationsbezogene spontane Lese- und Schreibaktivitäten in dieser Zusammenstellung zu kurz. Außerdem ist die gesamte graphomotorische Seite des Schreiblehrgangs nicht angesprochen, da es hierzu zahlreiche gut verwendbare eigene Lehrgänge gibt.
Aspekte des über die Einführung hinausgehenden weiterführenden Lesens sind nur angesprochen, soweit sie die Erweiterung der Lesefertigkeit im engeren Sinne berühren (vgl. Ritz-Fröhlich 1971). Auf eine Darlegung der Probleme literarischer Grunderziehung, die zweifellos bereits im 1. Schuljahr beginnt, wurde ebenfalls verzichtet.
Im grundlegenden Teil I wird versucht, die gewählten Schwerpunkte des Übungsangebotes aus dem aktuellen Stand der Diskussion über Probleme der Einführung in die Schriftsprache zu begründen. In Teil II ist ein nach Lernschwerpunkten geordnetes Übungsangebot bereitgestellt, aus dem der Lehrer unabhängig vom verwendeten Lehrgang auswählen kann. Innerhalb der Schwerpunktbereiche sind die Übungen in etwa nach ihrem Schwierigkeitsgrad geordnet. So kann der Lehrer in besonders wichtigen Bereichen den Lernvorgang vertiefen, für lernschwache Schüler geeignete Übungen auswählen, spielerische Angebote für Lerngruppen bereitstellen oder schneller lernenden Schülern zusätzliches Arbeits- oder Spielmaterial anbieten. Er kann sich auf diese Weise von einem gängelnden Lehrgang freimachen. Auch die Erarbeitung eines eigenen Leselehrganges – im Sinne einer Eigenfibel – wird durch das Übungsangebot erleichtert (vgl. die Übungsübersicht S. 25).
In Teil III ist Sprachmaterial zusammengestellt, das in den Übungen verwendet werden kann (z.B. Grundwortschatzangebote für den Lehrgang, Wortschatz für die Einzellaut- oder die Gesamtlautanalyse, ferner eine Sammlung an Kurzgedichten, Zungenbrechern und Kinderliedern für die Lautbildung). Außerdem sind akustische, optische und gestische Hilfen zur Einprägung von Lauten und Buchstaben enthalten.
Teil IV (Anhang) enthält wichtige Literatur zum Erstleseunterricht, eine Übersicht über geeignete Lernmaterialien und Lesestoffe für den Leseanfänger, Hinweise auf leicht durchführbare Tests zur Erfassung der Lernvoraussetzungen und des Lernerfolges sowie eine Auflistung neuerer Leselehrgänge.
Das Handbuch entstand aus einer Dissertation zur Prophylaxe der Lese- und Rechtschreibschwäche im 1. Schuljahr (Blumenstock 1979), aus Lehrveranstaltungen zu Theorie und Praxis des Erstlese- und -schreibunterrichts und zur Lese-Rechtschreib-Schwäche an der Erziehungswissenschaftlichen Hochschule Rheinland-Pfalz, Abteilung Landau, sowie aus eigenen praktischen Unterrichtserfahrungen in ersten Schuljahren.

I

Grundlegender Teil: Vorüberlegungen zu den Übungsschwerpunkten

1. Beziehungen zwischen Lautsprache und Schriftsprache auf der Ebene der Elemente

1.1. Der lautsprachliche Charakter der Schriftsprache

Beim Leselehrgang handelt es sich um die erste grundlegende Begegnung der Schüler mit der Schriftsprache. Während Kinder im Alter von sechs Jahren die gesprochene Sprache recht sicher handhaben, fehlt ihnen meist die Fähigkeit, schriftlich fixierte Sprache zu entschlüsseln, das heißt sie in gesprochene Sprache zu überführen und den Sinn des Geschriebenen zu erfassen. Die Einführung in das Lesen muss grundlegende Aspekte dieser Beziehung zwischen Schrift- und Lautsprache in den Vordergrund stellen:
Da unsere Schrift eine Lautschrift darstellt – im Unterschied etwa zu Begriffsschriften –, sollte in den Mittelpunkt der Einführung zunächst die Beziehung zwischen den Grundelementen der geschriebenen Sprache (Buchstaben) und denen der gesprochenen Sprache (Laute) treten. Die Begriffe „Laut" bzw. „Buchstabe" werden hier im Sinne der heute häufig zu lesenden Begriffe „Phonem" bzw. „Graphem" (Abstraktionen vom jeweils variierten Einzelelement; vgl. u. a. Bierwisch, in: Hofer 1976, S. 50ff.) verwendet.
Die Beziehung zwischen Laut und Buchstabe stellt das „Grundmodell der alphabetischen Schriftsysteme" dar (Schwartz 1978, S. 295). Durch Verwendung der Lautschrift gelingt es, mit wenigen grafischen Zeichen jede Lautstruktur aufzuschreiben. Dieses Grundprinzip ist sehr einfach und daher auch gut für die Einführung in das Erlesen einer Lautschrift geeignet (vgl. auch Vestner 1975).

1.2. Die Bedeutung sprachlich-akustischer Übungen

1.2.1. Grundsätzliches

Durch zahlreiche Untersuchungen, besonders bei der Erforschung der Probleme mangelnder Lese- und Rechtschreibfähigkeiten, wurde die Bedeutung sprachlich-akustischer Fähigkeiten herausgestellt. Es sind dies vor allem vier Bereiche (vgl. auch Blumenstock 1979, S. 20ff.):

- Artikulation/Lautbildung
  (Wörter korrekt sprechen, Laute korrekt bilden; vgl. Übungen S. 46–49, 85–94).
- Lautunterscheidung (-diskrimination)
  (Laute akustisch im Wort und als Einzellaute unterscheiden; vgl. Übungen S. 33–34).
- Lautanalyse
  (Einzellautanalyse gegenüber Anfangs-, Binnen- und Endlauten; vgl. Übungen S. 29–33, 51–52).
- Lautsynthese (-verbindung)
  (Verbindung der isolierten Normallautreihe zu einem gesprochenen Wort; vgl. Übungen S. 52–55).

Die Ergebnisse der empirischen Untersuchungen (vgl. u.a. Kossakowski 1962; Valtin 1972; Blumenstock 1979) lassen sich dahin gehend zusammenfassen, dass besonders der Lautanalyse- und Lautverbindungsfähigkeit hohe Bedeutung für den Erwerb der Lesefähigkeit zukommt. Daher sind diese Bereiche in den Mittelpunkt eines Erstleselehrganges zu rücken. Die Forderung gilt besonders für lernschwache Schüler, die im Analysieren und Synthetisieren große Schwierigkeiten besitzen. Lautbildungs- und Lautunterscheidungsschwierigkeiten sind demgegenüber seltener. Sie sind aber dort, wo sie auftreten, durch geeignete Übungsmaßnahmen gezielt zu bekämpfen.
Insgesamt muss im Erstleseunterricht ein hohes Maß sprachlicher Aktivität aufgewandt werden.
Die gesprochene Sprache (Lautsprache) der Schüler wird durch folgende Übungen differenzierter erfasst, akustisch überprüft und verbessert:

- Sprechen und Flüstern von Wörtern und größeren sprachlichen Einheiten,
- genaues Bilden von Lauten,
- exaktes Hören auf den Lehrer und auf den Mitschüler,
- Sprechen der in einem Wort enthaltenen Lautreihe aufgrund exakten Abhörens,
- Bilden von Wörtern aus gesprochenen Lautreihen.

Die gesprochene Sprache wird ferner durch gezielte Übungen im Einzellautbereich und im Bereich von größeren Spracheinheiten (vor allem Morpheme und Wörter, aber auch Sätze; vgl. dazu die Überlegungen S. 16–18) zur Schriftsprache in Beziehung gesetzt.
Somit wird schon im Bereich der Einzelelemente die grundlegende Einsicht in das Hauptprinzip der Lautsprache angebahnt:

- Der erste Laut im gesprochenen Wort entspricht dem ersten Buchstaben im geschriebenen Wort;

- der letzte Laut im gesprochenen Wort entspricht dem letzten Buchstaben im geschriebenen Wort;
- ein Laut im Wortinneren entspricht auch einem Buchstaben im Wortinneren.

1.2.2. Artikulation/Lautbildung

In mehreren Untersuchungen wurden Beziehungen zwischen der Fähigkeit der Schüler in der Artikulation und Lautbildung und der Lesefähigkeit festgestellt.
Besonders Kossakowski (1962, S. 21) fand signifikante Beziehungen zwischen Schwächen in Lesen und Rechtschreibungen und der Artikulation. (vgl. auch Blumenstock 1979, S. 21 ff.).
Demnach liegt die Bedeutung von Lautbildungsübungen einmal darin, die Schüler allgemein sicher in der Aussprache der Laute, der Lautgruppen, der Wörter und der (zum Teil schwierig zu sprechenden) Satzgebilde zu machen. Sie liegt ferner in der Behebung leichterer Sprachfehler, die nicht unbedingt einer Sonderbehandlung bedürfen (vgl. die Einordnung der Artikulationsschwächen bei Fried 1981, Topsch 1979, Führing u. a. 1978).
Wichtig im ersten Schuljahr ist eine rechtzeitige Feststellung von Sprachfehlern.
Dies kann im Bereich der Lautbildung durch den Lautbildungstest von Fried (LBT) geschehen (vgl. Diagnostische Instrumente im Anhang).
Folgende Übungsmöglichkeiten sind zu berücksichtigen:
- Übungen, die unbewusst die Lautbildung fördern (für den Vorschulbereich gibt hier Fried (1981) einen hervorragenden Überblick);
- Sprechverse, geeigneten Wortschatz sprechen lassen und somit zwar bewusst, aber doch spielerisch die Lautbildung fördern;
- Bewusstmachen der Lautbildung und der Unterschiede zwischen verwechselbaren Lauten (isoliert und im Wort);
- falsche Lautbildung korrigieren.

Methodische Möglichkeiten:
- Eigene Sprechwerkzeuge befühlen, betasten, beobachten;
- fremde Sprachvorbilder (Lehrer, Mitschüler, Mundtafeln) beobachten (bzw. betrachten), nachsprechen, Lautbildung von der Mundstellung absehen;
- Lautbildung durch Sprechen verbessern;
- isolierte Laute üben.

1.2.3. Lautdiskrimination

Im 1. Schuljahr darf eine Beziehung zwischen Lautdiskriminationsvermögen und Lesefähigkeit angenommen werden. Schüler, die grundlegende Schwächen in der Lautunterscheidungsfähigkeit besitzen, machen mehr Lesefehler als andere (vgl. die Zusammenfassung mehrerer Untersuchungen bei Blumenstock 1979, S. 25 ff.). Ebenso geht aus Untersuchungen hervor, dass die Lautdiskriminationsfähigkeit eng mit der Artikulations- und akustischen Analysefähigkeit verbunden ist.
Nach Kossakowski (1962, S. 35) sind vor allem Konsonanten akustisch leicht zu verwechseln:
- Explosivlaute (d–t, g–k, b–p).
- Andere akustisch ähnliche Laute, besonders wenn sie an der gleichen oder einer nahe gelegenen Stelle im Sprechapparat gebildet werden, besonders:
  m–n, s–sch, s–z, ch_1–sch, w–f, ch_2–r, x–s, x–z.
- Bei Vokalen kommen Verwechslungen ebenfalls vor:
  z. B. a–o, u–ü, ü–i, ü–ö, ei–eu.
  Vokale werden aber bei weitem nicht so häufig verwechselt wie Konsonanten. Daher soll das Hauptaugenmerk auf Konsonanten gerichtet werden.

Die Diskrimination von Einzellauten fällt leichter als die Lautunterscheidung im Wortverband. Die Übungen werden daher meist an Wortmaterial durchgeführt. Folgende Prinzipien sind dabei zu beachten:
- Reihenfolge der zu unterscheidenden Laute:
  Anfangslaute, dann Endlaute, zuletzt Binnenlaute (vgl. auch dieselbe Reihenfolge in der akustischen Analyse).
- Wortwahl: Je länger und komplexer das Wort, desto schwieriger ist die Lautdiskrimination. Daher ist auf Steigerung der Schwierigkeiten in der Wortwahl zu achten.

Eine große Auswahl an leicht zu verwechselnden Wörtern ist im Bremer Lautdiskriminationstest (BLDT) von Niemeyer (vgl. Übersicht über Testverfahren S. 153) zu finden.
Zur exakten Überprüfung der Lautdiskriminationsfähigkeit eines Schülers kann der standardisierte Lautunterscheidungstest von Fried (LUT) eingesetzt werden (vgl. Übersicht über Testverfahren S. 153).
Übungen mit der gesamten Klasse sind schon recht früh im Zusammenhang mit akustischen und artikulatorischen Übungen durchzuführen. Besonders wichtig ist aber, dass der Lehrer individuelle Schwächen bei einzelnen Schülern fest-

stellt und sie gezielt durch Übungen bekämpft (vgl. die Wortzusammenstellungen zu verschiedenen Lautgegenüberstellungen S. 115).

1.3. Laut-Buchstaben-Assoziation im Einzelelementenbereich

Durch die Arbeit an den Elementen der Schrift- und Lautsprache und ihre Assoziierung wird das Grundmaterial für den Leselehrgang bereitgestellt (vgl. Übungen S. 40–46).
Methodisch sind zwei Übungsbereiche zu unterscheiden:

- Analytische Formen:
  Buchstaben werden aus dem geschriebenen Wort, Laute aus dem gesprochenen Wort ausgegliedert und wechselseitig in Beziehung gesetzt.
- Arbeit am isolierten Element (Buchstaben-Laut-Beziehung):
  Die gegenseitige Buchstaben-Laut-Beziehung muss auch am isolierten Element geübt werden. Das Ziel besteht darin, die Kenntnis von Buchstaben und Lauten in beiden Richtungen zu automatisieren.

Bei der Durchführung der Übungen ist Folgendes zu beachten:

- Der Buchstabe wird fest mit dem Laut verbunden: eine Basisvoraussetzung für das Lesenlernen. Unkenntnis des Lautwertes von Einzelbuchstaben ist ein recht häufiges Hindernis für das Erlesen.
- Außerdem soll der Schüler merken, dass Buchstaben im Wort sehr häufig einem bestimmten Lautwert (mit einer gewissen Variationsbreite) entsprechen.
  Dazu bedarf es der Verwendung weitgehend lauttreuen und leicht durchschaubaren Wortmaterials mit einfacher innerer Struktur (z.B. Wörter mit wenigen Buchstaben oder einfacher Vokal-Konsonanten- oder Konsonanten-Vokal-Folge).
- Die Elemente müssen vollständig, gründlich und in einer überlegten Schwierigkeitsstufung eingeführt werden (vgl. Kap. 1.5., S. 14–15).
- Akustische Übungen bereiten meist mehr Schwierigkeiten als optische. Daher sind mit besonderer Gründlichkeit akustische Übungen durchzuführen.
- Lange geschlossene Laute sind akustisch leichter zu analysieren als kurze offene. Dies ist bei den ersten Analysen zu beachten (Beispiel: Das <O> in Ofen ist leichter zu hören als das <O> in Tom).
- Die Variationsbreite eines Lautes (z.B. die unterschiedliche phonetische Wertigkeit des <E> in Erika, Essen, Spinne) spielt am Anfang noch keine Rolle. Sie ist jedoch im weiteren Fortgang des Unterrichts zu beachten.
- Die Schüler sollten die Elemente der Schrift nicht zu spät im Lehrgang kennen lernen. Es ist möglich, bereits in den ersten Tagen mit akustischen und dann optischen Analysen zu beginnen und anschließend in regelmäßigen Abständen die Elemente einzuführen.
- Durch möglichst tägliche Übungen sollen alle Schüler zur Beherrschung der Ziele in den drei Lernbereichen geführt werden.
- Übungen an der Buchstaben-Laut-Beziehung sind nach ihrer Einführung für längere Zeit täglich durchzuführen, zumindest so lange, bis möglichst alle Schüler die Einzelelemente beherrschen.

1.4. Optische Arbeit am Buchstaben

1. Die optische Erfassung des Einzelbuchstabens genießt bei den Ganzheitlern (vgl. Kern/Kern 1964) zeitlichen Vorrang vor der akustischen Arbeit. Nach neueren Untersuchungen (vgl. Oehrle 1975) sind rein optische Schwächen auch bei lese-rechtschreib-schwachen Kindern selten. Es empfiehlt sich daher bei der Mehrzahl der Übungen die optische Arbeit am Einzelbuchstaben mit der akustischen zusammenzufassen.
2. Die optische Seite darf dennoch nicht zu kurz kommen, damit die Kinder
   - bestimmte Einzelelemente wieder erkennen (isoliert und im Wort),
   - Einzelelemente als gleich erkennen (identifizieren) und
   - Einzelelemente unterscheiden (diskriminieren).

   Die Arbeit im optischen Bereich am Einzelbuchstaben erstreckt sich daher darauf, die Form von Buchstaben zu erfassen und einzuprägen, sie auch bei geringfügigen Variationen (z.B. Größe) als gleich zu erkennen und Buchstaben ähnlicher Form voneinander zu unterscheiden.
3. Erste Voraussetzung für die optische Arbeit ist die Sehfähigkeit der Schüler. Sie sollte im Zweifelsfall ärztlich überprüft werden (vgl. einen informellen Sehtest für Kinder bei Topsch 1979).

4. Die Übungsarbeit muss verschiedene Tätigkeitsformen einbeziehen:
   - das Betrachten und Vergleichen der Buchstabenformen,
   - das Nachfahren, Betasten (z. B. von Plastikbuchstaben),
   - das Nachlegen (mit kleinen Steinchen) oder Nachformen (Plastilin),
   - das Schreiben der Buchstaben (vgl. Übungen S. 38–40).

1.5. Reihenfolge der einzuführenden Buchstaben/Laute

(vgl. auch Bleidick 1976, S. 90 f.)

Da die akustische Analyse zugleich schwierig und wichtig ist, haben akustische Prinzipien bei der Festlegung der Reihenfolge Vorrang:

- Laute, die gedehnt gesprochen werden können, stehen am Anfang (z. B. Vokale oder so genannte Dauerkonsonanten wie M, S, R).
- Laute, die nur in typischer Verbindung mit einem anderen Laut vorkommen (au, ei, eu) sollten aus folgenden Gründen nicht am Anfang stehen:
  Schüler empfinden diese Laute häufig als zwei Laute (akustische Analyse).
  Falls der Lehrer die Diphtonge als einen Laut vor den Einzellauten einführt, kommen diejenigen Schüler in Konflikt, die bereits lesen können und wissen, dass hier ein Doppelbuchstabe geschrieben wird.

Bei einem Lehrgang, der Lesen und Schreiben von Anfang an verbindet, sind in zweiter Hinsicht optische und schreibmotorische Prinzipien zu berücksichtigen; das heißt, von **den** Lauten/Buchstaben, die aus akustischen Gründen Priorität genießen, sind die optisch-schreibmotorisch einprägsamen vorzuziehen.

Die Häufigkeitsrangreihe der Buchstaben (vgl. Schönpflug 1969, S. 157 ff.) zeigt, dass auch Explosivlaute (besonders t–d) in der Sprachverwendung ziemlich häufig vorkommen. Obwohl Explosivlaute akustisch Nachteile bei der Analyse besitzen, müssen dennoch einige ziemlich an den Anfang der Analyse gestellt werden.

Die Häufigkeitsrangreihe zeigt auch, dass die Umlaute ü, ä, ö und danach j, y, x und q die am seltensten vorkommenden Buchstaben sind.

Vorgeschlagene Reihenfolge der Buchstaben/Laute:

1. Stufe: Einführung

Vokale:

O: prägnante optische Form, gut zu sprechen und akustisch zu analysieren, Buchstabenform gleicht der Mundstellung beim Sprechen.

I: ist als Druckbuchstabe (i) leicht zu schreiben.

U, A: kommen häufig in Namen vor (Uta, Sabine, Uli, Anna, Andrea).

E: nur als langer Vokal in Anfangsstellung (Eva).

Die Vokale besitzen alle den Vorteil, dass sie in ihrer geschlossenen langen Form gut zu analysieren und gedehnt zu sprechen sind. Erst auf einer späteren Lernstufe sollen die akustischen Variationsformen (kurz, offen) eingeführt werden.

Nasallaute:

M, N: kommen in Wörtern häufig vor, besonders in kindgemäßen Substantiva (Mund, Nase, Maus). Sie sind akustisch von Vorteil, da sie klingen und durch ihren Nasalklang leicht von anderen Lauten unterschieden werden können. Da sie als Nasallaute miteinander verwechselt werden können, sind sie getrennt nacheinander einzuführen und dann gezielt zu diskriminieren.

Reibelaute:

S: optisch sehr einprägsam (Vergleich mit Seil, Schlange), akustisch auffällig.

F: kommt in Substantiva der Leselehrgänge sehr häufig vor (Fisch, Affe, Frosch, Fenster), prägnant im akustischen Klang (das V ist als Buchstabe vom F getrennt einzuführen, um Verwechslungen zu vermeiden. Akustisch ist natürlich keine Unterscheidung zwischen F–V möglich).

Zitterlaut:

R: akustisch sehr gut einzuführen (Rasseln des Weckers), klingt deutlich als Anfangslaut, kommt häufig vor (Rad, Roller, Tor, Uhr, rot).

2. Stufe: Die meisten der anderen Laute/Buchstaben können auf einer zweiten Stufe eingeführt werden. Dabei ist die Reihenfolge unwesentlich.

Explosivlaute:

B–P, D–T, G–K

Sie kommen relativ häufig in Wörtern vor, sind recht gut zu hören, aber nicht gedehnt zu sprechen, da sie sofort verklingen.

Sie sind zunächst getrennt einzuführen. Spätere Diskriminationsübungen sind bei den Paaren B–P, G–K und D–T sinnvoll.
Reibelaute: W, V, Sch
Diphtonge: Ei, Au
Hauchlaut: H
Lateralengelaut: L

3. Stufe: Seltener vorkommende Laute/Buchstaben und solche, die besondere Schwierigkeiten bereiten, stehen am Schluss des Lehrgangs.
Umlaute: Ä, Ö, Ü
Sie kommen in der Sprache seltener vor, häufig in Ableitungsformen (z. B. Mehrzahlbildungen Hand–Hände).
Umgelautete Diphtonge: Äu (Eu)
Seltene Laute/Buchstaben, die am Schluss der Häufigkeitsrangreihe stehen: J, X, Q, Y:
Davon bieten X und Q noch zusätzlich Schwierigkeiten, da sie als doppelter Laut gesprochen werden <ks> bzw. <kw>.
Das Gleiche gilt auch für Z (Sprechweise <ts>).
C, Ch: Beide Buchstaben bieten große Schwierigkeiten, da sie einer ganzen Reihe von Lautwerten zugeordnet werden können. Sie sollten daher erst ganz am Schluss eingeführt werden.

C: kommt als Einzelbuchstabe selten vor, meist in Fremdwörtern, hier in sehr unterschiedlicher Sprechweise:
<k> Cockpit, Club
<tsch> Cello
<s> City
<ts> Celle

Ch: Hier sind zwei völlig verschiedene Lautungen möglich, die häufig als ch_1 (ich-Laut) und ch_2 (ach-Laut) bezeichnet werden. Dazu kommt die oft völlig andere Aussprache in Fremdwörtern:
<k> Chor
<sch> Chanson

Ng: Der ng-Laut ist ein Nasallaut, der im hinteren Bereich der Mundhöhle gebildet wird. Für die Schüler ist schwierig, dass der Einzellaut durch einen Doppelbuchstaben repräsentiert wird.

1.6. Assoziationshilfen

Für schwächere Schüler, denen es besonders schwer fällt, sich die Buchstabenform, den Lautwert oder die Beziehung zwischen Buchstabe und Laut einzuprägen, können „Einprägungshilfen" wichtige Lernstützen darstellen (S. 95–113).
Viele dieser Assoziationshilfen sind seit der Zeit der synthetischen Lehrgänge bekannt, gerieten dann aber weitgehend in Vergessenheit und werden heute eigentlich nur noch im Unterricht der Sonderschulen verwendet, obwohl sie für Grundschüler mit Lernschwächen ebenfalls wichtig sind.
Diese Assoziationshilfen (Zeichen, Gebärden, akustische Symbole) können – besonders bei lernschwachen Schülern – über die Unterstützung der Laut-Buchstaben-Einprägung hinaus auch Hilfen für die Laut- und Buchstabensynthese darstellen (vgl. dazu Kraft 1971; Schultheis 1972; Dummer 1978).
Folgende Möglichkeiten sind gegeben:
(vgl. auch Bleidick 1966, S. 126 ff.; Kowarik/Kraft 1973, S. 72 ff.; Radigk 1979, S. 82 ff.)

- Einprägungshilfen für den Laut:
  Bedeutungslautmethode (Laute, die in der Umwelt des Kindes vorkommen, werden herangezogen) (S. 95),
  Interjektionsmethode (gefühlshaltige Ausrufe in bestimmten Situationen) (S. 95),
  Anlaut- bzw. Auslautmethode (Wörter, die einen Laut in typischer Weise als Anfangs- oder Endlaut beinhalten) (S. 95–96).
- Einprägungshilfen für die Form des Buchstabens (S. 96).
- Ausdrucksgebärden (Handzeichen, Lautgebärden) als Einprägungshilfen für Buchstabe oder Laut (je nach System; Beispiele häufig gebrauchter klein- bzw. großmotorischer Systeme sind S. 97–113 zu finden).

2. Wortstruktur

2.1. Buchstaben- und Lautstruktur eines Wortes

Die Übungen an der Gesamtheit der Elemente (Buchstaben/Laute) von Spracheinheiten (meist Wörter) stellen aufbauend auf die Übungen an den Einzelelementen das Material bereit, mit dem die grundlegenden Einsichten in die Charakteristika der Lautschrift gewonnen werden können:

- Die gesprochene Sprache besteht aus Lauten.
- Diesen Lauten lassen sich Schriftzeichen zuordnen. Damit kann man die gesprochene Sprache darstellen.
- Die Schriftzeichenfolge kann wieder in die Lautfolge zurückverwandelt werden.
- Laute, die am Anfang eines Wortes zu hören sind, entsprechen den Anfangsbuchstaben, Laute am Wortende den Endbuchstaben;
  grundsätzlich entsprechen die Lautpositionen den Buchstabenpositionen.
- Umstellungen von Lauten in der gesprochenen Sprache bedingen auch Buchstabenänderungen und umgekehrt; Änderungen bei den Lauten ziehen Buchstabenänderungen nach sich.

Bei allen Abweichungen und nicht eindeutigen Zuordnungen zwischen Laut und Buchstabe, die besonders von linguistischer Seite hervorgehoben wurden (vgl. u.a. Bierwisch, in: Hofer 1976, S. 50ff.), gelten dennoch die genannten Prinzipien. Es ist sicher lernpsychologisch günstig, den Schülern zunächst an relativ lauttreuen und innerlich einfach strukturierten Wörtern (vgl. die Wortschatzsammlung S. 116) die grundlegenden Wechselbeziehungen zwischen geschriebener und gesprochener Sprache aufzuzeigen. Das bedeutet nicht, dass andere Prinzipien der Wort- und Sprachstruktur unwichtig wären (vgl. S. 17–18 zur Morphemproblematik).

Die Grundeinsicht, dass Laute zu Buchstaben (bzw. Phoneme zu Graphemen) und Buchstaben zu Lauten in gegenseitiger Wechselbeziehung stehen, kann auf mehreren methodischen Wegen vermittelt werden:

- Analyse- und Synthesemaßnahmen am gesamten Buchstaben- und Lautbestand eines Wortes (Lautieren bzw. Lautsynthese) (vgl. Übungen S. 51–55).
- Wortaufbau und -abbau mit begleitendem Auf- und Abbau des klanglichen Wortkörpers; (vgl. Übungen S. 56–57).
- Veränderungen in der Buchstabenfolge, Buchstabenaustausch und die sich dadurch ergebenden lautlichen Veränderungen (vgl. Übungen S. 57–61).

Folgende Grundsätze sind bei der Durchführung der Übungen zu beachten:

- Im Lehrgang müssen die einzelnen Teilfähigkeiten nacheinander schrittweise erlernt werden. Dabei sind leicht durchschaubare, einfach strukturierte Wörter zu verwenden (besonders zur Einführung in die Technik der Lautanalyse bzw. -synthese).
  Die Übungen müssen so lange durchgeführt werden, bis die Schüler selbstständig Wörter erlesen können.
- Rein oder vorwiegend akustische Formen der Veränderung am Wortkörper werden von den Kindern am wenigsten beherrscht. Akustische Übungen sind daher besonders wichtig.
- Die Schüler müssen lernen, ein Wort akustisch-sprachlich in seine Normallaute (Phoneme) zu zerlegen (Lautieren) und aus den Normallauten die Wortvor- und Wortendgestalt wieder herzustellen (Synthese, Lautverbindung).

Die entscheidende Syntheseleistung, die bei jedem Leseakt gegenüber einem unbekannten Wortkörper beim Leseanfänger notwendig ist, vollzieht sich nämlich im sprechmotorisch-akustischen, nicht im optischen Bereich. Die Buchstaben erinnern an die Lautwerte, aus der Synthese der Lautwerte ergibt sich die Wortvorgestalt, die über die Sinnfindung zur Wortendgestalt wird:

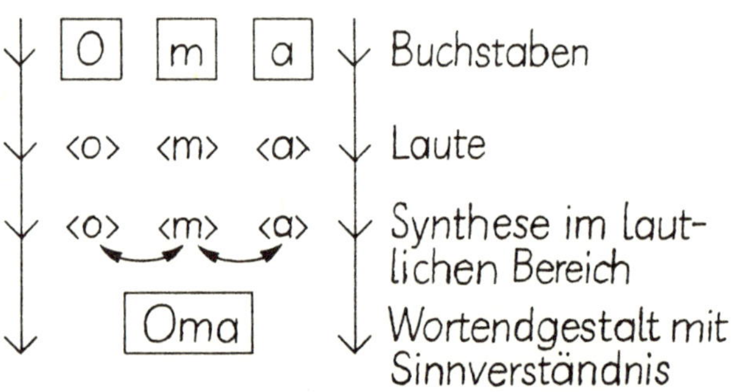

- Die Synthese ist für das Lesenlernen so entscheidend wichtig, dass die Technik gründlich eingeübt werden muss.
  Manche Schüler tun sich bei längeren Wörtern sehr schwer. Sie müssen die Synthese schrittweise erlernen, als Verbindung von zwei Lauten (durch zwei Buchstaben bzw. Buchstabengruppen symbolisiert) zu einer Silbe (vgl. Übungen S. 54–55).

Die Silbensynthese ist nur Mittel zum Zweck, den Schülern die Technik der Synthese an einfachsten Beispielen zu verdeutlichen. Sie darf nicht zum Selbstzweck werden, wie dies in manchen „synthetischen“ Leselehrgängen der Fall ist. Hier werden alle möglichen Buchstaben zu sinnlosen Silben verbunden. Auf die Dauer führt dies zu Schematismus und Langeweile.

2.2. Übergeordnete Strukturelemente des Wortes

Besonders von linguistischer Seite aus wurde nun betont (vgl. Bierwisch 1976), dass zwischen Buchstaben und Normallauten (Phonemen) keine eindeutige Zuordnung besteht, der gleiche Laut also durch mehrere Buchstaben bzw. Buchstabengruppen repräsentiert werden kann (z. B. <i> durch i, ie, ieh). Außerdem kann auch ein Buchstabe zu mehreren Lauten in Beziehung stehen (z. B. wird <e> am Wortanfang häufig geschlossen und gedehnt gesprochen: z. B. Esel; in den Suffixen el, en dagegen wird es kurz, offen und unbetont gesprochen). Es ist notwendig, den Schülern diese Mehrdeutigkeit aufzuzeigen.

Daher wurden von verschiedenen Didaktikern des Erstleseunterrichts elementenübergreifende Strukturprinzipien der Schriftsprache hervorgehoben:

Gliederungseinheiten der gesprochenen Sprache (akustisch-rhythmische Wortgliederung):	**Häufig wiederkehrende Bauteile der Sprache:**	
	Sinngliederung:	sinnfreie Wortgliederung:
Silben	**Morpheme Wortzusammensetzungen**	**z. B. Signalgruppen, Konsonantenhäufungen am Wortanfang**
(vgl. Übungen S. 54–55, 61–63)	(vgl. Übungen S. 63–65)	(vgl. Übungen S. 64)

Über die Bewertung der verschiedenen Strukturierungsmöglichkeiten des Wortes besteht unter den Experten keine Einigkeit. Von Synthetikern wird die Silbe als beste Untergliederungsform und kleinste Syntheseeinheit angesehen (vgl. Dobies: Ich lerne lesen, S. 37).
Warwel (1975) bevorzugt die so genannten „Signalgruppen“ (häufig wiederkehrende Teile in Wörtern wie „ing“ in Ring, singen oder wie „ock“ in Stock, Rock, Bock) als Untereinheiten der Wörter bzw. als „Superzeichen“. Allerdings fällt es schwer, die Signalgruppen voneinander abzugrenzen. Sie bestehen in großer Fülle und können nach Belieben vermehrt werden.
Linguistisch klar abgrenzbar sind dagegen die Morpheme als „kleinste bedeutungstragende Einheiten der Sprache“ (Funkkolleg Linguistik, Studienbegleitbrief 3, S. 64).
So enhalten Wörter wie
gekauft, kaufen oder Kaufladen
das Morphem „kauf“.
Sehr häufig kommen die Funktionsmorpheme (z. B. Präfixe oder Suffixe) vor. Sie sind ein wesentliches Element der Wortbildung und daher für das schnelle Erfassen des Wortes beim Lesen oder für das richtige Schreiben von Bedeutung.

Schubenz (1978) stellt folgende Funktionsmorpheme als besonders häufig und damit für die Wortbildung wichtig heraus:
Grammatikalische Morpheme:
t (in schreib**t**), st (in schreib**st**), e (in bleib**e**), er (in größ**er**), en, n, et, est, end, ent, nd;
Endmorpheme:
heit (in Vergangen**heit**), keit (in Freundlich**keit**), schaft, ung, tum, tüm, nis, mand, ei, ling, in lich, ig, sam, haft, bar, isch, chen, lein, sal, zig;
Anfangsmorpheme:
be (in **be**wegen, ent (in **ent**scheiden), emp, er, ge, ver, zer, ent, miß, rück, ur, um, vor, an (in **an**sehen), zu.
Solche Morpheme sollten durch Wortvergleich von den Kindern als wortkonstituierend in immer gleicher Form wiederkehrend erkannt werden.
Selbstverständlich geht diese Aufgabe in den Rechtschreibunterricht der gesamten Grundschule ein. Keinesfalls sollte der Lehrer auch versuchen, systematisch und erschöpfend alle Morpheme herausstellen zu wollen. Er muss aber an zahlreichen Beispielen erarbeiten, dass viele Teile in Wörtern immer wiederkehren.

3. Anreize zum selbstständigen Erlesen

Morpheme bereits von Anfang des Leselehrganges parallel zu den Elementen Buchstabe/Laut einführen zu wollen, erscheint jedoch aus folgenden Gründen problematisch:
- Die Schüler könnten die Analyseeinheiten verwechseln und Buchstaben mit Buchstabengruppen durcheinander werfen.
- Buchstaben/Laute sind als Analyseeinheiten in ihrer Anzahl überschaubar, während es doch sehr zahlreiche Morpheme in der deutschen Sprache gibt. Dies ist besonders für lernschwache Schüler wichtig, die sich schon bei der Einprägung der Buchstaben-Laut-Beziehung schwer tun.

So liegt es nahe, erst aufbauend auf dem Grundleselehrgang gegen Ende des 1. Schuljahres mit der Arbeit an den Morphemen zu beginnen und sie in den Rechtschreibunterricht der folgenden Schuljahre einzubeziehen.
Daneben sind für die Durchstrukturierung vor allem von längeren Wortgebilden auch die Möglichkeiten der Wortzusammensetzung von Bedeutung.

Eine Besonderheit der deutschen Sprache, die sowohl für Lesen wie für Rechtschreiben Schwierigkeiten bereitet und zugleich wichtig ist, stellen die zahlreichen Konsonantenhäufungen durch Übergangskonsonanten dar:
Pf, Pfl, Zw, Tr, Kl, Dr usw.
Sie müssen gegen Ende des ersten Schuljahres und noch weiterführend im 2. Schuljahr gründlich geübt werden.

Die Schüler sollen motiviert und befähigt werden, sich fremde Wörter in steigendem Schwierigkeitsgrad, dann kleine Sätze und Sinnzusammenhänge selbstständig zu erlesen, das heißt die Klanggestalt aus dem Buchstabenbild herzustellen und die Bedeutung des Gelesenen zu verstehen.
Dazu bedarf es vielfältiger Anreize, denn „Lesen lernt man durch Lesen“ (Meiers 1981, S. 25f.).
Bei der Durchführung des Unterrichts (vgl. Übungen S. 67–72) muss Folgendes berücksichtigt werden:
- Lesematerialien (Fibeln, Kinderbücher, Kinderlexika) sollen bereitgestellt werden (vgl. Materialübersicht im Aushang, S. 143–151).
- Lesesituationen sind durch Eigentexte, Beschriftungen, Notizen, Arbeitsanweisungen, kleine Berichte oder Briefe zu schaffen.
- Erleseanreize müssen so früh wie möglich gegeben werden. Wenn die Schüler Buchstaben-Laut-Verbindungen kennen, Lautier- und Syntheseübungen durchgeführt haben, setzt die Fähigkeit und Bereitschaft ein, Wörter selbstständig zu erlesen.
- Erleseanreize sollen die Schüler motivieren, ihnen Erfolgsgefühle schaffen und sie vom „Gängelband“ der Leseübungen allmählich befreien: „Ich kann es selbst.“
- Die Schüler sollen keinesfalls zum Erlesen gezwungen oder genötigt werden, wenn sie es noch nicht können. Das würde Versagenserlebnisse schaffen. Ermunterungen und Lob nach einer individuell guten Leistung sind sehr förderlich.
- Erleseanreize sind daher sehr individuell nach dem Lesevermögen der Schüler zu stellen.
- Erleseanreize sind in allen Fachbereichen, nicht nur im Erstleseunterricht möglich.
- Die Selbstständigkeit der Schüler wird nicht gefördert durch ständiges unnötiges Vorlesen des Lehrers oder durch ausschließliches „Chorlesen“ der Klasse (Verzicht auf Einzelleistung),
  Bevormundung durch bessere Schüler,
  gängelnden Unterricht, der keine Anreize schafft.
- Die Erleseanreize sollen möglichst abwechslungsreich sein.

4. Verbesserung der Lesefertigkeit

1. Die technische Seite des Lesens muss grundsätzlich im Zusammenhang mit der Inhalts- und Bedeutungserschließung beim Lesen gesehen werden. Unverstandenes kann nicht erlesen werden.
2. Dennoch bedarf es dann, wenn die Schüler zum selbstständigen Erlesen leichten Sprachmaterials in der Lage sind, gezielter Übungen zur Steigerung der technischen Lesefertigkeit (vgl. Übungen S. 73–78).
3. Dazu gehören u.a. Maßnahmen zur Erhöhung des Lesetempos, zur schnelleren Erfassung häufig vorkommender Wörter, zur Steigerung der Erlesefertigkeit gegenüber längeren Wörtern und größeren Sinnzusammenhängen (Verbreiterung des Lesefeldes), aber auch zum Vertrautmachen mit der Variationsbreite der Schriften oder zum Erlesen von Abkürzungen (im Zusammenhang mit der Einführung des Alphabets).
4. Von besonderer Bedeutung für die Lesefertigkeit sind die übergreifenden Funktionen der Aufmerksamkeit, Konzentration über eine längere Zeitspanne hinweg und der Lesefreude, die mit dem Erfolg steigt. Diese Funktionen sollen in allen Übungen angesprochen werden.
5. Die meisten der beschriebenen Übungen sind besonders für leseschwache Schüler geeignet. Sie sind daher gezielt in Förderstunden und Förderkursen anzuwenden, die bereits im ersten Schuljahr zur Vermeidung späterer kumulierter Schwächen im Lese-Rechtschreib-Bereich anzusetzen sind.

5. Förderung der Bedeutungserschließung

1. Die Erschließung der Bedeutung von Gelesenem ist Grundprinzip des gesamten Leselehrgangs. Dem Schüler soll das, was er gelesen hat, verständlich sein.
2. Im Basislehrgang des 1. Schuljahres besitzt der Schüler in aller Regel noch große lesetechnische Schwierigkeiten. Daher sollten die zu erlesenden Wörter und Sinnzusammenhänge keine inhaltlichen Probleme aufwerfen, damit nicht lesetechnische und inhaltliche Schwierigkeiten zusammen den Schüler überfordern.
3. Wenn der Schüler beginnt, selbstständig zu erlesen, wird der Bedeutungsaspekt noch wichtiger. Die Schüler sollen in gezielten Maßnahmen dazu geführt werden, sich den Inhalt von Gelesenem zu erschließen bzw. zunächst einmal überhaupt auf den Inhalt zu achten und darüber nachzudenken (vgl. Übungen S. 79–82). Damit wird auch der Übergang zum Weiterführenden Leseunterricht des 2. Schuljahres vorbereitet (vgl. u.a. Ritz-Fröhlich 1971 und 1981).
4. Je sicherer die Schüler in der Lesetechnik werden, desto mehr kann Augenmerk auf differenziertere Texterschließungen gelegt werden, desto länger und schwieriger können die Texte auch werden.
5. Umgekehrt ist mit fortschreitendem Lesevermögen die Fähigkeit zur Sinn- und Bedeutungserschließung auch Voraussetzung für das Erlesen eines Textes.

6. Verbindung von Lesen und Schreiben

Lesen als Entschlüsseln aufgeschriebener Bedeutung und Schreiben als Verschlüsseln von Gesprochenem stehen in sehr engem Zusammenhang. Beide Tätigkeiten stützen sich gegenseitig. Heller (1977, S. 205 ff.) wies zum Beispiel nach, dass allein durch Lesen das Rechtschreibvermögen der Schüler verbessert werden kann. Umgekehrt wirkt sich Schreiben sehr vorteilhaft auf Lesen aus:
- Buchstabenkenntnis und Formerfassung der Buchstaben werden gestützt;
- das Leseinteresse wird durch Schreiben gefördert (vgl. die Methode der Waldorfschulen und Maria Montessoris; vgl. Dühnfort/Kranich 1971, S. 110 ff.);
- die prinzipielle Einsicht, dass alles Gelesene geschrieben und alles Geschriebene gelesen werden kann, wird durch die Verbindung von Lesen und Schreiben gestützt.

Zahlreiche Didaktiker betonen in den letzten Jahren die Notwendigkeit, Lesen und Schreiben im Anfangsunterricht zu integrieren (vgl. Menzel 1975; Chomsky 1976; Heuß 1977; Liedel 1977). So sollte den Schülern früh die Möglichkeit gegeben werden, Gedachtes, Gelesenes, Gesprochenes in Bild und Text umzusetzen.

Unter diesem Gesichtspunkt kann auch die Druckschrift (gemischte Antiqua) als eine leicht zu erwerbende, dem Schulanfänger gemäße Schriftart (vgl. die Untersuchung von Meis 1963, S. 22 f.) anders als bisher (vgl. Lämmel 1960; Glöckel 1976; Gramm 1971) bewertet werden. Da die gemischte Antiqua als beste Leseschrift unumstritten ist (vgl. Muth 1977, S. 147 ff.), liegt es nahe, parallel in einem Basis-Lese- und Schreibkursus auch Schreibversuche in Druckschrift zu ermöglichen. Dies gilt umso mehr, als nachteilige Auswirkungen der Druckschrift auf die spätere Schreibschrift der Schüler nicht zu befürchten sind (vgl. die gründliche Untersuchung von Weinert u. a. 1966).

Versuche mit der „Vereinfachten Ausgangsschrift“ auf breiterer Basis sollten abgewartet werden. Bisher durchgeführte unterrichtliche Erprobungen lassen vermuten, dass diese Schriftart gute Möglichkeiten zu einer Koordinierung von Schreiben und Lesen eröffnet (vgl. Grünewald, in: Neuhaus-Siemon 1981, S. 55 ff.).

7. Vorschlag für die Anordnung der Übungsschwerpunkte in einem Lehrgang

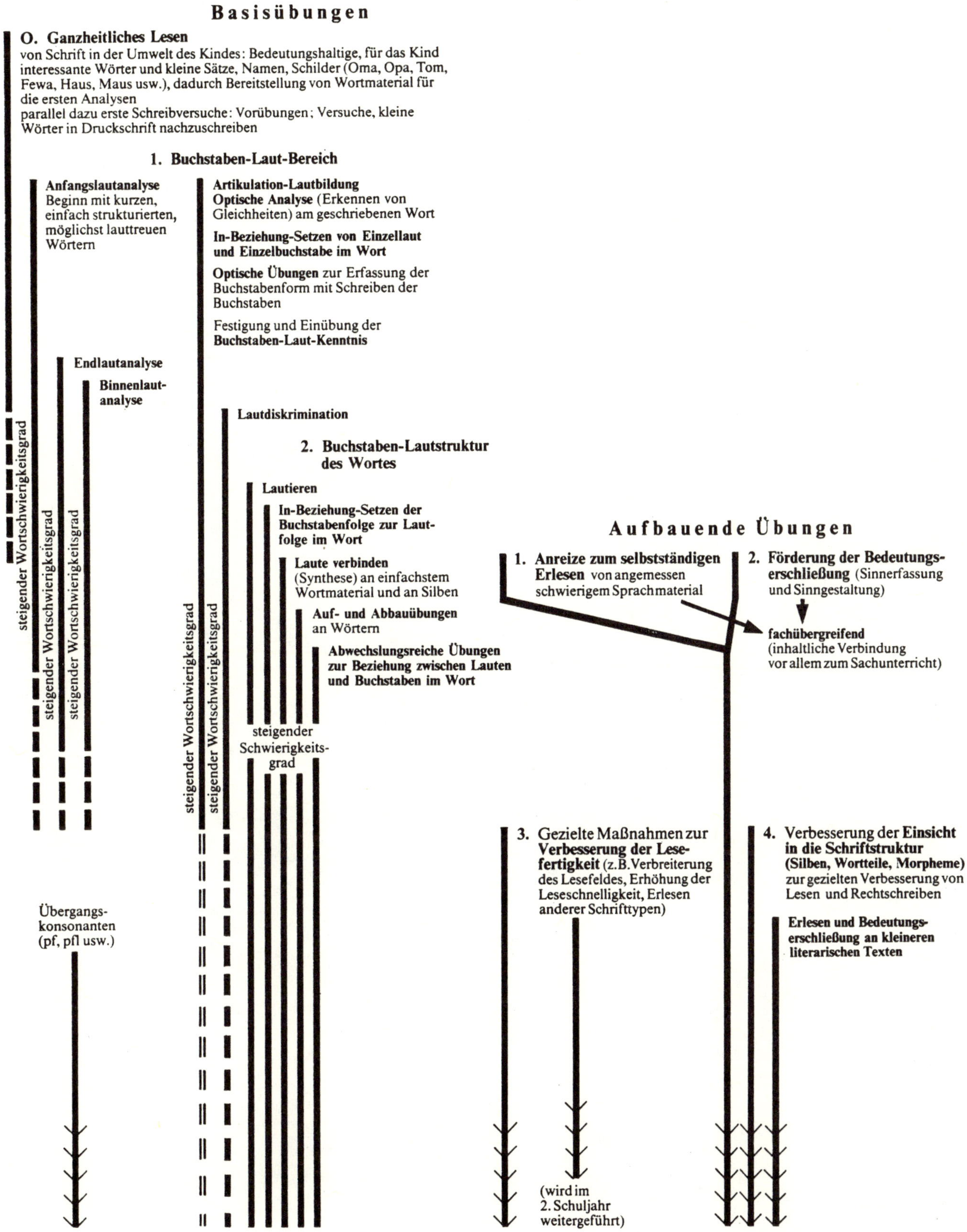

II Übungssammlung

Übungsübersicht

1. Zahl (kursiv) = Nummer der Übung
2. Zahl (fett) = Seitenzahl

① Übungen zu Einzellauten und -buchstaben

		Lautbildungsübungen zu speziellen Lernzielen	Sprechübungen, Verse usw. zur Lautbildung	Einprägungshilfen über Interjektions- und Bedeutungslautverfahren	Wortschatz zur Anfangs- und Endlautanalyse
	b	*76–85* **46–47**	*268–275* **85–86**		*409* **96** *561* **115**
	p	*76–85* **46–47**	*268–275* **85–86**		*397* **95** *410* **96** *574* **115**
Explosivlaute	d	*86–90* **47**	*276–281* **86**	*390* **95**	*412* **96** *562* **115**
	t	*86–90* **47**	*276–281* **86**	*390* **95**	*396* **95** *411* **96** *577, 595* **115**
	g	*91–95* **49–50**	*282–287* **86**		*413* **96** *565* **115**
	k (ck)	*91–95* **49–50**	*282–287* **86**		*414* **96** *569, 588* **115**
	s (ß)	*96–101* **48**	*288–318* **87–88**	*386* **95**	*425* **96** *576, 594* **115**
	z (c)	*96–101* **48**	*288–318* **87–88**	*395* **95**	*427* **96** *580, 597* **115**
	sch	*96–101* **48**	*288–318* **87–88**	*392* **95**	*426* **96** *584* **115**
Reibelaute	x		*288–318* **87–88**		*422* **96**
	ch_1				
	j				*421* **96** *568* **115**
	w	*102–106* **48**	*321–326* **89**	*391* **95**	*419* **96** *579* **115**
	f (v)	*102–106* **48**	*321–326* **89**	*388* **95**	*420* **96** *564, 587* **115**
Hauchlaut	h		*319, 320* **88**	*393* **95**	*423* **96** *566* **115**
Lateralengelaut	l				*415, 424* **96** *570, 589* **115**
	m	*113–117* **49**	*327–332* **89**	*385, 389* **95**	*416* **96** *571, 590* **115**
Nasale	n	*113–117* **49**	*327–332* **89**	*389* **95**	*417* **96** *572, 591* **115**
	ng	*113–117* **49**	*327–332* **89**	*389* **95**	*418* **96**
Zitterlaute	r	*107–112* **49**	*333–339* **89–90**	*387* **95**	*429* **96** *575, 593* **115**
	ch_2	*107–112* **49**	*333–339* **89–90**	*394* **95**	*424* **96**
	a		*340–364* **90–92**	*377* **95**	*399* **95** *560, 585* **115**
	e		*340–364* **90–92**	*380* **95**	*398* **95** *563, 586* **115**
Vokale	i (ie)		*340–364* **90–92**	*381* **95**	*400* **95** *567* **115**
	o		*340–364* **90–92**	*378* **95**	*401* **95** *573, 592* **115**
	u		*340–364* **90–92**	*379* **95**	*402* **95** *578, 596* **115**
	au		*340–364* **90–92**	*383* **95**	*404* **95** *581* **115**
Diphtonge	eu (äu)		*340–364* **90–92**		*405* **95**
	ei (ai)		*340–364* **90–92**	*382* **95**	*403* **95** *582* **115**
	ä		*340–364* **90–92**	*384* **95**	*406* **96**
Umlaute	ö		*340–364* **90–92**		*407* **96** *583* **115**
	ü		*340–364* **90–92**		*408* **96**
	q				*441* **96**
	y				448 **96**
Konsonantenhäufungen			*365–376* **92–94**		

Handzeichen zur Einprägung der Buchstabenform	Handzeichen von Kossow	Gebärden von Koch	Phonomimische Zeichen von Radigk	Lautgebärden nach Bleidick/Kraft	
	457 **98**	*473* **101**	*512* **103**	*555* **112**	
440 **96**	*458* **98**	*487* **101**	*517* **104**	*554* **112**	
431 **96**	*459* **98**	*474* **101**	*511* **103**	*557* **112**	
444 **96**	*460* **99**	*490* **101**	*510* **103**	*556* **112**	
433 **96**	*461* **99**	*477* **101**	*515* **104**	*559* **113**	
436 **96**	*462* **99**	*482* **101**	*516* **104**	*558* **113**	
443 **96**	*465* **100**		*509* **103**	*544* **109**	
430, 449 **96**		*494* **101**	*521* **104**	*545* **110**	
	466 **100**	*489* **101**	*521* **104**	*546* **110**	
447 **96**			*521* **104**		
	468 **100**		*525* **104**		
		481 **101**	*520* **104**	*547* **110**	
446 **96**	*464* **99**	*493* **101**	*519* **104**	*541* **108**	
432, 445 **96**	*463* **99**	*476, 492* **101**	*513* **103** *518* **104**	*542, 543* **109**	
434 **96**		*478* **101**	*514* **103**	*540* **108**	
437 **96**	*470* **100**	*483* **101**	*507* **103**	*550* **111**	
438 **96**	*455* **98**	*484* **101**	*505* **103**	*551* **111**	
439 **96**	*456* **98**	*485* **101**	*506* **103**	*552* **111**	
	471 **101**			*553* **112**	
442 **96**	*469* **100**	*488* **101**	*508* **103**	*549* **111**	
	467 **100**	*479* **101**	*525* **104**	*548* **110**	
	450 **97**	*472* **101**	*497* **102**	*532* **105**	
	451 **97**	*475* **101**	*500* **102**	*533* **105**	
435 **96**	*454* **97**	*480* **101**	*499* **102** *529* **105**	*534, 535* **106**	
	452 **97**	*486* **101**	*498* **102**	*531* **105**	
	453 **97**	*491* **101**	*501* **102**	*530* **105**	
		495 **101**	*503* **102**	*538* **108**	
			504 **102**	*539* **108**	
		496 **101**	*502* **102**	*537* **107**	
			526 **104**	*536* **107**	
			527 **104**	*536* **107**	
			528 **104**	*536* **107**	
			521 **104**		

② Übungen zur Buchstaben- und Lautstruktur des Wortes

	Klasse/Großgruppe	Kleingruppe Partnerarbeit	Alleinarbeit
Akustische Analyse von Einzellauten	*1, 2, 3, 4, 5* **29** *6, 8, 9* **30** *12, 13, 14, 15, 16* **31**	*7, 10* **30** *11* **31** *19* **32**	*7* **30** *17, 18, 19, 20* **32** *21, 22, 23* **33**
Lautdiskrimination	*24, 25* **33** *26, 27, 28* **34**	*27* **34**	*29, 30* **34**
Optische Arbeit am Einzelbuchstaben	*31, 32, 33, 34* **35** *35, 36, 37* **36** *45, 46, 47* **38**	*38, 39, 40, 41* **37** *52* **39** *53* **40**	*42, 43, 44* **38** *47, 48* **38** *49, 50, 51* **39**
Laut-Buchstaben-Assoziation bei Einzelelementen	*54, 55, 56, 57, 58* **40** *59, 60* **41** *68, 69* **44** *74* **45**	*61, 62, 63, 64* **42** *67* **43** *68, 70, 71* **44**	*61* **41** *65, 66, 67* **43** *72, 73, 74* **45** *75* **46**
Laut- und Buchstaben-analyse beim ganzen Wort	*118, 119, 120* **51** *121* **52**	*118* **51** *121* **52**	
Laut- und Buchstaben-synthese	*122, 123, 124* **52** *127, 128* **53** *130, 131, 132* **54** *136, 137* **55**	*122, 124* **52** *127* **53** *138* **55**	*125, 126, 129* **53** *130, 131, 132, 133, 134* **54** *135, 136, 137* **55**
Wortaufbau und -abbau	*139, 140, 141, 142* **56**		*143, 144* **57**
Buchstaben- und Lautveränderungen	*145, 146, 147, 148, 149* **57** *150, 151, 152* **58** *155, 156, 157, 159* **59** *162, 163* **60**	*158* **59** *161* **60**	*147, 148* **57** *153, 154* **58** *160* **59** *162, 163* **60** *164, 165, 166* **61**

③ Übungen mit Wortteilen

	Klasse/Großgruppe	Alleinarbeit
Silben	*167, 168, 169, 170* **61** *171, 172, 173, 174, 176* **62**	*175, 176, 177, 178* **62** *179* **62**
Morpheme	*180, 181, 182, 183, 184, 185* **63** *186* **64**	*180, 181, 182, 183, 184, 185* **63**
häufige Wortteile/Konsonantenhäufungen	*187, 188, 189, 190, 191, 192, 193* **64**	*187, 192* **64**
Substantivkomposita	*194* **64** *195, 196, 197* **65**	*194* **64**

④ Übungen mit Wörtern

	Klasse/Großgruppe	Kleingruppe/Partnerarbeit	Alleinarbeit
Grundlegende Erleseübungen	*198, 199, 200, 202* **67** *204* **68** *218* **70** *219, 220, 221* **71**	*201* **67** *205, 206, 207* **68** *208, 209, 210, 211, 212* **69**	*203, 207* **68** *218* **70** *221* **71**
Erfassen häufigen Wortmaterials			*226, 227, 228* **73** *229* **74**
Erhöhung des Lesetempos	*231* **74**		
Verbreiterung des Lesefeldes			*232* **74** *233* **75**
Lesen verschiedener Schriften	*218* **70** *237* **75**		*218* **70** *235, 238, 239, 240* **75**
Abkürzungen, Buchstabieren	*242, 243* **76** *246, 247, 248* **78**	*242* **76**	*249* **78**

⑤ Übungen mit Sätzen und kleinen Texten

	Klasse/Großgruppe	Kleingruppe/Partnerarbeit	Alleinarbeit
Grundlegende Erleseübungen	*213, 214* **69** *215, 216, 217* **70** *222, 224* **71**	*221* **71**	*217* **70** *223* **71** *225* **72**
Verbesserung der Lesefertigkeit			*226, 227* **73** *230* **74** *234* **75**
Bedeutungs-erschließung	*250, 255* **79** *258* **80** *260, 261, 262* **81** *264, 267* **82**	*259* **81** *265* **82**	*251, 252, 253, 254, 256* **79** *257, 258* **80** *263* **81** *266* **82**
Lesen verschiedener Schriften	*224* **71**	*236* **75**	*225* **72** *241* **76**
Alphabetgedichte	*244, 245* **76**		

A. Übungen zum Buchstaben-Laut-Bereich

A1. Akustische Analyse von Einzellauten

A1.1. Übungen mit Gegenständen und Bildern

1 *Hinter meinem Rücken*
Material: Größere Abbildungen, Fotos, Bildtafeln, Demonstrationsbilder aus Leselehrgängen (z. B. System Radigk, vgl. Materialübersicht im Anhang).
Verlauf: Der Lehrer (oder Schüler) spricht: Hinter meinem Rücken habe ich ein Bild; das fängt an (hört auf, hat in der Mitte) ein O ... Wer errät, was es ist?
Lösungen mit O ... werden als möglich zugelassen. Falls ein Schüler einen Vorschlag macht, der nicht den richtigen Laut enthält, versucht der Lehrer, den Schüler seinen Fehler erkennen zu lassen. Er lässt das Wort sprechen, den Laut hören oder spricht selbst das Wort deutlich vor.

2 *Ich sehe ein Bild*
Material: Wandbilder sind an der Wand aufgehängt (z. B. Bildkarten aus dem System Radigk, vgl. Materialübersicht im Anhang).
Verlauf: Der Lehrer spricht: Ich sehe ein Bild an der Wand (eine Bildkarte), das fängt an (hört auf, hat in der Mitte) ein T ... (oder: Da ist etwas draufgemalt, bei dem man ein T ... hört. Was ist es?)

3 *Ich sehe etwas, was du nicht siehst*
Verlauf: Der Lehrer (Schüler) merkt sich einen Gegenstand im Zimmer. Er sagt dann: Ich sehe etwas, was du nicht siehst (nicht weißt), das fängt an (hört auf, hat in der Mitte, enthält) ein M ... Als Hilfe zum Erraten kann man einzelne Schüler durch das Klassenzimmer gehen lassen. Wenn sie in die Nähe des Gegenstandes kommen, sagt man: „Es wird warm.“ Wenn sie sich davon entfernen: „Es wird kalt.“

4 *Grabbelsack*
Material: Stoffsack, verschließbare Schachtel oder Dose; Gegenstände, die im Sack versteckt werden können (z.B. Milchtüte, Metermaß).
Verlauf: Der Lehrer stellt den Sack vor die Schüler hin: In dem Sack ist ein Ding, das fängt mit M ... an. Könnt ihr es erraten?
Mögliche Hilfen durch Angaben von Gegenstandseigenschaften:
Es ist rund und fängt mit B ... an (z. B. Ball).

5 *Aaaa, wie schön – mmm, wie gut ...*
Material: Zu den einzelnen Lauten lassen sich typische Verbindungen zu Lauten in der Umwelt, emotionalen Äußerungen oder Geräuschen herstellen (vgl. die Übersicht über Assoziationen in den Interjektions-, Bedeutungslaut-, An- und Auslautverfahren S. 95–96).
Verlauf: Der Lehrer versucht, im Gespräch mit den Schülern, durch Betrachten eines Bildes (siehe Zeichnung unten) oder durch Anhören eines Geräusches (z. B.

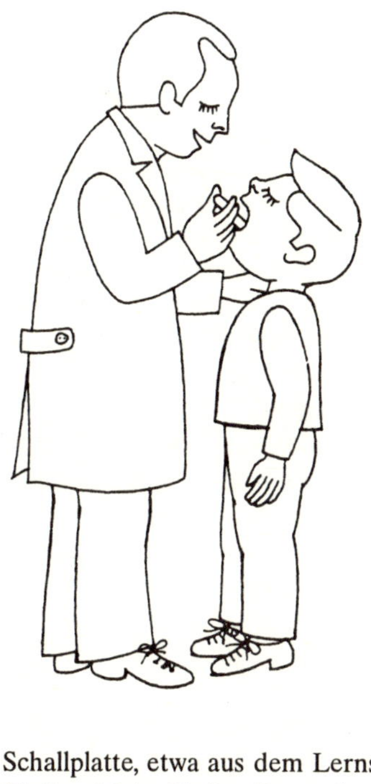

über eine Schallplatte, etwa aus dem Lernspiel „Hör – was ist das?“ Otto Maier Verlag, Ravensburg) eine Verbindung zwischen dem Lautwert des Buchstabens und bekannten Lauten herzustellen. A: So machen, wie wenn man beim Zahnarzt ist und den Mund ganz weit aufmachen muss (vgl. Radigk, W.: Arbeitsfibel, Synthesevorsatz zum System Radigk, Düsseldorf: Schwann 1973, S. 4; weitere Beispiele siehe S. 97–101).

Handzeichen:
A:

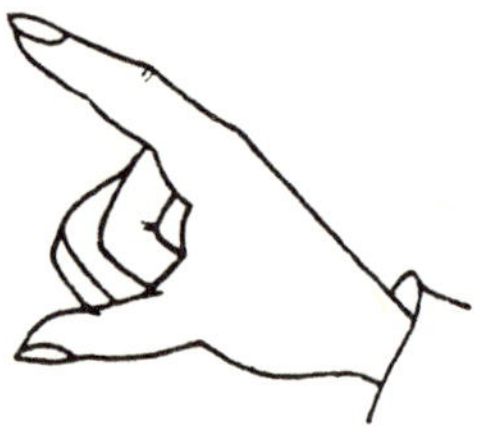

a

(nach Kossow; vgl. Lautgebärdensystem, S. 97–101).

6 *Anlaute (Endlaute) nennen*
Material: Verschiedene Gegenstände (Spielsachen: Puppe, Teddy, Elefant..., Schulsachen: Heft, Mäppchen, Ranzen usw.)
Verlauf: Der Lehrer bringt verschiedene Gegenstände mit. Er zeigt sie vor. Die Schüler benennen sie und sagen, mit welchem Laut das Wort anfängt (aufhört).

7 *Zuordnen*
Material: Abbildungen von Gegenständen, Namensschilder
Verlauf: Die Schüler ordnen jeweils einem Gegenstand ein Namensschild zu. Dabei müssen sich lediglich die Anfangs- bzw. Endlaute entsprechen.
Beispiel:

8 *Gegenstände ordnen*
Material: Verschiedene Gegenstände (z. B. Spielgegenstände, die die Schüler mitgebracht haben)
Verlauf: Die Klasse sitzt im Kreis. Die Gegenstände werden in der Mitte ungeordnet aufgestellt und von den Schülern benannt.
Danach werden die Anfangs- (End-)Laute genannt. Nun können die Schüler die Gegenstände nach gleichen Anfangs- (End-)Lauten ordnen (z. B. alle Gegenstände, die mit B beginnen: Ball, Bär, Buch usw.).
Die Gegenstände werden in eine Reihe bzw. auf einen Stoß gelegt.

Variation 1:
Ordnen von Bildern oder Blumen nach gleichen Lauten; Schüler werden in Gruppen nach gleichen Anfangslauten ihres Namens zusammengestellt (z. B. durch Mengenkreise zusammengefasst: Seil um die Gruppe herumlegen) Schülernamen werden an die Tafel geschrieben; Namen gleichen Anfangslautes werden in einem Mengenkreis zusammengefasst bzw. Namensschilder aneinander gehängt. Dazu können die Bankschilder der Schüler verwendet werden.

Variation 2:
Material: Fotos der Schüler (von zu Hause mitbringen lassen)
Falls die Lesefähigkeit der Schüler zum Erlesen der Schülernamen noch nicht ausreicht, können auch Fotos der Schüler nach Anfangsbuchstaben des Namens geordnet werden.

Variation 3:
Material: Bildkarten
In Mengenkreisen befinden sich falsch zugeordnete Bildkarten (Fotos). Die Schüler sprechen die Wörter und entscheiden, was passt und was geändert werden muss.

Variation 4:
Die Bilder können auch über den Tageslichtprojektor vorgegeben werden (auf verschiebbaren Folienstücken). Die Schüler ordnen die Bilder nach Anfangs- (End-) Lauten durch Verschieben der Folienstücke.
Herstellung: Die Bildfolien können von einer Bildvorlage auf einem Fotokopiergerät hergestellt werden; die Kärtchen eines Lesespiels (z. B. Leselotto oder Sprechlernspiele; vgl. die Materialübersicht im Anhang) werden nebeneinander gelegt, auf Folie kopiert und dann in kleine Einzelfolien zerschnitten.

A1.2. Spielerische Übungen

9 *Mein rechter Platz ist leer*
Verlauf: Die Schüler und der Lehrer sitzen im Kreis auf Stühlen. Ein Stuhl bleibt leer. Der Schüler, auf dessen rechter Seite der leere Stuhl steht (es kann natürlich auch der linke Stuhl sein), sagt: Mein rechter, rechter Platz ist leer, da ruf ich mir den M... her. Es wird nur der Anfangsbuchstabe genannt. Die Schüler, die infrage kommen, stehen auf. Der Schüler sagt, wen er gemeint hat. Es wird dann überlegt, ob die richtigen Schüler (mit dem genannten Anfangsbuchstaben) aufgestanden sind. Zur Einübung empfiehlt es sich, das Spiel zunächst mehrmals mit den vollen Namen zu spielen.

10 *Ball zuwerfen*
Material: Stoffball oder Ball aus anderem leichtem Material
Herstellung: Ein Perlonstrumpf wird mit Schaumstoff oder Watte ein Stück weit ausgestopft, beidseitig abgeschnitten und an beiden Enden zugebunden.
Verlauf: Ein Schüler nennt einen Laut. Er wirft einem Mitschüler den Ball zu. Dieser muss ihn auffangen und einen Gegenstand (Person, Tier) nennen, dessen Name

mit dem genannten Laut beginnt. Wer ein falsches Wort nennt, bekommt einen Strafpunkt (z.B. ein rotes Plättchen oder ein Kreuz, das an der Tafel notiert wird).

11 *Wer gewinnt?*
Material: Rechenplättchen (aus einem Rechenlehrgang)
Verlauf: Der Lehrer sagt einen Laut (schreibt einen Buchstaben an). Wer ein Wort sagen kann, das mit diesem Laut beginnt, bekommt einen Punkt (ein Rechenplättchen) bzw. darf sich selbst ein Plättchen hinlegen. Es wird reihum gefragt. Wer die meisten Punkte hat, hat gewonnen.

Variation 1:
Es wird reihum gefragt. Wer kein Wort mehr weiß, ist ausgeschieden. Sieger ist der Schüler, der am Schluss übrig bleibt.

Variation 2:
Der Lehrer (Schüler) nennt Wörter. Die Schüler müssen der Reihe nach die entsprechenden Anlaute (Endlaute) nennen. Es wird analog den vorher beschriebenen Spielmöglichkeiten der Sieger ermittelt.

A1.3. Übungen zum Sprechen und Hören

12 *Ich kenne jemand*
Verlauf: Der Lehrer (Schüler) sagt: Ich kenne einen Jungen (in der Klasse sitzt ein Junge oder ein Mädchen), dessen Name mit A… anfängt.

13 *Was ist es?*
Verlauf: Der Lehrer beschreibt eine Person oder einen Gegenstand mit dem Satz oder bildet einen Satz, in dem das Ding (die Person) vorkommt.
Beispiele:
Beim B… kann man Brot kaufen. (Bäcker)
Der I… hat Stacheln. (Igel)
Ein Fahrzeug, das im Wasser schwimmt: Ein Sch… (Schiff), ein B… (Boot), ein F… (Floß).
Es wächst im Garten: A… (Apfel)

14 *Sprechen und Hören*
Verlauf: Der Lehrer spricht Wörter vor (Namen von Schülern, Gegenständen). Er lässt entscheiden, ob in dem Wort ein bestimmter Laut als Anlaut, Endlaut oder Binnenlaut vorkommt:
z.B.: Kommt ein R vor in Rad, Oma, Laden?
Die Schüler entscheiden, indem sie den Laut nennen, die Frage beantworten, eine bestimmte Buchstabenkarte hochhalten oder die Hand heben.

Variation 1:
Die Schüler betrachten Bildkarten, benennen den Gegenstand und bestimmen Anfangs- oder Endlaute.

Variation 2:
Die Wörter werden auf Tonband gesprochen und vorgespielt (Möglichkeit der Differenzierung). Die Schüler bestimmen Anfangs- oder Endlaute.

Variation 3:
Die Wörter werden geflüstert und dann abgehört.
Dies ist eine gute Maßnahme zur Steigerung der Aufmerksamkeit der Schüler. Sie ermöglicht besonders gut, die Mundstellung des Sprechenden zu beobachten.

Variation 4:
Die Wörter werden mit dem Mund nur gemimt, nicht laut gesprochen. Dabei müssen die Schüler ganz genau die Mundstellung und -bewegung des Sprechenden beobachten, um herauszufinden, welches Wort gemimt wurde und mit welchem Laut es beginnt bzw. aufhört.

15 *Sätze abhören*
Verlauf: Der Lehrer spricht Sätze vor. Er tut dies langsam und sehr deutlich artikulierend. Die Schüler heben immer dann den Finger hoch, wenn sie einen bestimmten Laut hören. Dabei ist eine hohe Konzentration notwendig.
Beispiel: (Hören des A)
A, a, a, der Winter der ist d**a**

16 *Hören und Gleiches erkennen*
Verlauf: Der Lehrer spricht Wörter vor. Die Schüler sollen erkennen, welcher Laut in allen Wörtern vorkommt.
Beispiel:
Sonne, Mond, Hose, Otto (Erkennen des O)

Variation:
Material: Bildkarten (vgl. Materialübersicht im Anhang)
Verlauf: Der Lehrer zeigt Bildkarten. Die Schüler sprechen die Wörter deutlich aus. Sie finden nun heraus, welche Wörter den gleichen Laut enthalten und ordnen die Bildkarten entsprechend. Die Lautposition (Anfang, Mitte, Ende) spielt dabei keine Rolle.
Beispiel:
Ast, Hase, Eva (gemeinsam: A)
Ofen, Dose, Lego (gemeinsam: O)

A1.4. Übungen zum Schreiben, Malen und Hantieren

17 *Abbildungen ankreuzen*

Material: Arbeitsblatt mit verschiedenen Abbildungen
Verlauf: Die Schüler sprechen die Namen der abgebildeten Dinge flüsternd oder halblaut und kreuzen je nach Arbeitsauftrag an.
Beispiel:
Kreuze an, wo du am Anfang ein A hörst!
oder:
Kreuze an, wo du am Ende ein l hörst!

18 *Welcher Laut ist zu hören?*

Material: Arbeitsblatt mit der Abbildung einer Matrix
Verlauf: Die Schüler sollen auf dem Arbeitsblatt diejenigen Abbildungen ankreuzen (oder anmalen), die einen bestimmten Laut enthalten (bzw. mit ihm beginnen oder aufhören).
Beispiel:
Was beginnt mit L, was mit Sch? Kreuze richtig an!

19 *Wörter in Mengenkreise ordnen*

Material: Bildkarten oder Wortkarten (vgl. Materialübersicht im Anhang), Arbeitsblatt mit Mengenkreisen oder Schnüre
Verlauf: Die Schüler betrachten die Bildkarten und sprechen jeweils den Anfangs- bzw. Endlaut. Sie ordnen dann die Bildkarten nach Anfangs- bzw. Endlauten und legen sie in die Mengenkreise.

Schwieriger ist die Aufgabe mit Wortkarten. Hier müssen die Wörter zuerst erlesen, dann geordnet und zuletzt in die Mengenkreise gelegt werden.

Variation: Partnerarbeit
Die Partner haben kleine Bildkarten vor sich liegen (evtl. aus einem Leselernspiel; vgl. die Materialübersicht im Anhang). Einer der beiden Schüler sucht eine Karte aus und zeigt sie seinem Partner. Dieser spricht das Wort und den Anfangslaut aus. Dann wird die Karte zu den anderen Karten mit gleichem Anfangslaut gelegt.

20 *Lautpositionen im Wort feststellen*

Material: Arbeitsblatt mit Abbildungen
Verlauf: Die Schüler betrachten die Abbildungen, sprechen sie und entscheiden, ob ein bestimmter Laut (z. B. N) als Anlaut, Endlaut oder Binnenlaut zu hören ist.
Beispiel:
Wo hörst du ein N, am Anfang, am Ende oder in der Mitte des Wortes?

Variation:
Material: Arbeitsblatt mit Abbildungen; darunter sind die Wagen eines Eisenbahnzuges gemalt.
Verlauf: Die Kinder sprechen die Wörter zu den Abbildungen und entscheiden, ob sie einen bestimmten Laut am Anfang, am Ende oder in der Mitte des Wortes hören. Je nachdem setzen sie den Laut (oder machen ein Kreuz) in den ersten, mittleren oder letzten Wagen.
Beispiel:
Wo kommt das A hin, in den ersten, mittleren oder letzten Wagen?

21 Gegenstand erraten
Material: Blatt mit Abbildungen oder sonstige Einzelbilder (z. B. aus einem Lesespiel; vgl. Materialübersicht im Anhang)
Herstellung: Es ist auch möglich, dass die Schüler aus Prospekten oder Versandhauskatalogen Bilder von Gegenständen ausschneiden und als Einzelbilder verwenden oder auf ein Blatt aufkleben. Sie können dabei nach inhaltlichen Gesichtspunkten (z. B. was Mutter in der Küche braucht) oder nach Leselehrgangsgesichtspunkten (z. B. Wörter mit D, B, A) ordnen. Auch Bilderbücher können verwendet werden (z. B. mit Tierabbildungen).
Verlauf: Die Schüler arbeiten zweckmäßigerweise in Partnerarbeit. Einer der beiden Schüler hat einige Abbildungen bei sich. Der Partner kann die Abbildungen nicht sehen. Der erste Schüler nennt den Anfangslaut des Wortes, der Partner versucht herauszubringen, was auf dem Bild enthalten ist. Hilfe: Beschreibung des Gegenstandes (Tieres usw.).
Beispiel:
Der erste Schüler sagt: Das Wort beginnt mit P. Es ist ein Tier, ein Vogel. Der Partner rät: Papagei.
Diese Übung fördert zugleich die sprachliche Beschreibungsfähigkeit der Schüler.

22 Bilder auf Mundbildkarten einordnen
Material: Bildkarten, große Mundbildkarten (Abbildung des Kopfes bzw. Mundes des Kindes, das einen bestimmten Laut spricht)

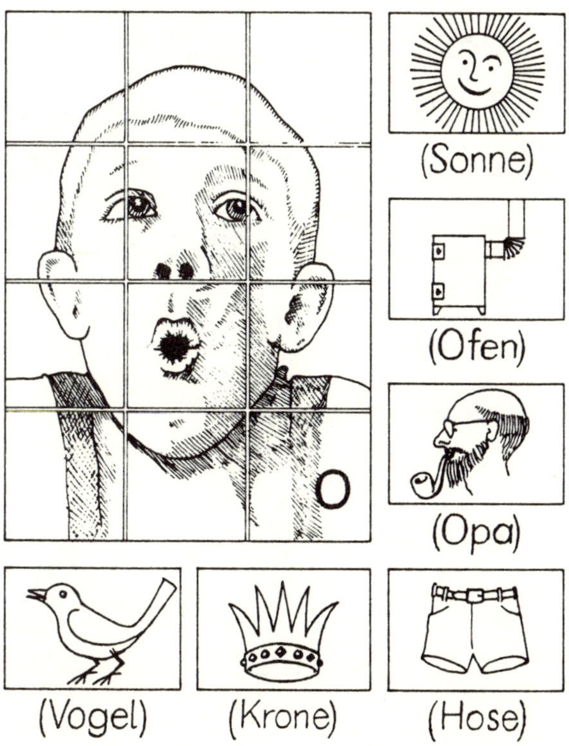

Das Material kann gekauft werden: Sprechlernspiele, O. Maier Verlag Ravensburg (vgl. Materialübersicht im Anhang).
Verlauf: Die Schüler sprechen die den Abbildungen entsprechenden Wörter, hören die Anfangslaute ab und ordnen die Wortkarten den Mundbildkarten zu, z. B. Wörter, die ein O enthalten, der entsprechenden Wortbildkarte mit dem Mund, der „O" spricht.
Beispiel:
Mundbildkarte O und entsprechende Bildkarten, die O enthalten: siehe Abbildung links unten.

Variation:
Partnerarbeit: Der Partner legt bewusst richtige und falsche Bildkarten auf die Mundbildkarte. Der andere Schüler muss die richtigen belassen und die falschen korrigieren.

23 Nach Lauten malen
Verlauf: Die Schüler malen Gegenstände, die mit einem bestimmten Laut beginnen.
Beispiel: Male Dinge mit A.
Die Schüler malen: Affe, Ananas usw.
Möglichkeit der Kontrolle: Partnerkontrolle durch Austausch der bemalten Blätter.
Die Schüler erklären sich gegenseitig, was sie malen wollten und welcher Laut jeweils hörbar sein sollte. Auch die Fehlerrückmeldung durch den Partner darf nicht nur darin bestehen, die Fehler anzustreichen. Vielmehr muss der Partner das Wort vorsprechen, den hörbaren Laut nennen (z. B. Esel; da hört man vorne ein E) und den Fehler deutlich machen (z. B., du hättest doch Dinge mit A malen sollen; Esel beginnt aber mit E).

A2. Lautdiskrimination im Wort

A2.1. Übungen zum Sprechen und Hören

24 Gleich oder nicht gleich?
Material: Kärtchen für die Schüler, mit denen sie „gleich" oder „nicht gleich" ausdrücken können (z. B. Ja- und Nein-Kärtchen) aus Karton.
Verlauf: Der Lehrer spricht zwei Wörter vor. Die Schüler entscheiden, ob die Wörter gleich oder nicht gleich waren, indem sie eines der beiden Kärtchen hochheben.

25 Was ist zu hören?
Material: Bildkarten
Verlauf: Der Lehrer zeigt Bildkarten (vgl. Materialübersicht im Anhang). Die Schüler sprechen das dazugehörige Wort. Der Lehrer fragt: Hört ihr am Anfang a oder o? Die Schüler hören das Wort ab und entscheiden sich für einen bestimmten Laut.

26 *Worin besteht der Unterschied?*
Verlauf: Der Lehrer nennt jeweils ein Paar Wörter, die sich nur geringfügig unterscheiden. Die Schüler entscheiden akustisch, worin der Unterschied besteht; das heißt, sie hören nur zu und entscheiden „gleich" oder „nicht gleich". Schwieriger ist es, wenn der Unterschied genau bezeichnet wird (z.B. reisen–reizen: Bei „reisen" hört man ein s, bei „reizen" ein z).
Beispiele:
Saal–Zahl (s–z)
reisen–reizen (s–z)
Haus–aus (h)
so–Zoo (s–z)
Tisch–Fisch (t–f)
Gabel–Gabe (l)
Bau–Baum (m)
Nabel–Nebel (a–e)
reich–weich (r–w)
(vgl. Wortmaterial S. 115)

27 *Wer kann reimen?*
Verlauf: Der Lehrer kündigt an: Wir wollen reimen. Er gibt denn ein Beispiel: Auf „Tier" reimt sich „Bier". Der Lehrer sagt nun jeweils ein Wort. Die Schüler suchen dazu ein passendes Reimwort.

Variation 1: Die Schüler geben noch zusätzlich an, worin sich die Reimwörter unterscheiden (vgl. Übung Nr. 26: „Worin besteht der Unterschied?").

Variation 2: Wettkampfform
In der Klasse werden etwa gleich starke Gruppen gebildet. Die Schüler bekommen einige Minuten Zeit, um zu vorgegebenen Wörtern möglichst viele Reimwörter zu suchen. Die Vorgabe kann mündlich, schriftlich (Tafelanschrift bei Lesefähigkeit) oder in Bildform (z.B. Abb. wie Bier, Tisch, Fisch, Schrank) gegeben werden. Sieger ist die Gruppe, die die meisten Reimwörter nennen kann.

28 *Kaspersprache*
Verlauf: Der Lehrer kündigt folgendermaßen an: „Der Kasper verwechselt alles. Er kann noch nicht richtig sprechen. Ratet, was für ein Wort er sagen wollte. Jeweils ein Laut wird verwechselt."
Der Lehrer verändert die Wörter durch Vertauschung eines Lautes, zuerst mit deutlich unterscheidbaren, dann mit leichter verwechselbaren Lauten.
Beispiel:
Kasper sagt: Lüd. Er meint: Lied
Kasper sagt: Tose. Er meint: Dose

Variation 1:
Die Schüler erfinden selbst „Kasperausdrücke" und lassen die Mitschüler die richtigen Wörter finden. Ein Schüler sagt zum Beispiel: „Nedel".
Was meint er? Ein Mitschüler bringt es heraus: „Nebel".

Variation 2:
Es können auch andere „Sprachen" erfunden werden:
Pippi-Sprache: Verwechslung von z und s. Pippi Langstrumpf sagt statt Zirkus „Sirkus".
(Vgl. A. Lindgren: Pippi Langstrumpf, Hamburg: Oetinger, S. 76.) Der Lehrer sollte das entsprechende Kapitel aus Pippi Langstrumpf „Pippi geht in den Zirkus" vorlesen.
Raben-Sprache: r statt ch_2: statt „lachen" „laren"
Chinesen-Sprache: l statt r: statt „Beeren" „Beelen"

A2.2. Übungen zum Schreiben, Malen und Hantieren

29 *Welcher Laut ist zu hören?*
Material: Arbeitsblätter mit Abbildungen
Verlauf: Die Schüler betrachten die Abbildungen, sprechen die Wörter leise und entscheiden, welcher der beiden vorgegebenen Laute zu hören ist.
Beispiel: g oder k? Kreuze richtig an!
Natürlich sollte das Abhör- und Ankreuzverfahren vorher an Beispielen geübt werden.

30 *Lang oder kurz?*
Material: Arbeitsblatt mit Abbildungen
Verlauf: Die Schüler sprechen die den Abbildungen entsprechenden Wörter. Sie entscheiden, ob der Stammvokal kurz oder lang gesprochen wird. Diese Übung bedarf einer gründlichen Vorübung und ist erst zu späterer Zeit im Lehrgang einzubauen.
Beispiel: Langes oder kurzes a? (Lang: —; kurz: •) Kreuze an!

A3. Optische Arbeit am Einzelbuchstaben

A3.1. Optische Analyse von Buchstaben im Wortverband

A3.1.1. Übungen an der Wandtafel

31 *Gleichen Buchstaben im Wort suchen*
Verlauf: Der Lehrer schreibt Wörter mit gleichen Anfangsbuchstaben (oder später im Lehrgang: Endbuchstaben, Buchstaben im Wortinnern) an die Tafel. Die Gleichheit der Anfangsbuchstaben ist am leichtesten zu erkennen, wenn sie untereinander stehen. Die Schüler suchen die gleichen Elemente auf und heben sie hervor (einrahmen, einkreisen, farbig nachfahren oder durch senkrechten Strich vom Wortrest abtrennen).
Beispiel:

(A)ffe	**A**ffe	A|ffe
(A)pfel	**A**pfel	A|pfel
(A)st	**A**st	A|st
(A)norak	**A**norak	A|norak

Variation 1:
Schwieriger ist folgende Übung:
Die Wörter stehen durcheinander (evtl. schräg oder auf dem Kopf) an der Tafel. Die Schüler heben die gleichen Elemente hervor (siehe oben).
Beispiel:

(B)aum (B)är (B)irne (B)ett

Variation 2:
Die Wörter stehen im Satzverband. Die Schüler heben die gleichen Elemente in den Wörtern hervor.
Beispiel:

(D)ora un(d) (D)agmar spielen.

32 *Wie man sich die Buchstabenform merken kann*
Material: Der Lehrer zieht Vergleiche zwischen Buchstaben und Umweltgegenständen bzw. -tieren. Er bringt evtl. eines der Dinge in den Unterricht mit.
Verlauf: Die Schüler vergleichen die Buchstabenform mit dem Gegenstand und ziehen Vergleiche, erkennen Gemeinsamkeiten, fahren die Form mit den Händen nach und malen sie auf.
Beispiel:
A: Turnstange
B: Strich mit zwei Rucksäcken
C: zerbrochener Reifen
D: halber Kuchen
H: Turnstange
O: runder Kreis, runder Mund
S: Schlange
X: Kreuzung

33 *Lücke ergänzen*
Verlauf: An der Tafel stehen Wörter, bei denen immer ein Buchstabe fehlt. Die Lücken sind durch Kästchen markiert.
Beispiel: Sch

☐lange ☐ild U☐i

Variation:
Ein Test mit Lücken ist zu ergänzen. Die Lücken sind durch Punkte markiert.
Beispiel: A

Der · pfel hängt · m B · um.

34 *Wörter heraussuchen*
Verlauf: An der Tafel sind Wörter angeschrieben, die mit unterschiedlichen Anfangsbuchstaben beginnen. Die Schüler markieren diejenigen, die mit einem bestimmten Buchstaben beginnen bzw. einen bestimmten Buchstaben enthalten.

Variation:
Material: Wortkarten (vgl. Materialübersicht im Anhang)
Verlauf: Der Lehrer hängt Wortkarten an die Flanelltafel (steckt sie auf die Leiste des Buchstabenkastens, vgl. Materialübersicht im Anhang). Die Schüler suchen Wörter mit bestimmten Buchstaben und ordnen sie untereinander.
Herstellung der Wortkarten für die Flanelltafel:
Kartonstreifen werden beschriftet und mit Klettenstreifchen versehen (entsprechend mit Magnetplättchen, wenn es sich um eine Magnettafel handelt).
Beispiel: Wörter mit B, b
Suche alle Wörter mit einem B, b und ordne sie untereinander!

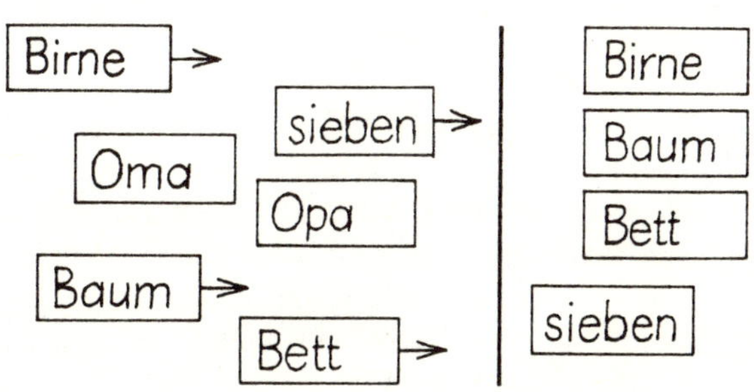

A3.1.2. Übungen mit Wort- und Bildkarten

35 *Wort zu Buchstaben*

Material: Wortkarten (vgl. Materialübersicht im Anhang)

Verlauf: Der Lehrer hängt an einer Seitenwand zu den Buchstaben des Alphabets jeweils ein oder zwei typische Wörter, die den Buchstaben als Anfangsbuchstaben enthalten. So entsteht mit der Zeit ein Buchstabenalphabet, das durch häufig vorkommende Wörter veranschaulicht ist.

Beispiele für einige Buchstaben:

A	a	B	b
Anna	am	Besen	bei
Ast	aus	Buch	

Variation 1:

Material: Bildkarten

Verlauf: Statt Wortkarten werden den Einzelbuchstaben Bildkarten (vgl. Materialübersicht im Anhang) zugeordnet.

Beispiel:

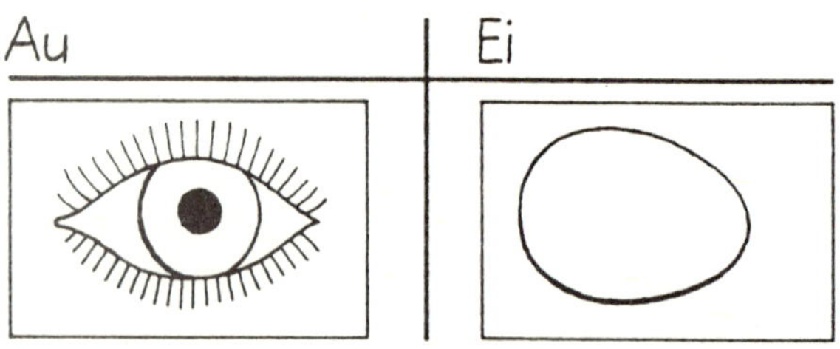

Variation 2:

Der Lehrer hängt vor Beginn des Unterrichts Bilder (bzw. Wörter an der Wandleiste) um. Die Schüler müssen die Fehler erkennen und korrigieren.

Beispiel: Was passt nicht mehr zueinander?

F	G	H
Fenster	Garten	Haus
Gans	Fisch	Hand

36 *Wortketten*

Material: Wortkarten (vgl. Materialübersicht im Anhang)

Herstellung: Falls die Wortkarten auf Kartonstreifen geschrieben werden, sind für diese Übung Großbuchstaben (Großantiqua) günstig: Der Endbuchstabe des vorhergehenden Wortes ist dann mit dem Anfangsbuchstaben des nachfolgenden Wortes identisch.

Verlauf: Der Lehrer gibt einige Wortkarten vor. Die Schüler sollen eine Kette bilden, das heißt die Wortkarten so aneinander legen, dass der letzte Buchstabe des vorhergehenden Wortes mit dem ersten des nachfolgenden Wortes identisch ist.

Beispiel:

BÄR – ROT – TAFEL – LAMPE

In gemischter Antiqua ist die Übung etwas schwieriger:

Bär – rot – Tafel – Lampe

Variation: Kreuzworträtselform

Der Lehrer malt den Kreuzworträtselraster an die Tafel. Als Erleichterung kann er dazu auch jeweils die übereinstimmenden End- bzw. Anfangsbuchstaben der Wörter schreiben. Noch leichter wird die Aufgabe, wenn zusätzlich noch Buchstaben aus dem Wortinneren vorgegeben werden.

Die Schüler suchen die passenden Wörter entweder aus einer vorgegebenen Wortmenge heraus oder suchen die Wörter frei. Sie überprüfen ihre Lösung an der durch den Raster vorgegebenen Buchstabenanzahl und an den im Raster vorgegebenen Buchstaben.

Beispiel:

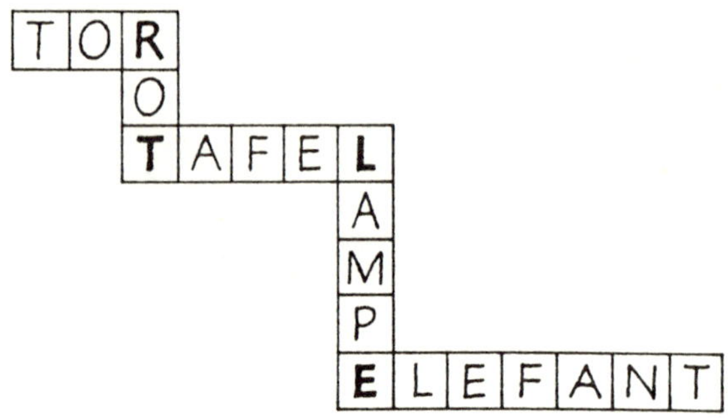

37 *Wörter zu Buchstaben suchen*

Material: Wortkärtchen für die Hand des Schülers (vgl. Materialübersicht im Anhang)

Herstellung: Kleine Wortkärtchen können mittels Fotokopiergerät auf dünnen Karton kopiert und dann von den Schülern ausgeschnitten werden. So kann man einen individuellen Klassenwortschatz für jeden Schüler schaffen.

Verlauf: Der Lehrer schreibt Buchstaben an die Tafel und lässt Wortkärtchen auf die Bank legen, die den Buchstaben als Anfangs- oder Endbuchstaben haben.

A3.1.3. Spielerische Übungen

38 *Abzählen* (Buchstaben einprägen)
Material: Buchstabenkarten (vgl. Materialübersicht im Anhang), Spielplan mit Buchstabenfeldern (Größe etwa 100 × 100 cm aus Karton; Felder werden entsprechend der Größe der Buchstabenkarten aufgezeichnet).
Verlauf: Die Schüler sitzen im Kreis mit dem Rücken zur Mitte auf Stühlen, sodass sie sich gegenseitig nicht sehen können.
In der Mitte liegt ein großflächiger Spielplan auf dem Boden, auf dem in die Felder Buchstaben geschrieben sind (Anzahl der Buchstaben je nach der Menge der bereits bekannten Buchstaben).
Eine Buchstabenkarte wird sehr schnell herumgereicht, sodass alle Schüler sie möglichst schnell sehen können. Sie dürfen dabei nichts sagen. Währenddessen zählt ein Schüler bis 25 (leise). Danach ruft er „halt" und nennt den Namen eines Mitschülers. Dieser muss sofort aufstehen und das Feld auf dem Spielplan zeigen, das der herumgereichten Buchstabenkarte entspricht. Der Schüler, der die Karte zuletzt in Händen hatte, legt sie auf das Feld.
Beispiel:

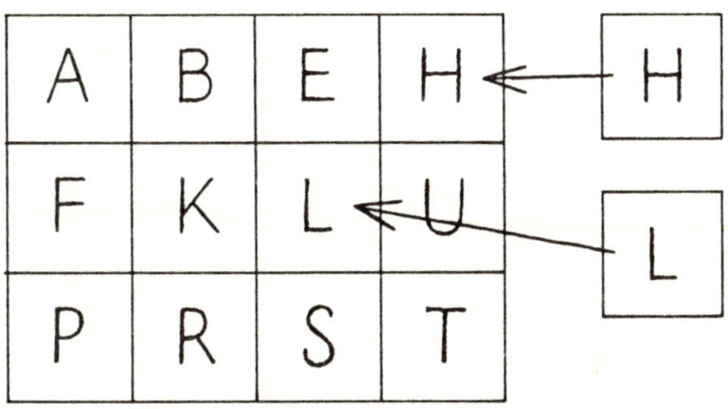

39 *Suchspiel*
Material: Buchstabenkarten oder Buchstaben aus anderem Material (vgl. Materialübersicht im Anhang) (z. B. Plastikbuchstaben), Demonstrationsbuchstabenkarten können aus Pappe leicht hergestellt werden (Größe ungefähr 15 × 10 cm).
Verlauf: Dieses Spiel wird am besten mit nicht allzu großen Gruppen gespielt (4–6 Schüler im Förderunterricht).
Der Lehrer versteckt irgendwo in der Klasse (z. B. hinter dem Schrank, am Stuhlbein mit Tesafilm, auf der Fensterbank) Buchstabenkarten. Die Schüler haben jeweils passende „Zwillinge" (die gleichen Buchstaben) vor sich liegen. Wenn sie ihren „Zwilling" gefunden haben, dürfen sie das Paar an die Buchstabenleiste stecken (oder sonst irgendwo ablegen).

Variation 1:
Zu Großbuchstaben werden die entsprechenden Kleinbuchstaben gesucht.

Variation 2:
Zu Wörtern werden Anfangs- bzw. Endbuchstaben gesucht.

40 *Das A- (bzw. B-, D-, E-, F- usw.) Spiel*
Material: Wortkärtchen für die Schüler (vgl. Materialübersicht im Anhang)
Verlauf: Der Lehrer sagt: Wir spielen heute das D-Spiel. Die Schüler sortieren nun aus ihren Wortkärtchen diejenigen aus, die mit D beginnen (bzw. ein D, d enthalten). Wettkampf: Die Schüler zählen, wie viele Kärtchen mit D sie besitzen. Sieger ist der mit den meisten Kärtchen.

Variation 1:
Die Schüler zählen die Buchstaben der Wörter mit D. Sieger ist der Schüler mit den meisten Buchstaben.

Variation 2:
Die Wortkarten mit D/d werden nach der Buchstabenzahl geordnet. Zuerst die Karte mit 6, dann mit 5 Buchstaben usw.

41 *Quartett* (vgl. Kossow 1975, S. 52 f.)
Material: Wortbildkarten (mindestens jeweils vier mit gleichem Anfangsbuchstaben (vgl. Materialübersicht im Anhang).
Herstellung:
Die Bildkarten mit Wörtern können auch eigens für die Hand des Schülers hergestellt werden. Dazu fotokopiert man die gezeichnete Vorlage für jeden Schüler auf dünnen Karton und lässt die Schüler die Bildkarten ausschneiden (vgl. auch Übung 64, S. 42–43).
Verlauf: Die Schüler stellen Wortbildkarten nach Anfangsbuchstaben zusammen. Jeweils vier ergeben ein Quartett. Die Schüler legen sie nun in einer besonderen Anordnung zusammen, z. B. in Kreuzform.
Beispiel: A

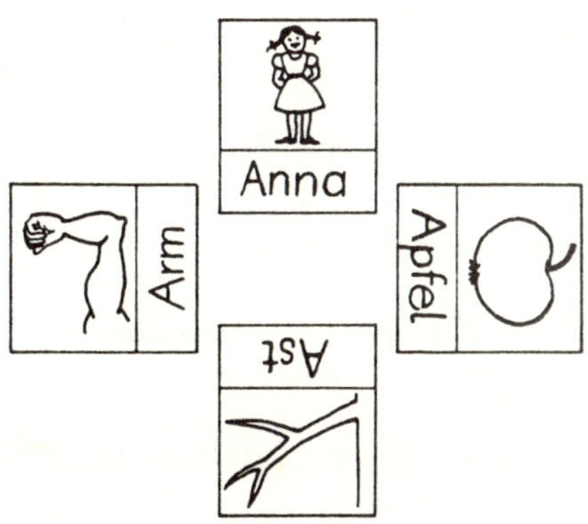

Variation:
Für andere Anzahlen kann ebenfalls eine Anordnungsform gefunden werden:
Für drei Karten ein Dreieck, für fünf Karten ein Fünfeck oder eine Fünferreihe usw.

A3.1.4. Übungen zum Schreiben, Malen und Hantieren

42 *Auf Arbeitsblatt gleiche Buchstaben suchen*
Material: Arbeitsblatt mit Wörtern, die gleiche Anfangs- bzw. Endbuchstaben besitzen.
Verlauf: Die Schüler kreisen gleiche Buchstaben am Anfang (Ende) ein.

43 *Lücken ausfüllen*
Material: Arbeitsblatt mit Lückenwörtern (bzw. Texten mit Lückenwörtern)
Verlauf: Die Schüler ergänzen die Lücken, indem sie die fehlenden Buchstaben einsetzen. Diese können in verkehrter Reihenfolge vorgegeben sein.

44 *Wörterschlangen bilden*
Material: Arbeitsblatt mit Wörtern
Verlauf: Die Schüler sollen Wörter mit gleichem End- bzw. Anfangslaut verbinden.
Leichte Übung: Zunächst immer nur zwei Wörter miteinander verbinden.
Ziel: Die Schlange soll möglichst lang werden.
Wettkampf: Sieger ist, wer die Schlange mit den meisten Wörtern gebildet hat.
Beispiel:

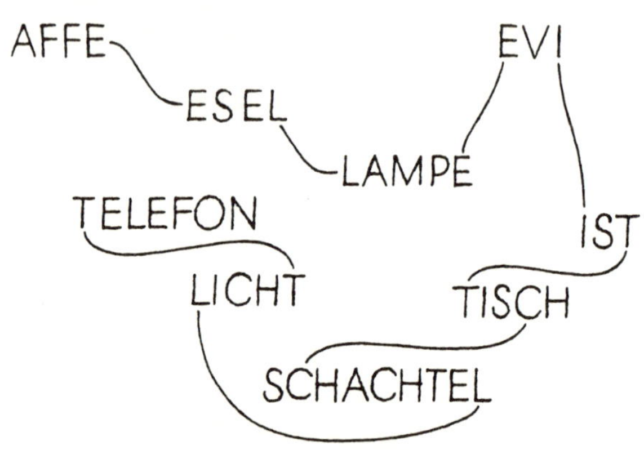

A3.2. Arbeit am Einzelbuchstaben

A3.2.1. Erfassen und Nachbilden des Buchstabens

45 *Nachschreiben*
Verlauf: Der Lehrer schreibt Buchstaben an die Tafel. Die Schüler schreiben sie nach.

46 *Luftschreiben*
Verlauf: Der Lehrer schreibt Buchstaben in die Luft vor. Die Schüler schreiben ebenfalls in die Luft (oder auf der Bank mit dem Finger) nach.

47 *Buchstabenform nachfahren (nachspuren)*
Verlauf: Der Lehrer schreibt an einer langen Wandtafel die Buchstabenform mehrfach im Großformat vor. Die Schüler spuren diese Form verschiedenfarbig mehrfach nach.
Beispiel:

Variation 1:
Die Schüler erhalten ein Arbeitsblatt, auf dem der Buchstabe vorgeschrieben ist. Sie spuren auf dem Blatt nach. Dabei empfiehlt es sich, von größeren Formen auszugehen (zur besseren Gestalterfassung) und die Form immer kleiner werden zu lassen (in mehreren Unterrichtsschritten bis zur normalen Schriftgröße).
Beispiel:

Druckschrift: 

Schreibschrift: 

Variation 2:
Die Schüler fahren mit dem Finger große dreidimensionale Buchstaben (z. B. aus Plastilin) nach. Diese Übung empfiehlt sich besonders für Schüler, die eine sehr schwache Formauffassung besitzen.

48 *Buchstaben formen*
Material: Plastilin oder anderes ähnliches Material
Verlauf: Der Lehrer gibt die Buchstabenform durch Anschreiben oder Luftschreiben oder durch einen vorgeformten Buchstaben vor. Die Schüler bilden den Buchstaben im Kleinformat nach.

Variation 1:
Der Buchstabe wird aus kleinen Steinchen gebildet (nebeneinander legen).

Variation 2:
Die Schüler malen den Buchstaben großformatig mit Fingerfarben auf Papier (z.B. auf Tapetenreste).

Variation 3:
Der Buchstabe wird mit Schnüren (bzw. mit Seil) gelegt.

Variation 4:
Ein Plastikbuchstabe wird in Modelliermasse eingedrückt. Der Buchstabenabdruck kann nun mit der Hand nachgefahren werden.

Variation 5:
Der Lehrer stellt einen Riesenbuchstaben aus Pappe oder Styropor her. Dieser kann mit der Hand nachgefahren werden.

A3.2.2. Erkennen, Unterscheiden und Ordnen von Buchstaben

49 *Erkennen und Unterscheiden von Buchstaben*
Material: Arbeitsblatt mit einer Menge vorgegebener Buchstaben
Verlauf: Die Schüler suchen aus der Buchstabenmenge den zu findenden Buchstaben heraus und markieren ihn.
Beispiel:

Optisch ähnliche und daher leicht zu verwechselnde Buchstaben (vgl. auch Kossow 1975, S. 47 und Topsch 1975, S. 83f.):

o–a	n–u	r–n	M–N	eu–ei
l–b	v–u	n–m	O–Q	ei–ie
d–b	a–d	M–W	P–R	
q–p	c–e	B–ß	U–V	
t–f	b–h	B–P		

Variation:
Die Buchstaben sind in Form einer Reihe vorgegeben.
Beispiel:

L, l

L	D	(L)	R	T	U
I	T	U	i	(l)	N

50 *Buchstaben unterschiedlicher Größe*
Material: Arbeitsblatt mit verschiedenen Buchstaben in unterschiedlicher Größe
Verlauf: Die Schüler suchen die gleichen Buchstaben heraus und markieren sie.

51 *Zuordnen von Buchstaben*
Material: Arbeitsblatt mit verschiedenen Groß- und Kleinbuchstaben
Verlauf: Die Schüler verbinden jeweils den zusammengehörigen Groß- und Kleinbuchstaben mit einem Strich.
Beispiel:

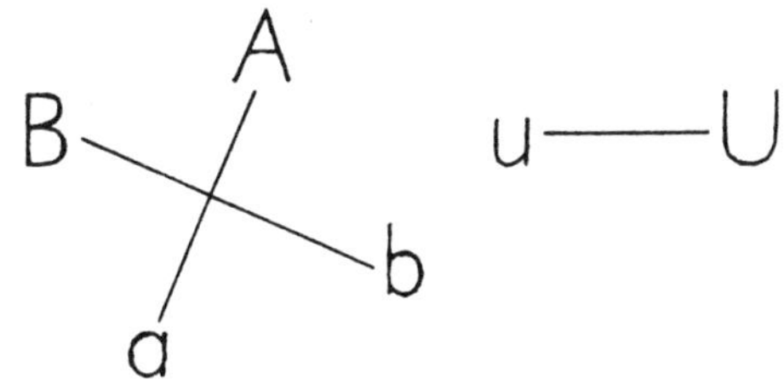

52 *Memory mit Buchstabenkarten*
Material: Buchstabenkarten mit Klein- und Großbuchstaben (vgl. Materialübersicht im Anhang)
Verlauf: Das Spiel eignet sich für kleine Gruppen (2 bis 4 Schüler). Verwendet werden die Buchstabenkarten, soweit die Buchstaben eingeführt sind. Die Buchstabenkarten (jeweils Klein- und Großbuchstabe) liegen verdeckt auf dem Tisch. Ein Schüler deckt jeweils eine Karte auf und versucht, die dazu passende Karte zu finden. Er deckt also eine weitere Karte auf. Hat er ein Paar aufgedeckt, gehört es ihm. Gelingt es ihm nicht, muss er die beiden Karten an ihre ursprüngliche Stelle wieder verdeckt hinlegen. Der nächste Spieler kommt dann reihum dran. Gewinner ist, wer am Schluss des Spieles die meisten Kartenpaare besitzt.
Beispiel:

Variation 1:
Buchstaben-Laut-Assoziation:
Die Buchstabenkartenpaare dürfen nur behalten werden, wenn der Spieler den dazugehörigen Laut (später: Buchstabennamen) sagen kann.

Variation 2:
Der Spieler muss zu den Buchstaben ein Wort sagen, das mit diesem Buchstaben beginnt. Erst dann darf er das Paar behalten.

53 *Paare bilden*
Material: Buchstabenkarten (Klein- und Großbuchstaben) (vgl. Materialübersicht im Anhang)
Verlauf: Das Spiel kann in Partnerarbeit gespielt werden.
Der eine Schüler vertauscht die Buchstabenpaare. Der andere muss sie wieder richtig zusammenordnen.

A4. Laut-Buchstaben-Assoziation bei Einzelelementen

A4.1. Übungen an Wörtern

A4.1.1. Übungen an der Wandtafel

54 *Wörtersammlung*
Material: Evtl. Wortkarten für die Flanelltafel oder den Lesekasten (vgl. Materialübersicht im Anhang)
Verlauf: An der Tafel sind Wörter angeschrieben (bzw. an der Flanelltafel oder Magnettafel angeheftet). Die Schüler sprechen sie deutlich aus, sprechen den Anfangslaut (Endlaut) gedehnt (sofern möglich) oder betont. Dann heben sie den entsprechenden Buchstaben hervor (einkreisen, farbig nachfahren).

Variation 1:
Dieselbe Übung kann auch mit Sätzen durchgeführt werden.

Variation 2:
Bilder (Bildkarten) (vgl. Materialübersicht im Anhang) hängen an der Tafel. In der Klasse sind Buchstabenkarten verteilt. Die Schüler sprechen das jeweilige Wort aus (z.B. Laterne). Sie dehnen den Anfangslaut (bzw. Endlaut). Wer den passenden Buchstaben besitzt, hält ihn in die Höhe und (oder) hängt ihn zur Bildkarte dazu.

55 *Der Laut kommt am Anfang (Ende) dieses Wortes vor*
Material: Als typische Repräsentanten für einen bestimmten Laut bzw. Buchstaben können häufig vorkommende Wörter aus dem Grundwortschatz zu den Anfangs- bzw. Endlauten gewählt werden (S. 115).
Verlauf: An der Wandtafel (in einem besonders dafür vorgesehenen Kästchen) wird zu einem Buchstaben ein Wort aus dem Grundwortschatz geschrieben, evtl. auch ein Bild dazugehängt.

56 *Finden gemeinsamer Buchstaben/Laute*
Verlauf: Der Lehrer spricht einige Wörter. Er sagt: Hört gut hin, damit ihr erkennt, was für ein Laut in allen Wörtern vorkommt. Hier ist evtl. schon auf lautliche Nuancen aufmerksam zu machen:
Offenes o in Sonne, geschlossenes o in Mond, Oma und Otto.
Beispiel: Sonne, Mond, Oma, Otto (gemeinsam: O)
Die Wörter werden gesprochen. Die Schüler hören den gemeinsamen Laut heraus. Danach werden die Wörter angeschrieben, das O farbig hervorgehoben und dann im gesprochenen Wort nochmals deutlich betont.

A4.1.2. Übungen mit Wort- und Bildkarten

57 *Wortkarten sortieren*
Material: Wortkarten (vgl. Materialübersicht im Anhang)
Herstellung: Es empfiehlt sich, Wortkarten mit Schülervornamen selbst herzustellen, da die Motivation dann erheblich höher als bei fertigen, im Handel käuflichen, Karten ist.
Dazu schneidet man weiße Kartonblätter in Streifen (ca. 40 × 15 cm) und beschriftet sie mit schwarzer Tusche oder mit breitem schwarzem Filzstift.
Verlauf: An der Tafel hängen Wortkarten. Daneben sind Buchstaben angeschrieben. Die Wörter können nun im Kreis jeweils um den Buchstaben gehängt werden, den sie als Anfangsbuchstaben besitzen.
Beispiel:

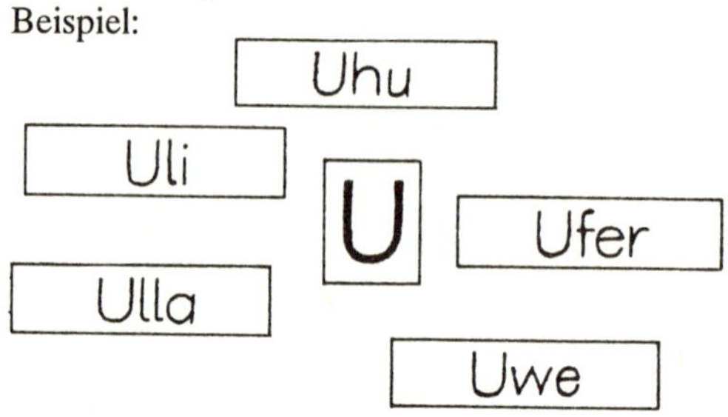

58 *Wörtertürme (-häuser)*
Material: Wortkarten (vgl. Materialübersicht im Anhang)
Die Wortkarten können auch selbst hergestellt werden, z.B. aus einfarbigem Karton. Auch verschiedene Farben lassen sich sinnvoll verwenden: z.B. für die Wortarten: Substantive, Verben, Adjektive und die übrigen Wörter (vier verschiedene Kartonfarben).
Auf diese Weise ist es möglich, im Laufe des Lehrganges den Lese-Grundwortschatz auf Wortkarten verfügbar zu machen (zum Grundwortschatz vgl. S. 117–118).
Verlauf: Die Wörter werden untereinander in „Türmen" (Häusern) angeordnet. Dabei kann die Größe berücksichtigt werden, sodass sich ein nach oben verjüngender Turm ergibt.
Die Schüler sprechen dann die Wörter, hören Laute ab (flüstern, laut sprechen, dehnen, Lautbildung nur durch Mundbewegung andeuten).

Es muss erkannt werden, dass am Anfang (bzw. in der Mitte oder am Ende) jeweils der gleiche Laut dem gleichen Buchstaben entspricht.

Beispiele:

Anfangslaute/
-buchstaben:

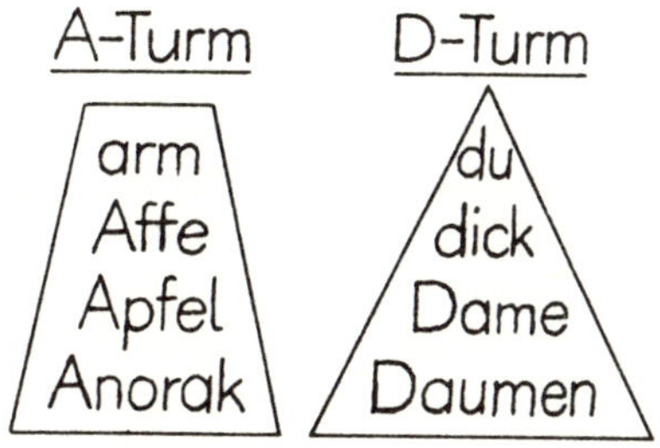

Endlaute/
-buchstaben:

Binnenlaute/
-buchstaben
(nur bei kurzen
Wörtern):

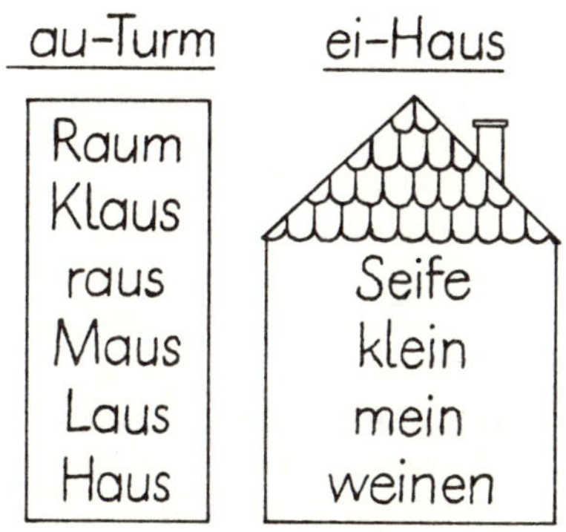

59 *Zuordnen von Namenskarten zu Buchstabenkarten*

Material: Schülernamenskarten (für diese Übung können die am Schulanfang geschriebenen Namenskärtchen verwendet werden, vgl. Übungen 7, 8), Buchstabenkarten (vgl. Materialübersicht im Anhang)

Verlauf: Die Schüler lesen ihre Namenskarte bzw. die Namenskarte eines Mitschülers vor. Sie ordnen die Karten nach Anfangsbuchstaben und hängen sie zum entsprechenden Buchstaben an der Tafel (oder legen sie auf den Boden zum Buchstaben). Danach sprechen sie den Lautwert des Buchstabens und betonen deutlich den entsprechenden Anfangslaut in ihrem Namen. Diese Übung kann analog auch mit anderen Buchstaben-Laut-Positionen im Namen durchgeführt werden.

Variation 1:

Ein Schüler sagt: Mein Name beginnt mit … (z.B. A). Alle Kinder, die auch einen Namen mit A am Anfang haben, kommen zu mir. Analog können auch andere Buchstaben-Laut-Positionen im Namen genannt werden (z.B. Mein Name hört mit e auf; oder: Mein Name hat an zweiter Stelle ein n).

Die Schüler mit gleichen Buchstaben im Namen stellen sich hintereinander. Dem Ersten kann die entsprechende Buchstabenkarte um den Hals gehängt werden. Wichtig ist, dass die Schüler durch Sprechen und genaues Anschauen des Wortbildes kontrollieren, ob die Namen wirklich die genannten Bedingungen (Vorkommen bestimmter Laute/Buchstaben) erfüllen.

Variation 2:

Namenskarten können auch Gegenständen (oder Wortkarten) mit gleichen Anfangs- (End-)Lauten zugeordnet werden. Die Wörter werden gelesen, abgehört, die Buchstaben hervorgehoben.

Beispiel:

60 *Wörterkreis*

Material: Wortkarten (vgl. Materialübersicht im Anhang; auch aus Karton selbst hergestellte und beschriftete Karten können verwendet werden)

Verlauf: Die Schüler ordnen Wortkarten so an, dass der Endbuchstabe des vorhergehenden Wortes zugleich der Anfangsbuchstabe des folgenden Wortes ist. Wichtig ist, dass die Schüler die Wörter deutlich sprechen und durch Abhören erkennen, dass jeweils End- und Anfangsbuchstabe übereinstimmen.

Beispiel:

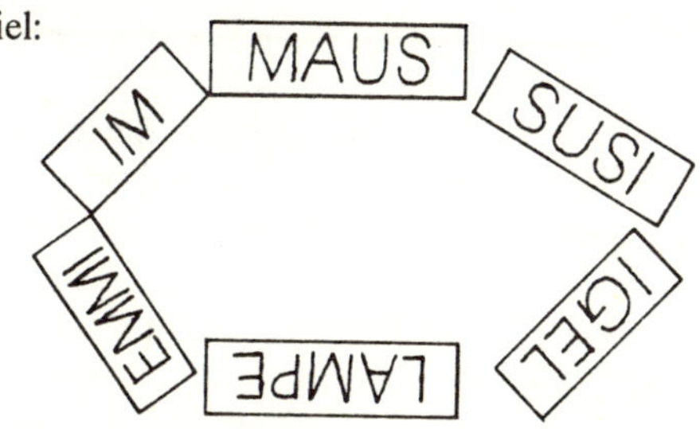

61 *Wortkarten zerschneiden*

Material: Wortkärtchen, die auf einem Arbeitsblatt vorgegeben sind

Verlauf: Diese Übung bereitet die Analyse des Buchstaben- und Lautbestandes ganzer Wörter vor.

Die Schüler schneiden zunächst die Wortkärtchen aus. Dann werden die Anfangs- und Endbuchstaben der Wörter abgeschnitten und durcheinander gebracht. Nun müssen die Schüler die Buchstaben den Wortresten wieder zuordnen. Sie sprechen zuerst den Lautwert der einzelnen Buchstaben, dann das ganze Wort.

Beispiel:

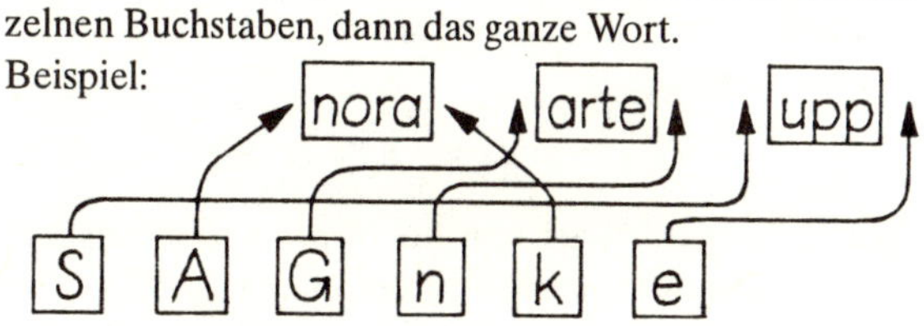

Variation: Partnerarbeit
Zwei Schüler schneiden an einigen Wortkarten jeweils den Anfangsbuchstaben ab. Sie tauschen dann das Material aus. Der Partner muss jeweils die Wörter wieder richtig zusammenstellen. Er spricht das ganze Wort zur Kontrolle sorgfältig aus.

A4.1.3 Spielerische Übungen

62 *Buchstaben würfeln*
Material: Buchstabenwürfel (vgl. Materialübersicht im Anhang)
Herstellung – Aus Karton:
Buchstaben werden mit Tusche oder schwarzem dicken Filzstift aufgemalt. Es empfiehlt sich, mehrere Würfel für verschiedene Buchstaben herzustellen (vgl. auch Kossow 1975, S. 75ff.).
Beispiel: Explosivlaute:

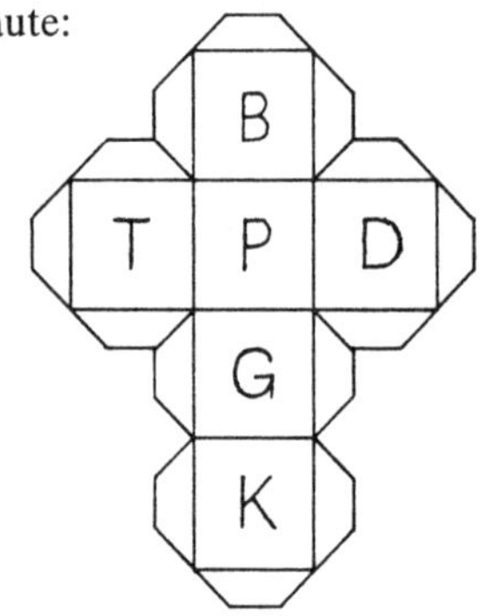

Daneben sollten auch Würfel hergestellt werden, auf denen die Nasale und die Reibelaute (M, N, S, Sch, R, F), die Vokale (A, E, I, O, U), die Diphtonge (Eu, Au usw.) oder seltene Laute (X, J, Y), später auch die Übergangskonsonanten (Pf, Pfl, Zw, Tr usw.) vorkommen.
- Aus Holz: Holzwürfel können vom Schreiner besorgt werden. Die Buchstaben können dann mit Ölfarbe und Pinsel aufgetragen werden.
- Aus Schaumgummi: Diese Würfel verursachen beim Würfeln den geringsten Lärm. Sie können mit Stoff- oder Papierbuchstaben beklebt werden.

Verlauf: Die Spielregel muss vor Beginn festgelegt werden:
Der gewürfelte Buchstabe muss z.B. als Anfangs- oder Endbuchstabe im Wort vorkommen.
Danach wird gewürfelt, der gewürfelte Buchstabe gesprochen, eine passende Wortkarte gesucht (oder ein Wort gesucht, in dem der Buchstabe vorkommt), im Wort der gewürfelte Buchstabe in seinem Lautwert gedehnt gesprochen und danach die Buchstabenkarte wieder abgelegt.

Variation:
Die Schüler hängen sich ihre Namenskarte (aus Karton, mit Farbstift beschrieben) um den Hals. Nun wird der Anfangsbuchstabe gewürfelt. Die Kinder, deren Namens-Anfangsbuchstabe gewürfelt wurde, treten in den Kreis. Jedes Kind spricht seinen Namen so deutlich aus, dass der gewürfelte Laut gut hörbar ist.

63 *Nach Bildkarten fragen*
Material: Bildkarten für eine Gruppe von Schülern (3–6 Schüler) (vgl. Materialübersicht im Anhang)
Verlauf: Die Kärtchen werden an die Mitspieler verteilt. Die Kinder fragen reihum: z.B. „Klaus, hast du ein Kärtchen mit S?“ Wenn das Kind Erfolg hat, bekommt es das Kärtchen und darf so lange weiterfragen, bis der Gefragte ein Kärtchen nicht besitzt. Dieser darf dann die Fragereihe fortsetzen.
Es ist zweckmäßig, eine bestimmte Spieldauer festzusetzen (z.B. 10 Minuten) und danach das Spiel abzubrechen. Gewinner ist der Spieler mit den meisten Karten. Beim Erlernen des Spiels können die Bildkarten offen auf dem Tisch liegen.

Variation:
Zur Erlernung der Buchstaben-Laut-Assoziation ist es zweckmäßig, beim Fragen einfach eine Buchstabenkarte hochhalten zu lassen. Der Spieler sagt dann etwa: „Fritz, hast du Wörter, die so anfangen?“

64 *Quartett* (Einsatz in Kleingruppen; vgl. Kossow 1975, S. 52f.)
Material: Für ein Spiel werden 7- bis 9mal jeweils vier Quartettkarten benötigt. Dies reicht für ca. 3–5 Spieler.
Herstellung: Man verwende für die Herstellung der Spielkarten Karton (Größe der Karten ca. 9 × 6 cm). Aus einem DIN-A4-Kartonblatt können etwa 12 Spielkarten hergestellt werden. Der Lehrer kann die Karten selbst beschriften und bemalen. Allerdings können auch die Schüler (evtl. in arbeitsteiligem Verfahren) das Bemalen nach Anweisung selbst übernehmen. Die Beschriftung (mit schwarzer Tusche) sollte der Lehrer selbst vornehmen.
Auf den Spielkarten sind Abbildungen mit gleichem Anfangslaut und eine Nummerierung (z.B. für A-Wörter: A1, A2, A3, A4) enthalten.
Beispiel: A-Wörter

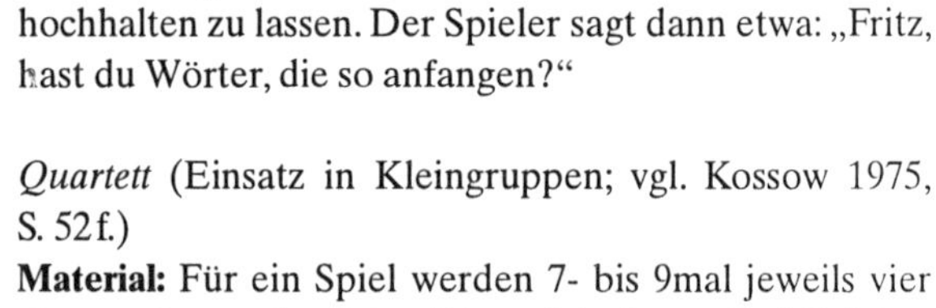

Verlauf: Die Karten werden an die Mitspieler verteilt. Die Schüler dürfen (nach den üblichen Quartettspielregeln) voneinander Karten verlangen: Sie verlangen die gewünschten Anfangsbuchstaben: z.B. A1 zu A2; es

kann auch gesagt werden: Ich hätte gern eine Karte, die mit A anfängt, A1. Der gefragte Spieler sagt, falls er die Karte besitzt: Auf A2 ist ein Ast abgebildet, Ast fängt mit A an.
Gewinner ist der Spieler, der am Schluss die meisten Quartette hat.

Variation:
Statt der Nummerierung ist auf den Karten vermerkt, welche Abbildungen die anderen drei Karten enthalten. Der fragende Schüler muss diese Wörter erlesen können. Somit ist diese Art des Spielens erst auf einer späteren Stufe des Lernprozesses möglich.
Beispiel: A-Karte

A4.1.4. Übungen zum Schreiben, Malen und Hantieren

65 *Anfangsbuchstaben zu Bildern*
Material: Arbeitsblatt mit Bildern
Herstellung: Der Lehrer kann die Skizzen in den Feldern des Arbeitsblattes selbst anfertigen (Anregungen finden sich u.a. in den Bildern der Sprechlernspiele und verschiedener Lernspiele; vgl. Materialübersicht im Anhang). Der Lehrer kann sich auf Umrissskizzen beschränken, da Kinder in diesem Alter sehr gerne Zeichnungen anmalen.
Es besteht aber auch die Möglichkeit, die Schüler selbst Gegenstände oder Tiere in die Felder des Blattes malen zu lassen.
Verlauf: Schüler betrachten die Bilder, sprechen die Wörter, hören sie auf den Anfangslaut hin ab und schreiben den Laut, den sie hören, dazu.
Beispiel:

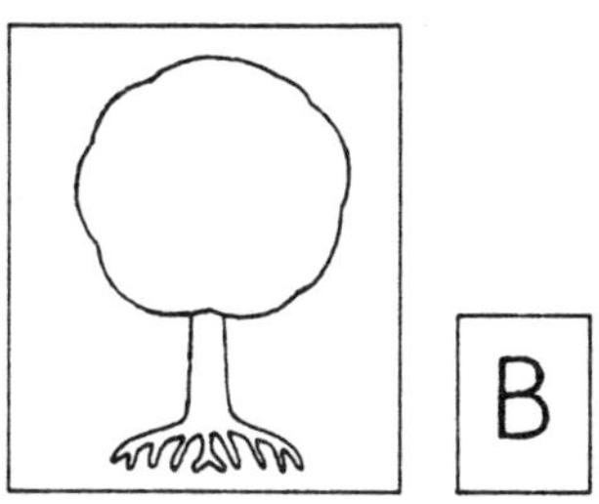

Variation 1:
Leichter ist eine Übung, bei der die Schüler nur entscheiden müssen, ob sie bei den Bildern einen bestimmten Laut in einer Position hören oder nicht.

Beispiel: Hört ihr bei den Wörtern am Anfang ein O oder nicht? Wenn ihr ein O hört, schreibt es dazu!

Variation 2:
Die Schüler verbinden Bilder und Buchstaben (in Reihen angeordnet) durch Striche oder Pfeile.
Beispiel:

66 *Fehler entdecken*
Material: Arbeitsblatt mit Bildern und teilweise falsch zugeordneten Buchstaben; dazu kann auch das in der vorherigen Übung bearbeitete Arbeitsblatt dienen (Kontrolle und Verbesserung durch Mitschüler).
Verlauf: Die Schüler suchen die Fehler und verbessern die Zuordnung.
Beispiel:

67 *Erstellen von Buchstabenblättern*
Material: Große Papierbögen (Tapetenstücke oder unbedrucktes Zeitungspapier, Größe 70 × 50 cm) für die wichtigsten Buchstaben des Alphabets, Kataloge mit Abbildungen (Versandhauskataloge), Illustrierten
Verlauf: Gemeinsames Klassenvorhaben
Die Schüler erhalten einzeln oder in kleinen Gruppen die Aufgabe, ein bestimmtes Buchstabenbild herzustellen. Dazu werden Gegenstände, die mit einem bestimmten Buchstaben beginnen, aus Katalogen ausgeschnitten und auf einen Bogen Papier aufgeklebt. Dazwischen wird farbig und groß auf freie Flächen der jeweilige Buchstabe geschrieben. Ein Schüler stellt z.B. ein F-Blatt her, ein anderer ein B-Blatt usw. Diese Bilder können im Klassenraum aufgehängt werden. Sie werden

auch für weitere Aufgaben des Leselehrgangs (Analyse, Synthese am gesamten Laut- und Buchstabenmaterial des Wortes) verwendet.
Beispiel: T-Blatt

Variation:
Solche Buchstabenblätter lassen sich auch mit den ABC-Blättern von Heyer und Jäger herstellen (vgl. Materialübersicht im Anhang).

A4.2. Übungen mit Einzellauten und -buchstaben

A4.2.1. Übungen zum Sprechen und Schreiben

68 *Buchstabendiktat*
Verlauf: Der Lehrer nennt einen Laut. Die Schüler schreiben den entsprechenden Buchstaben in ihr Heft. Kontrolle: Der Lehrer sagt nochmals die Laute in der ursprünglichen Reihenfolge. Die Schüler kontrollieren sich gegenseitig (Vertauschen der Hefte unter den Banknachbarn).

Variation 1:
Partnerdiktat: Banknachbarn diktieren einander Buchstaben und kontrollieren sich gegenseitig.

Variation 2:
Der Lehrer zeigt Buchstaben hoch. Schüler nennen den Laut und schreiben dann den Buchstaben auswendig auf.

Variation 3:
Erschwerung: Groß- und Kleinbuchstabe müssen aufgeschrieben werden.

Variation 4:
Der Großbuchstabe wird gezeigt. Die Schüler nennen den Laut und schreiben den Groß- und den Kleinbuchstaben (bzw. den Kleinbuchstaben allein) auf.

69 *Wand-Wiederholungsreihe*
Verlauf: Die Buchstaben werden an der Tafel in einer Reihe angeschrieben.
Der Lehrer fordert einen Schüler auf: Nenne den ersten Buchstaben, den dritten usw.

Variation 1:
Die Schüler nennen der Reihe nach die Buchstaben eines Satzes: z. B.

Variation 2:
Die Schüler zählen die Buchstaben eines Satzes auf: Zwei mal kommt „a“ vor usw.

70 *Wettspiel in Gruppen: Tiere, Pflanzen nennen*
Verlauf: Die Schüler nennen so viele Tiere oder Pflanzen (auch Gegenstände) mit einem bestimmten Anfangsbuchstaben, wie sie wissen. Es kann dafür ein bestimmter Zeitraum angegeben werden (z. B. 50 sec.). Die Gruppen kommen nacheinander an die Reihe. Zuerst darf die Gruppe 1 Namen nennen. Der Lehrer stoppt die Zeit und zählt die richtigen Nennungen. Dann kommt die 2. Gruppe dran usw.
Wer die meisten richtigen Nennungen hat, gewinnt.

A4.2.2. Übungen mit Lernmaterialien

71 *Buchstaben würfeln und Laute dazu sagen*
Material: Buchstabenwürfel (vgl. Materialübersicht im Anhang)
Herstellung: Vgl. dazu die Hinweise in Übung 62, S. 42.
Verlauf: Die Schüler würfeln nacheinander Buchstaben und sprechen dann den entsprechenden Lautwert.
Dieses Verfahren eignet sich gut für kleinere Gruppen (Fördergruppen).

Variation 1:
Die Schüler sitzen im Kreis; ein Schüler würfelt, der nächste sagt den Laut.

Variation 2:
Mehrere Schüler würfeln gleichzeitig. Wer kennt alle gewürfelten Buchstaben?

Variation 3:
Wettkampf: Ein Schüler würfelt, sagt den Laut und erhält – bei richtiger Lautzuordnung – einen Punkt. Wer nach einer bestimmten Zeit die meisten Punkte gesammelt hat, ist Sieger.

Variation 4:
Spiel mit einer Kleingruppe, bei der jeder Schüler einen Würfel zur Verfügung hat:
Der Lehrer nennt einen Laut. Die Schüler würfeln so lange, bis sie den entsprechenden Buchstaben gewürfelt haben. Wer ihn zuerst würfelt, selbst erkennt und ausspricht, bekommt einen Punkt (oder einen Stern, ein Kärtchen usw.).

72 *Buchstabenhaus*
Material: Buchstabenhaus in Großformat (Klassenraum) oder im Kleinformat (für den Einzelschüler) (vgl. Materialübersicht im Anhang)
Herstellung für die Hand des Schülers:
Der Lehrer malt mit schwarzer Tusche (oder mit schwarzem Filzstift) auf ein DIN-A4-Blatt ein Haus (siehe unten). Das Buchstabenhaus sollte für alle Buchstaben des Alphabets einschließlich der Umlaute und Diphtonge Fenster aufweisen.
Ein großes Buchstabenhaus für den Unterricht mit der ganzen Klasse (Demonstration) kann an einer Seitenwand angemalt werden.
In dieses Buchstabenhaus werden die Buchstaben eingetragen (eingehängt). Dies kann in der Reihenfolge der Einführung oder in alphabetischer Reihenfolge geschehen.
Beispiel:

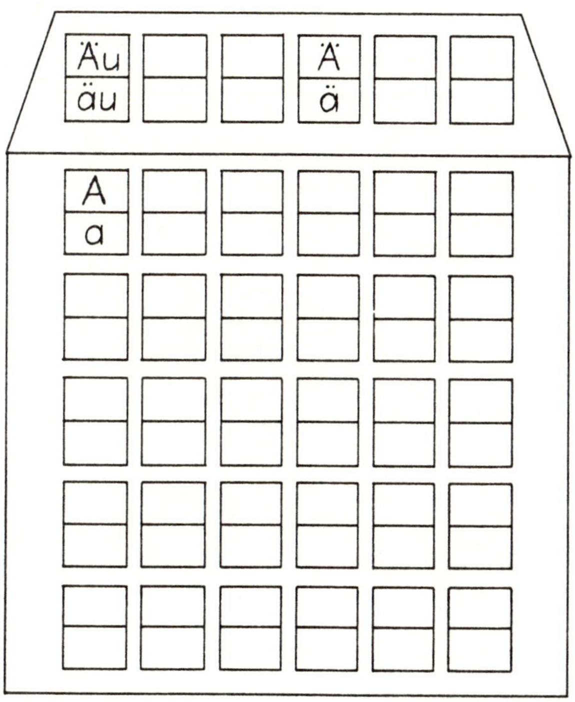

Verlauf: Der Buchstabe/Laut wird analysiert, akustisch und optisch in vielfältigen Übungen gefestigt und dann vom Lehrer ins große, von den Schülern ins kleine Buchstabenhaus eingetragen.

Variation 1:
Übung am Buchstabenhaus: Der Lehrer zeigt auf einen Buchstaben. Ein Schüler nennt seinen Lautwert.

Variation 2:
Welche Buchstaben sind versteckt?
Am Morgen fehlen einige der Buchstaben im Haus. Die Schüler sollen herausfinden, welche es sind und aus einem Stapel verschiedener Buchstaben die richtigen heraussuchen, benennen und wieder ins Buchstabenhaus hängen.

Variation 3:
Groß- und Kleinbuchstaben sind verwechselt. Die Schüler müssen sie wieder in Ordnung bringen und benennen.

Variation 4:
Wer kennt alle Buchstaben?
Ein Schüler (jeden Tag ein anderer) darf nacheinander alle Buchstaben im Buchstabenhaus benennen. Wer das kann, bekommt einen Stern.

73 *Buchstabenkasten*
Material: Buchstabenkasten mit Einzelbuchstaben (Lesekasten) für den Klassenraum und für die Hand des Schülers (vgl. Materialübersicht im Anhang)
Verlauf: Der Lehrer (oder ein Schüler) nennt einen Laut. Die Schüler suchen im Buchstabenkasten den entsprechenden Buchstaben und stellen ihn auf die Leseleiste des Kastens bzw. legen ihn auf die Bank.

Variation 1:
Die Buchstaben des Lesekastens sind durcheinander geraten. Die Schüler sollen sie benennen und in das richtige Fach des Kastens einordnen.

Variation 2:
Die Schüler holen alle Buchstaben aus dem Lesekasten, die sie kennen. Wer die meisten benennen kann, wird „Buchstabenkönig".

74 *Buchstabenkreis*
Material: Pappkreis mit Zeiger, auf dem die Buchstaben eingetragen sind.

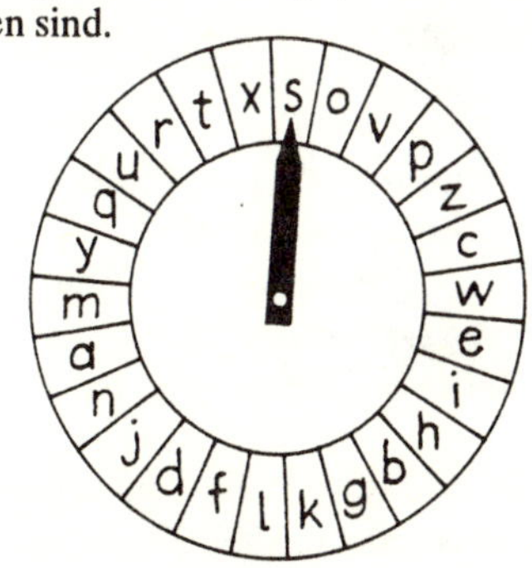

Herstellung: Für die Hand des Schülers: Durchmesser ca. 15–20 cm, aus Pappe; Buchstaben und Buchstabenfelder mit schwarzer Tusche einzeichnen; Zeiger aus steifem Karton mit Musterklammer drehbar befestigen. Zu Demonstrationszwecken: Durchmesser ca. 90–100 cm; aus Sperrholz Scheibe und Zeiger aussägen (mit Schraube drehbar befestigen) oder aus steifem Karton ausschneiden.
Verlauf: Der Zeiger wird eingestellt. Die Schüler benennen den Buchstaben. Das Tempo der Einstellungsänderung wird beschleunigt. Die Schüler müssen sich sehr auf den Zeiger und die Buchstaben konzentrieren, da sie reihum oder durcheinander drankommen.

Variation
Der Lehrer stellt den Zeiger auf einen Buchstaben ein. Die Schüler, deren Name (Vorname) mit diesem Buchstaben beginnt, stellen sich und nennen ihren Namen und den Anfangslaut. Dafür bekommt man einen Punkt.

75 *Buchstabenbuch*
Material: Ringbuch (DIN A5 mit 4 Klammern); Buchstabenkarten, die in dieses Ringbuch passen
Herstellung: Aus einem DIN-A4-Kartonblatt lassen sich 4 passende Buchstabenkarten herstellen.
Sie können mit schwarzem Filz beschriftet werden.
Verlauf: Diese Übung ist besonders für schwache Schüler geeignet. Die Schüler heften ihre Buchstabenkarten in ihr Ringbuch ein. Sie führen daran Merkübungen, Übungen der Zuordnung von Groß- und Kleinbuchstaben durch (vgl. auch Radigk 1979, S. 151).

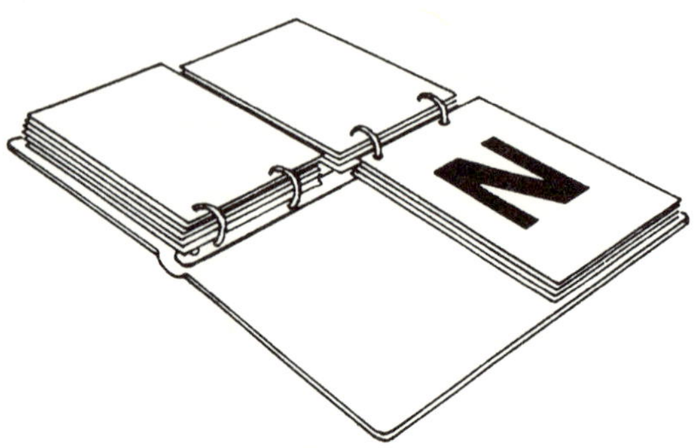

A5. Lautbildung

A5.1. Explosivlaute B–P (1. Artikulationsstelle)
(vgl. Sprechmaterial S. 85–86)

76 *Wir lassen die Lippen explodieren*
Verlauf: Der Lehrer drückt ganz fest die Lippen zusammen: p
Der Lehrer drückt leicht die Lippen zusammen: b
Die Schüler beobachten und ahmen nach.

77 *Papierstückchen wegpusten*
Verlauf: Wir pusten so (z.B. auf den Handrücken), dass die Papierstückchen liegen bleiben: b
Wir pusten so, dass die Papierstückchen fortfliegen: p

78 *Luftstrom auf dem Handrücken spüren*
Verlauf: Lehrer und Schüler sprechen b bzw. p auf den Handrücken. Sie erspüren den leisen Hauch bei b und den festeren bei p.

79 *Beobachten der Lautbildung*
Verlauf: Die Schüler schauen sich gegenseitig auf den Mund und stellen fest, dass b und p mit den Lippen gebildet werden. Sie sehen das feste Zusammenpressen der Lippen bei p und das leisere „Explodieren" bei b.

80 *Sprechen mit geschlossenen Augen*
Verlauf: Schließt die Augen und sprecht p und dann b. Spürt ihr einen Unterschied?

81 *Wörter sprechen*
Verlauf: Die Schüler sprechen Wörter mit b bzw. mit p als Anfangslaut (oder Endlaut). Sie hören auf die Unterschiede im Klang und in der Aussprache.

82 *In verschiedenen Sprachen sprechen*
Verlauf: Lehrer macht die „Fremdsprache" vor. Es geht darum, in Sätzen b durch p oder p durch b zu ersetzen.
B-Sprache: Baba geht auf die Bost
P-Sprache: Parpara padet in Padehosen.

83 *Handzeichen*
Material: Vorschläge zur Verwendung und Beschreibung von Handzeichen finden sich S. 97–113.
Verlauf:
Beispiel: **B/P**
B:

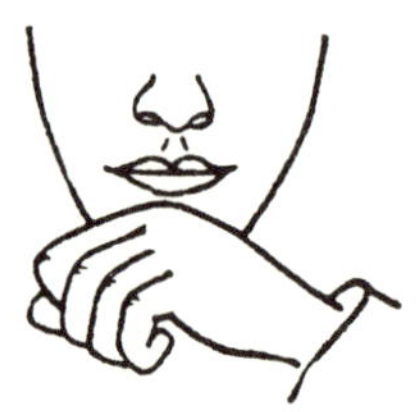
b

Bei der Bildung des „b" sind die Lippen geschlossen. Die Luft, die bei der Sprengung des Lippenverschlusses aus dem Mundraum strömt, wird auf dem Handrücken leicht empfunden.

Ball
Das Wort wird angeschrieben und gelesen.
Die Schüler sprechen das Wort deutlich aus und sprechen den Anfangslaut mehrfach:
b-b-b.

Lehrer: Wenn ihr auf den Handrücken sprecht, spürt ihr den leichten Luftstrom.

P:

p

Die Bildung des „p" unterscheidet sich von der des „b" nur durch den stärkeren Luftstrom, der ganz deutlich auf dem Handrücken zu spüren ist.

Papa
Anschreiben und Sprechen des Wortes; sprecht p-p-p-p! Sprecht auf den Handrücken, dann spürt ihr den festen Luftstrom bei p, viel fester als bei b.
(Vgl. auch Schneider-Rumor 1974, S. 23 ff.)

84 *Sprechverse*
Material: Vorschläge für Sprechverse, Sprachspiele, Scherzgedichte, Zungenbrecher folgen S. 85–86.
Verlauf: Der Lehrer spricht vor, lässt nachsprechen, muntert auf, lässt bestimmte Laute abhören, verbessert die Lautbildung, achtet auf Fehler, fordert zu Wettbewerb auf.

85 *Lautbildung vom Mund absehen*
Verlauf: Der Lehrer spricht Wörter und Sätze mit b oder p ganz leise, sodass die Schüler die Lautbildung vom Munde absehen müssen. Sie versuchen nachzusprechen.

Variation:
Der Lehrer macht stumme Mundbewegungen. Die Schüler erkennen, ob das Wort mit p oder mit b anfängt.

A5.2. Explosivlaute D–T (2. Artikulationsstelle)
(vgl. Sprechmaterial S. 86)

86 *Lautbildung vormachen*
Verlauf: Der Lehrer macht die Lautbildung vor. Er legt deutlich die Zunge an die oberen Schneidezähne. Die Schüler ahmen nach.

87 *Unterschiede zwischen b und d/t*
Verlauf: Der Lehrer schließt die Lippen und spricht b. Er legt dann die Zunge an die oberen Schneidezähne und spricht d.
Danach sprechen die Schüler beide Laute in Partnerübung. Sie schauen sich gegenseitig auf den Mund und kontrollieren sich.
Sie achten darauf, wo sie die Laute spüren:
b an den Lippen, d an der Zungenspitze.

88 *Unterschiede zwischen d und t*
Verlauf: Die Schüler halten den Zeigefinger vor die Schneidezähne. Sie spüren den leichten Luftstrom bei d und den stärkeren bei t.
Sie sprechen Wörter mit d bzw. t. Sie hören die Unterschiede in der Aussprache beider Laute.

89 *„Fremdsprachen"*
Verlauf: d-Sprache: statt Tor: Dor
t-Sprache: statt Doris: Toris

90 *Handzeichen:* siehe Übung Nr. 83 zu den Explosivlauten B/P und die Beschreibung von Handzeichen S. 97–113.

A5.3. Explosivlaute G–K (3. Artikulationsstelle)
(vgl. Sprechmaterial S. 86)

91 *Wo spürt ihr den Laut?*
Verlauf: Lehrer spricht b/d und g/k vor. Er fordert die Schüler auf, die Laute nachzusprechen und darauf zu achten, wo sie die Laute spüren. Sie werden merken, dass g/k ganz hinten im Rachen klingen.
b–d–g (p–t–k): Der Laut rutscht immer weiter nach hinten.
Unterschiede zwischen g und k
Verlauf: Der Laut wird in die Handfläche gesprochen. Bei g ist nur ein schwacher Luftstrom, bei k ein stärkerer zu spüren. Außerdem können Wörter mit g bzw. k gesprochen und die Unterschiede in der Lautbildung genannt werden.

92 *Erklärung der Lautbildung*
Verlauf: Der Lehrer kann auch in verständlicher Sprache über die Lautbildung reden. Die Zunge wird ganz hinten an den Gaumen gedrückt. Dabei wird ein Verschluss gebildet, durch den die Luft beim Sprechen zunächst nicht durchgeht. Wenn der Verschluss aufgemacht wird, entsteht ein kleiner „Knall" (g/k).

93 *„Fremdsprachen"*
Verlauf:
g-Sprache: Aus Karl wird Garl
k-Sprache: Aus Gans wird Kans

94 *Sprechverse, Sprechübungen und Zungenbrecher*
Material: Vorschläge für Sprechverse, Sprachspiele, Zungenbrecher usw. folgen S. 86.

Verlauf: Der Lehrer spricht das Sprachmaterial vor, lässt nachsprechen, muntert auf, lässt bestimmte Laute abhören, verbessert die Lautbildung, achtet auf Fehler, fordert zu Wettbewerb auf.

95 *Handzeichen*
Siehe Übung Nr. 83 zu den Explosivlauten B–P und die Beschreibung von Handzeichen S. 97–113.

A5.4. Reibelaute S, Z, Sch
(vgl. Sprechmaterial S. 87–88)

96 *Vormachen – Nachmachen*
Verlauf: Der Lehrer spricht Wörter mit s, z oder sch vor oder spricht die Laute isoliert. Die Schüler sprechen nach.

97 *Lautbildung bewusst machen*
Verlauf: Die Schüler beobachten ihre Lautbildung im Mundspiegel (dazu kann ein kleiner Handspiegel verwendet werden). Sie beobachten den Lehrer bzw. den Banknachbarn beim Sprechen. Sie betrachten die Lautbildung auf Mundtafeln (vgl. Sprechlernspiele vom Maier Verlag Ravensburg und andere Materialien im Anhang).

S: Die Zungenspitze berührt die unteren Schneidezähne, die Zähne sind fast geschlossen, der Mund ist breit (Lachstellung), der Luftstrom zischt durch die obere Zahnreihe.

Z: Die Zungenspitze liegt hinter den oberen Schneidezähnen, die Mund- und Zahnstellung ist ähnlich wie bei S, die Zunge gibt hinter den Zähnen einen schmalen Spalt frei, sodass die Luft hindurchgedrückt werden kann.

Sch: Die Zunge liegt weiter zurück als bei S und Z, die Zähne sind nahe beieinander, der Mund wird vorgestülpt.

98 *Beschreiben des lautlichen Unterschieds*
Verlauf: Die Reibelaute werden gesprochen (von Schülern, vom Lehrer), sie werden laut und leise gebildet und abgehört. Die Schüler versuchen, die Laute zu charakterisieren und mit natürlichen Lauten zu vergleichen:
S: summt, saust, säuselt wie der Wind; surrt wie ein Spielauto
Z: zischt (Schlange)
Sch: macht wie eine alte Eisenbahn (sch–sch–sch ...)
Daraus ergibt sich die Aufforderung zur Lautbildung an die Kinder: z. B. Surre, wie ein kleines Spielauto! usw.

99 *„Fremdsprachen“*
Verlauf: s-Sprache: Aus Zoo wird so, aus Zirkus wird Sirkus.
z-Sprache: Aus Susi wird Zuzi.
Sch-Sprache: Aus See wird Schee.

100 *Sprechverse*
Material: Vorschläge für Sprechverse usw. siehe S. 87–88.
Verlauf: siehe Übung Nr. 84, S. 47 bei den Explosivlauten B–P.

101 *Handzeichen*
Siehe Übung Nr. 83 zu den Explosivlauten B–P und die Beschreibung von Handzeichen S. 97–113.

A5.5. Reibelaute W–F (V)
(vgl. Sprechmaterial S. 89)

102 *Beschreiben des Lautunterschiedes*
Verlauf: Durch Sprechen der Laute und Abhören von Wörtern erkennen die Schüler, dass w ein bisschen summt und f leise zischt.

W: Es brummt wie ein kleiner Motor.

F: Das zischt, wie wenn Luft aus dem Fahrradschlauch entweicht.

103 *Unterschiede in der Lautbildung*
Verlauf: Die Schüler beobachten die Lautbildung mit den bekannten Methoden und Hilfsmitteln.
Sie erkennen etwa Folgendes (dabei kommt es nicht auf die exakte sprachliche Formulierung an):
F (V): Die oberen Schneidezähne berühren die Unterlippe (man beißt fast darauf), der Luftstrom entweicht zwischen Zahnreihe und Unterlippe und zwischen den oberen Schneidezähnen (stimmloser Laut).
W: Die Stellung der oberen Schneidezähne und der Unterlippe ist der Stellung beim F nahezu gleich. Es entweicht aber keine Luft zwischen den Zähnen, vielmehr „brummt es im Hals“ (stimmhafter Laut unter Einsatz der Stimmbänder).

104 *„Fremdsprachen“*
Verlauf: W-Sprache: statt Vogel: Wogel
F-Sprache: statt Wagen: Fagen
Die Schüler verändern die Wörter durch Ersetzen der Laute (z. B. v durch w). Sie hören die Veränderungen ab, sprechen den anderen Schülern vor. Auch ist es möglich, dass sie sich gegenseitig Rätsel stellen: Was soll das für ein Wort sein? Oder: Was wird in der W-Sprache aus Vogel?

105 *Sprechverse*
Material: Vorschläge für Sprechverse, Zungenbrecher usw. finden sich S. 89.
Verlauf: siehe Übung Nr. 84, S. 47 bei den Explosivlauten B–P.

106 *Handzeichen*
Siehe Übung Nr. 83 zu den Explosivlauten B–P und die Beschreibung von Handzeichen S. 97–113.

A5.6. Zitterlaut R (2. bzw. 3. Artikulationsstelle und Ch_2

(vgl. Sprechmaterial S. 89–90)

107 *Beschreiben des lautlichen Unterschieds*
Verlauf: Die Schüler suchen Vergleiche aus der natürlichen Umgebung:
R: macht wie ein Flugzeug
Ch_2: schnarcht

108 *Aufforderung zur Lautbildung*
Verlauf: Schnarcht, wie der Opa macht, wenn er schläft! Lasst den Flugzeugmotor rattern; macht wie ein Motorrad!

109 *Unterschiede in der Lautbildung*
Verlauf: Durch die beschriebenen Methoden und Hilfsmittel wird etwa Folgendes erkannt:
Beide Laute können im Rachen gebildet werden.
Beim Zungen-R (2. Artikulationsstelle) wird das R vorne mit der Zunge gesprochen (die Zungenspitze flattert hin und her: daher Zitterlaut).
Beim Rachen-R ist der Laut weit hinten im Rachen zu spüren (Vibrationen des Zäpfchens).
Das Ch_2 ist ebenfalls im Rachen zu spüren. Im Unterschied zum Rachen-R ergibt sich jedoch kein rollendes Geräusch, sondern ein „Schnarchgeräusch".

110 *„Fremdsprachen"*
Verlauf: In der R-Sprache wird aus machen maren. In der Schnarchsprache (ch_2) wird aus Uhr uch.
Der Lehrer spricht die Wortveränderungen vor. Die Schüler erkennen, was für ein Wort entsteht. Sie hören die Veränderungen ab, sprechen den anderen Schülern vor. Auch können sie sich gegenseitig Rätsel stellen: Was für ein Wort wird in der ch-Sprache (Schnarchsprache) aus Ohr? (och)

111 *Sprechverse, Zungenbrecher*
Material: Vorschläge für Sprechverse, Zungenbrecher usw. finden sich S. 89–90.
Verlauf: siehe Übung Nr. 84, S. 47 bei den Explosivlauten B–P.

112 *Handzeichen*
Siehe Übung Nr. 83 zu den Explosivlauten B–P und die Beschreibung von Handzeichen S. 97–113.

A5.7. Nasale M–N–ng (1., 2. und 3. Artikulationsstelle)

(vgl. Sprechmaterial S. 89)

113 *Nase zuhalten*
Verlauf: Der Lehrer fordert die Schüler auf, sich die Nase zuzuhalten und dabei die drei Laute m, n und ng zu sprechen. Die Schüler erkennen, dass dies dann nicht mehr möglich ist. Sie begründen es: Da geht die Luft nicht mehr durch die Nase; dann kann man kein M mehr sprechen.

114 *Erkennen der Lautbildungsunterschiede*
Verlauf: Die Schüler beobachten Lehrer, Mitschüler beim Sprechen. Sie benutzen den Mundspiegel oder betrachten die Mundtafeln. Sie erkennen etwa Folgendes:
M: Beim M brummt es im geschlossenen Mund.
N: Da ist der Mund leicht geöffnet, die Zungenspitze liegt an der oberen Schneidezahnreihe, es brummt in der Nase.
ng: Der Mund ist weit geöffnet, die Zunge liegt hinten (Zungenrücken) oder am Gaumen (Gaumensegel); es summt hinten im Hals.

115 *Charakterisierung der Lautunterschiede*
Verlauf: Die Schüler hören die Laute ab und versuchen, sie durch Vergleiche zu beschreiben und zu unterscheiden:
N: Das macht, wie wenn man auf den Gong schlägt; es summt leis
M: Ausdruck des Wohlbehagens (es hat gut geschmeckt)
ng: auf einen Gong schlagen

116 *Sprechverse, Zungenbrecher*
Material: Vorschläge für Sprechverse, Zungenbrecher usw. finden sich S. 89.
Verlauf: siehe Übung Nr. 84, S. 47 bei den Explosivlauten B–P.

117 *Handzeichen:*
Siehe Übung Nr. 83 zu den Explosivlauten B–P und die Beschreibung von Handzeichen S. 97–113.

B. Übungen zur Erfassung der Wortstruktur

B1. Laute und Buchstaben als Elemente der Wortstruktur

B1.1. Laut- und Buchstabenanalyse

118 *Vom Dehnsprechen zum Lautieren*
Verlauf: Einführung ins Dehnsprechen
Der Lehrer sagt: Wir wollen einige Wörter so langsam sprechen, dass jeder Laut ganz genau zu hören ist. Ihr haltet den Laut genau so lange, wie ich ihn vorspreche: Mmm–aaa–mm–aa

Variation 1:
Der Laut wird so lange ausgehalten, bis der Lehrer den nächsten Finger hochhebt.

Variation 2:
Auseinanderschieben von „Eisenbahnwaggons"
Material: Eisenbahnzug aus Pappkarton
Herstellung: Lokomotive und Waggons können auf Pappe aufgemalt und ausgeschnitten werden (Länge eines Waggons für Demonstrationszwecke ca. 20 cm).
Verlauf: In einen „Zug" mit mehreren „Waggons" werden Buchstaben gesetzt.
Beispiel: Auseinanderschieben der Waggons:

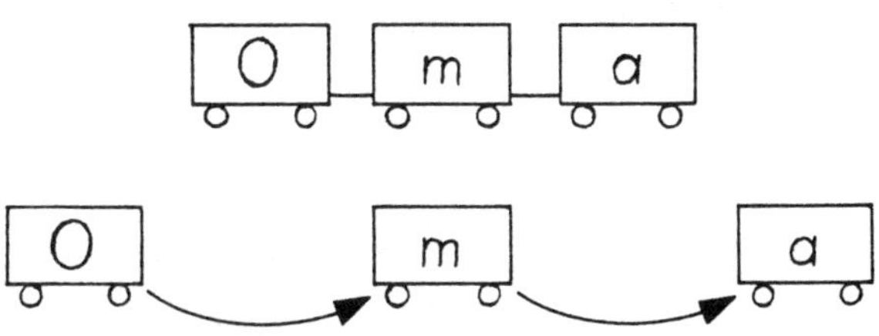

Zunächst wird das Wort normal gesprochen, dann folgt gedehntes Lesen. Dabei schiebt der Lehrer die Waggons auseinander. Der einzelne Laut wird so lange gehalten, bis der Zeigestock des Lehrers beim nächsten Waggon angekommen ist. So werden die einzelnen Laute sehr lange gedehnt. Das Wort zerfällt allmählich in seine Lautpositionen.

Variation 3:
„Ich spreche, wie wenn ich einschlafen würde"
(„wie wenn ein Tonband ganz langsam läuft", „wie wenn das Wort aus Gummi wäre und ganz langsam auseinander gezogen würde")

Variation 4:
Abgehacktes Sprechen: Wir zerhacken nun das Wort. Aus diesem abgehackten Sprechen ergibt sich unmittelbar das Lautieren (das heißt die Nennung der Einzellaute des Wortes).

Variation 5: Zum Lautieren
Material: Großer Raster mit so vielen Kästchen, wie das Wort Laute besitzt, eine Bildkarte (vgl. Materialübersicht im Anhang)
Herstellung des Papprasters:
Ein Kartonstreifen oder ein Papierstreifen wird in Kästchen unterteilt (Größe der Kästchen: ca. 8 × 12 cm).
Verlauf: Die Schüler sitzen mit dem Lehrer im Kreis. Vor ihnen liegt ein großer Pappraster, daneben ein Bild.
Beispiel:

Durch den Pappraster ist die Lautanzahl festgelegt. Die Schüler sprechen das Wort nun gedehnt, dann abgehackt. Bei jedem Laut wird in ein Rasterfeld ein Zeichen gemacht. Statt neutraler Zeichen können auch die Buchstaben des Wortes in die Felder des Raster gelegt oder geschrieben werden.

119 *Buchstabenraten*
Verlauf: Ein Schüler denkt sich ein Wort aus. Er schreibt den Anfangsbuchstaben an die Tafel und markiert die fehlenden Buchstaben mit Punkten:
z. B. H… (Hans). Die übrigen Schüler dürfen der Reihe nach Buchstaben nennen. Wer das Wort herausbringt, darf selbst Aufgaben stellen.

120 *Wie viele Laute werden gesprochen?*
Verlauf: Laute vom Mund ablesen!
Der Lehrer spricht ein einfaches Wort vor (Uli).

Die Kinder sprechen deutlich artikulierend nach und achten auf die verschiedenen Mundstellungen.
Sie beobachten, wie viel verschiedene Mundstellungen man beim Sprechen des Wortes Uli sieht und wie viele Laute man hört. Sie nennen die Laute.
Der Lehrer schreibt für jeden Laut einen Buchstaben an die Tafel.

Variation:
Die Schüler nennen die Laute und legen mit ihren Buchstabenkarten für jeden Laut einen Buchstaben. Damit wird Einsicht in ein wichtiges Prinzip der Buchstaben-Laut-Struktur geschaffen.

121 *Lesefenster*
Material: Ein doppelter Pappkarton (an Längsseiten zusammengeklebt), bei dem an einer Seite ein Fenster ausgeschnitten ist; Wortlesestreifen aus Pappe (vgl. Materialübersicht im Anhang)
Beispiel:

Besonders die Lautiertechnik wird unterstützt, da vom gesamten Wort ein Buchstabe nach dem anderen sichtbar gemacht werden kann.
1. Schritt: Die Schüler lesen das Wort auf dem Lesestreifen.
2. Schritt: Der Streifen wird in die Lesemappe geschoben. Die Buchstaben erscheinen nacheinander im Fenster. Die Schüler nennen die ihnen entsprechenden Laute.
3. Schritt: Die Schüler nennen die Laute des Wortes auswendig.

B1.2. Laut- und Buchstabenanalyse

122 *Was ist es (Hilfe für die Lautsynthese durch Sinnstütze)*
Verlauf: Der Lehrer gibt ein Rätsel auf. Wie heißt die ältere Frau? Ihr Name klingt so: O--m--a.
Der Lehrer kann am Anfang noch die Verbindungen zwischen den Lauten andeuten, das heißt nur stark gedehnt sprechen; später nennt er die einzelnen Laute getrennt (er lautiert).

Variation 1:
Material: „Ratemappe“
Herstellung einer Ratemappe:
Ein Aktendeckel wird an der Breitseite zugeklebt und bemalt. An den Schmalseiten lassen sich Bildkarten und Wortstreifen einschieben und herausziehen.

Verlauf: Der Lehrer zieht eine Bildkarte langsam aus der „Ratemappe“ (vgl. Materialübersicht im Anhang) heraus, sodass die Schüler allmählich den Gegenstand erkennen können. Er lautiert dazu langsam die Lautfolge des betreffenden Wortes. Die Schüler schließen zunächst die Augen und versuchen, die Laute akustisch zu verbinden und auf diese Weise zur Wortgestalt zu kommen. Schüler, die dazu noch nicht in der Lage sind, dürfen auf die Bildkarte sehen, damit sie nicht entmutigt werden.

Variation 2:
Der Lehrer gibt einen Sinnrahmen vor: Ralf verreist am Wochenende. Er fährt mit dem <Au> <t> <o>. Nun zeigt der Lehrer nacheinander die Buchstabenkarten vor. Die Schüler synthetisieren die den Buchstaben entsprechenden Laute. Durch die Sinnvorgabe finden sie leichter die Wortendgestalt.

123 *Vormachen – Nachmachen (Hilfe für Lautsynthese)*
Verlauf: Der Lehrer gibt zunächst die Laute vor, z.B. <U> <l> <i>. Er macht dann die Lautverbindung vor: U--l--i (gedehnt); zuletzt spricht er das Wort in der Endgestalt (Uli).
Übertragung:
Die Kinder müssen dann selbst an anderen leichten Wörtern ihre Lautsynthesefähigkeit erproben:
z. B. Wer bringt heraus, wie das Kind heißt?
<E> <v> <i>
Die Schüler flüstern leise mit, während der Lehrer lautiert.
Schließlich bringen sie heraus, wie das Wort heißt. Sie haben die Lautsynthese vollzogen.

124 *„Lebendes Wort“*
Material: Buchstabenbilder, die Kindern umgehängt werden können (Schilder aus Karton, Größe ca. 15 × 15 cm), dünne Schnur
Verlauf: Jeder Schüler bekommt einen Buchstaben zum Umhängen. Dann wird ein Wort gezeigt (oder gesprochen). Die Schüler mit einem Buchstaben, der im Wort vorkommt, treten vor die Klasse und stellen sich in der richtigen Reihenfolge auf.
Kontrolle: Das Wort wird richtig angeschrieben und verglichen.
Beispiel:

Variation:
Die Schüler in der Klasse machen die Augen zu. Buchstaben werden ausgetauscht bzw. umgestellt. Wie heißt das „lebende“ Wort nun?

125 *Buchstabensteckwürfel*
Material: Buchstabensteckwürfel können gekauft werden (Plastikwürfel mit Steckvorrichtung zum Zusammenstecken der Würfel) (vgl. Materialübersicht im Anhang)
Verlauf: Schüler vollziehen die Synthese mit:
Der Lehrer baut ein Wort aus Buchstaben auf. Die Schüler stecken mit Buchstabenwürfeln das Wort zusammen und erlesen es.
Beispiel:

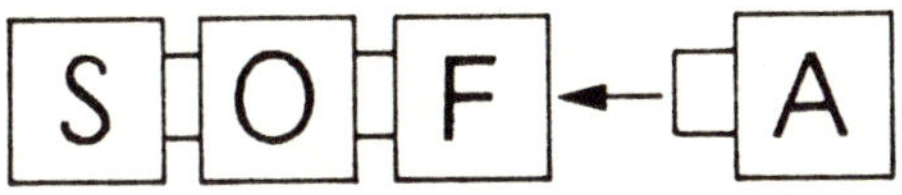

Schrittweise Synthese:

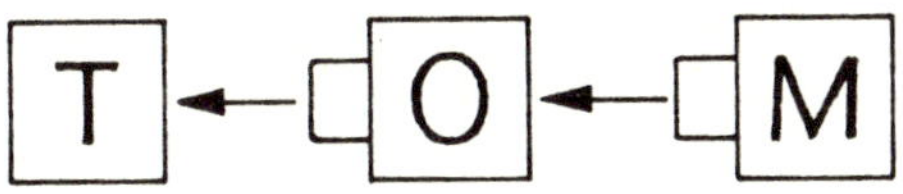

Variation 1:
Buchstabendiktat: Die Schüler stecken die vom Lehrer diktierten Buchstaben mit Steckwürfeln zusammen und erlesen die Wörter.

Variation 2:
Analyse:
Der Lehrer zeigt, wie die Buchstabenwürfel auseinander genommen werden (ein Würfel nach dem anderen von hinten: dazu wird jeweils der Wortrest gelesen).

126 *Buchstabenwürfel (Hilfe für Lautsynthese)*
Material: gekaufte (vgl. Materialübersicht im Anhang) oder selbst hergestellte Buchstabenwürfel
Herstellung: Würfel aus Holz (vgl. auch Kossow 1975, S. 50f.):
Holzwürfel (Kantenlänge zwischen 2 und 4 cm für die Verwendung in Kleingruppen und ca. 10 cm für die Demonstration) können vom Schreiner hergestellt werden. Die Buchstaben können in verschiedenen Farben geschrieben werden (z.B. Explosivlaute in Rot usw.; vgl. die Übersicht über die verschiedenen Lautgruppen Seite 46–49).
Es ist auch möglich, Würfel aus Karton zusammenzukleben (vgl. Übung 62, S. 42).
Verlauf: Die getrennt liegenden Würfel werden jeweils von rechts an den anderen Würfel herangeschoben. Die Laute werden so lange gesprochen, bis der Würfel heran ist.
Beispiel:

127 *Zaubermappe (buchstabenweise synthetisieren)*
Material: Aktendeckel, der an der Längsseite zugeklebt ist. Aus ihm lassen sich Wortkarten herausziehen.
Verlauf: Der Lehrer zieht langsam eine Wortkarte aus einem Aktendeckel („Zaubermappe"), sodass Buchstabe für Buchstabe erscheint. Die Schüler verbinden so Laut für Laut miteinander und lernen allmählich, schneller zu einer Wortgestalt und zur Sinnfindung zu kommen.

Variation:
Eine Sinnstütze hilft bei der Hypothesenbildung, das heißt, die Schüler haben eine bestimmte Worterwartung. Dies könnte aber auch das Raten erleichtern.
Der Lehrer könnte z.B. den gesuchten Gegenstand beschreiben: Es ist rund und springt, hat aber keine Beine (Ball).

128 *Synthetisieren mit Tafelunterstützung*
Verlauf: Der Lehrer verbindet die an der Tafel stehenden Buchstaben mit Bögen. Während die Schüler einen Laut sprechen, fährt er mit der Kreide oder einem Zeigestock zum nächsten Buchstaben. Die Schüler lesen langsam weiter:
Beispiel:

Ganz langsam lernende Schüler können die Verbindungsbögen mit dem Finger nachfahren und dabei die Laute zu einem sinnvollen Wort verbinden.

129 *Buchstaben miteinander verbinden*
Material: Arbeitsblatt mit Buchstabenvorgaben (Buchstabengruppen, die jeweils die Buchstaben der Wörter und einen oder zwei im Wort nicht vorkommende Buchstaben enthalten)
Verlauf: Die Schüler versuchen, durch Verbindungsstriche aus den Buchstaben sinnvolle Wörter herzustellen.
Erleichterung: Die Wörter stammen aus dem gerade behandelten Lesestoff.
Je mehr Buchstaben vorgegeben sind, desto schwieriger wird die Aufgabe. Kontrolle: Vorlesen der Wörter, Anschreiben.
Beispiel:

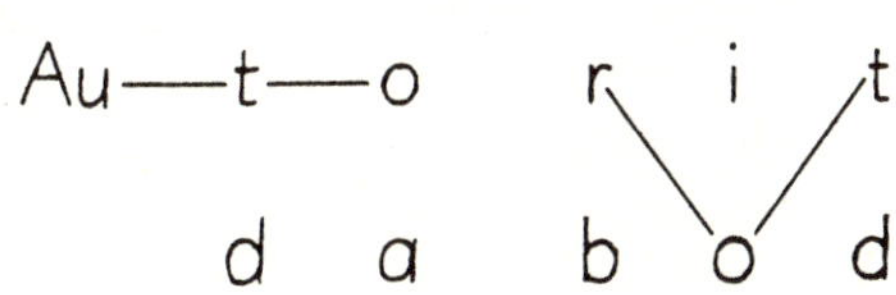

Variation 1:
Bilder sind dazugemalt (der Schüler weiß, welche Wörter er bilden kann).

Variation 2:
Die Wörter sind vorher genannt worden. Sie müssen jetzt nur noch gebildet werden.

130 *Lesestraße (Syntheseübung)*

Verlauf: Buchstaben an der Tafel sind mit Linien („Straßen") verbunden. Die Schüler dürfen beliebige Linien entlangfahren und zunächst sinnvolle Wörter, dann aber auch Unsinnwörter zusammenstellen. Die Verbindungslinien der Sinnwörter können farbig markiert werden.
Beispiel:

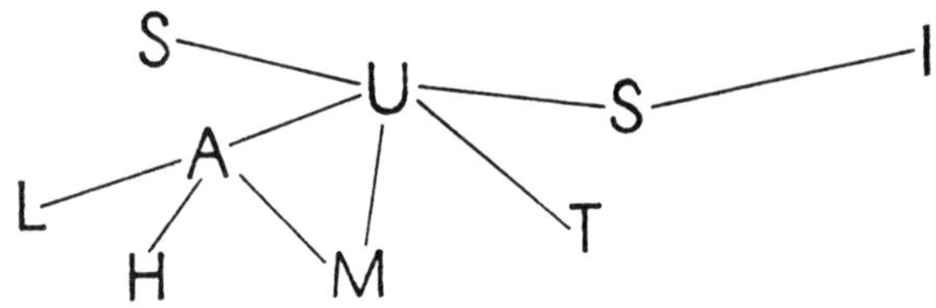

B1.3. Silbensynthese

B1.3.1. Synthese einer Silbe

131 *Buchstabenhaus*

Material: Buchstabenhaus an der Wand (an Wandtafel zu zeichnen oder über Verlage zu beziehen; vgl. Materialübersicht im Anhang)
Verlauf: In die täglichen Buchstaben-Laut-Wiederholungsübungen können kleine Syntheseversuche eingebettet werden. Der Lehrer zeigt nacheinander zwei Buchstaben im Buchstabenhaus. Wie klingen sie zusammen; wie heißt das Wörtchen?
Beispiele: d-a, w-o, i-ch, i-m, i-n, s-o, u-m usw.
Die Schüler lernen (bzw. hören von anderen Schülern), wie die Synthese vollzogen wird.

132 *Ratespiel*

Material: Buchstabenkärtchen (vgl. Materialübersicht im Anhang)
Verlauf: Wer bringt heraus, was für ein Wort ich meine? So beginnt das Wort (der Lehrer nennt zwei Laute und zeigt die zwei Buchstaben).
Beispiel: M--a; die Schüler synthetisieren zu Ma-- und vermuten, wie das Wort heißen könnte: Mama, Mann, Mast usw.
Der Lehrer gibt dann die Auflösung, indem er das Wort ganz anschreibt oder alle Buchstaben des Wortes zeigt.

Variation 1:
Der Lehrer schreibt an: So (eine ganze Silbe)
Was könnte es geben (Sonne, Sofa usw.)?

Variation 2:
Arbeitsblatt:
Auf dem Blatt sind Anfangssilben (bzw. die beiden ersten Buchstaben) von Wörtern und die dazu passenden Abbildungen verteilt. Die Schüler sollen die Anfangssilbe erlesen und dem passenden Gegenstand zuordnen.
Beispiel:

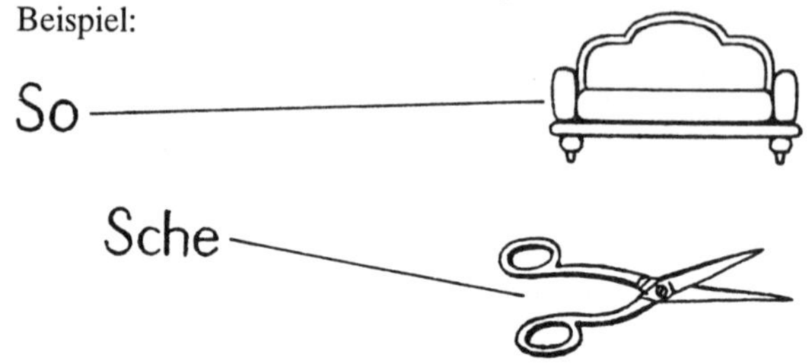

133 *Ringbuch mit Buchstaben (vgl. auch Radigk 1979, S. 151)*

Material: Ringbuch (DIN A5) mit vier Ringen, in das auf jeder Seite zwei Buchstabenkarten übereinander geheftet werden.
Herstellung der Buchstabenkarten aus Karton (4 Karten aus einem DIN A4-Bogen).
Beispiel:

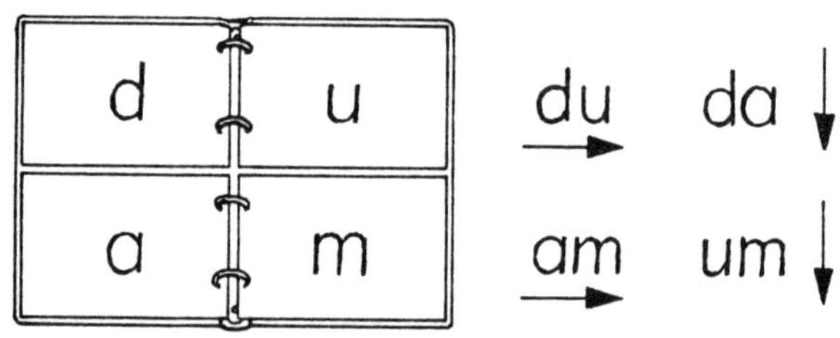

Verlauf: Durch Umblättern der Buchstabenkarten können senkrecht und waagrecht verschiedene Buchstaben zu Wortteilen kombiniert werden.
Die Schüler erlesen die Wortteile.
Sie können (falls sich kein sinnvolles Wort ergibt) die Wortteile zu einem sinnvollen Wort ergänzen.
Beispiel:

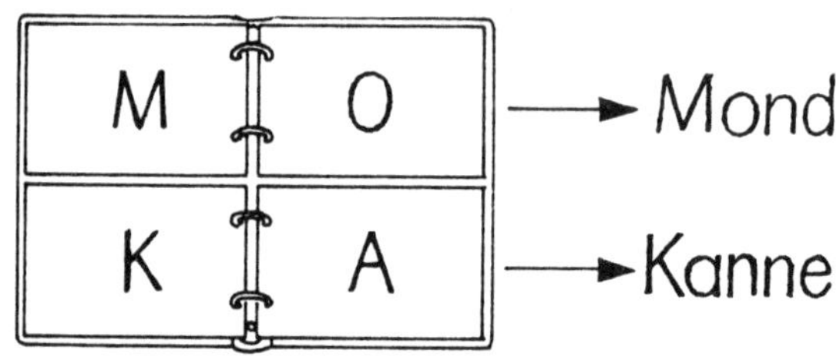

Variation:
Die Schüler schlagen im Ringbuch auf, was sich durch Zufall ergibt (Zufallswörter). Sie können dazu mit einem Brieföffner eine Seite hochheben.

B1.3.2. Synthese von zwei Silben

134 *Silbenringbuch* (vgl. auch Radigk 1979, S. 151)

Material: Ähnlich dem Buchstabenbuch (vgl. Übung 73, Seite 46)
Die Ringbuchblätter enthalten Silben.
Verlauf: Für Gruppen schwächerer Schüler zur Einführung in einfachste Techniken der Synthese geeignet.

Durch Umklappen und Austauschen der Silbenblätter entstehen jeweils neue Silbenkombinationen, die verbunden werden können.
Beispiel:

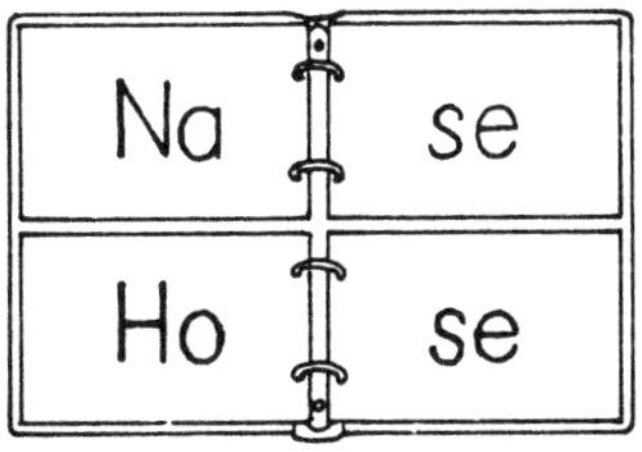

Variation 1:
Die Schüler stellen sich untereinander Syntheseaufgaben.
Variation 2:
Die Schüler sollen lustige Wörter (Unsinnwörter) finden.

135 *Silbenstreifen* (z.B. nach Art des Lesefix; vgl. Materialübersicht im Anhang)
Material: Pappstreifen, auf denen Silben stehen; für zwei Streifen ein „Lesefenster" (doppelter Karton mit zwei Fensteröffnungen), durch das die Streifen gesteckt werden können.
Verlauf: Die Streifen sind so nebeneinander zu schieben, dass die Silben sinnvolle Wörter ergeben. Die Schüler erlesen die Silben und die ganzen Wörter.
Beispiel:

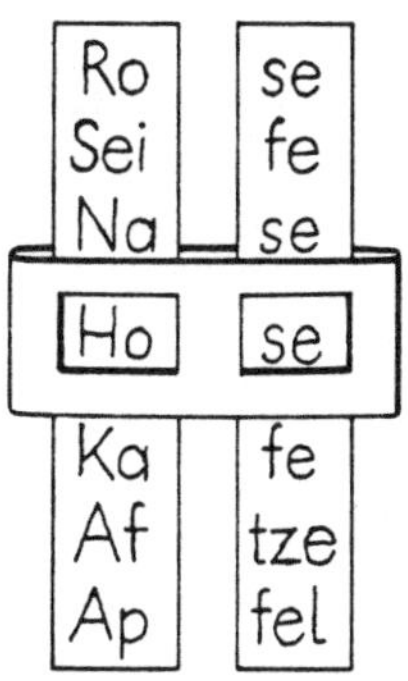

136 *Wortstücke zusammensetzen*
Material: Silbentäfelchen, die an der Wandtafel, Flanelltafel oder Magnettafel haften
Herstellung: Pappkartons (ca. 20 × 12 cm) beschriften und auf der Rückseite mit Haftmaterial versehen (Magnetscheiben, Kletten).
Verlauf: Die Silben sind an der Wandtafel verteilt. Sie werden zunächst für sich erlesen, danach werden sie zu sinnvollen Wörtern zusammengesetzt.
Beispiel:

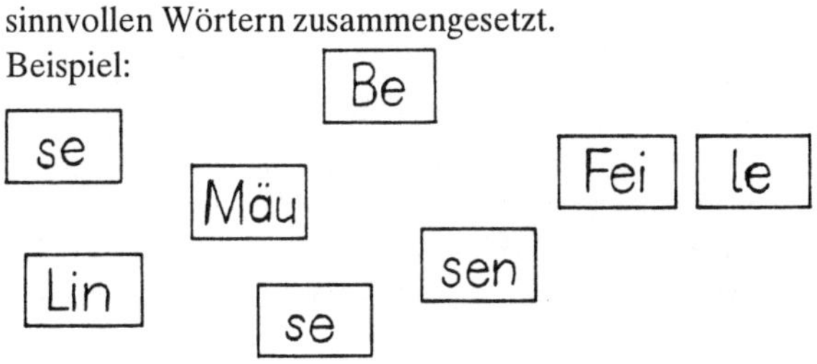

Variation:
Die Silben können auch auf einem Arbeitsblatt durch Striche verbunden werden. Etwas umständlicher ist es, sie auszuschneiden und zusammenzukleben.

137 *Lustige Namen*
Material: Spielpuppen, andere Spielgegenstände (Tiere, Teddys usw.)
Verlauf: Die Schüler haben ihre Puppen mitgebracht. Sie sagen ihre Namen: Susi, Heidi, Evi usw.
Der Lehrer schlägt vor: Wir erfinden lustige Namen. Er fängt an zu schreiben: Li-li. Die Schüler synthetisieren.
Dann sagen die Kinder ähnliche lustige Namen, die der Lehrer anschreibt.

Variation 1:
Die Vokale werden ausgetauscht.
Beispiel:

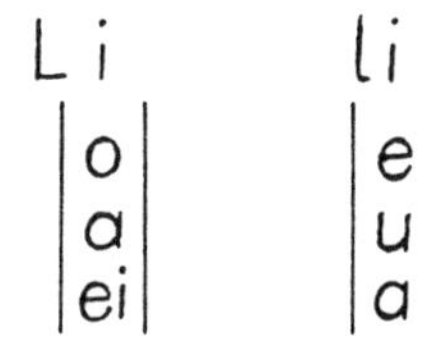

Variation 2:
Arbeitsblatt mit verschiedenen Tieren (z.B. Kätzchen). Dabei stehen verschiedene lustige Namen.
Die Kinder suchen sich ihr Lieblingskätzchen aus und erlesen den Namen.
Beispiel:

138 *Silbenquartett* (vgl. auch Kossow 1975, S. 52f.; zur Herstellung siehe Übung Nr. 64, S. 42–43)
Material: Mehrere Quartette (jeweils vier Karten) ergeben zusammen ein Spiel. Die einzelnen Quartette enthalten Silben, die sich zu einem Wort zusammensetzen lassen, und gleiche nummerierte Symbole.
Beispiel:

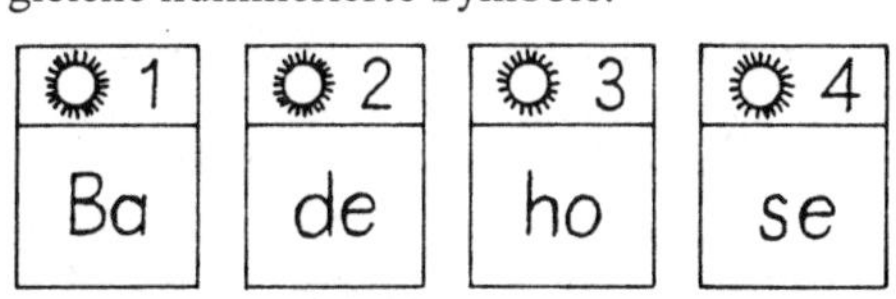

Verlauf: Die Quartettkarten werden verteilt. Die Schüler verlangen vom Mitschüler die Symbole (z.B. Sonne 1). Wenn ein Quartett vollständig ist, wird es abgelegt und muss erlesen werden. Ansonsten werden die üblichen Quartettspielregeln beachtet.

B1.4. Wortauf- und -abbau

139 *„Eisenbahnwaggons abkoppeln" (Wortabbau)*
Material: „Waggons" aus Pappe für jeden Buchstaben (z. B. bei einem Buchstabenkasten, vgl. Materialübersicht im Anhang). Herstellung: vgl. Übung 118, S. 51.
Verlauf: Der „Zug" aus Buchstaben steht auf einer Leseleiste. Er wird nun getrennt. Waggon für Waggon wird abgehängt:
1. Schritt: Die Schüler lesen das ganze Wort (z. B. Papa).
2. Schritt: Der letzte Waggon wird abgekoppelt:
Lehrer: Welcher Buchstabe fehlt jetzt: a.
Wie heißt das Wort noch: Pap (man darf das a nicht mehr hören).
3. Schritt: Nun wird das p in der Mitte abgehängt.
Lehrer: Das p ist nun weg, man darf es nicht mehr hören.
Lest ganz langsam von vorne: P- -a- - - (kein p!!!).
Hier muss unbedingt auf Genauigkeit beim Lesen geachtet werden.
4. Schritt: Nun wird auch das a abgehängt. Es bleibt nur ein Buchstabe übrig: P.

Variation: Abbau von vorne nach hinten:
Dieses Verfahren ist schwieriger.
Es werden die Buchstaben von vorne nach hinten weggenommen und die übrig gebliebenen Wortreste erlesen.

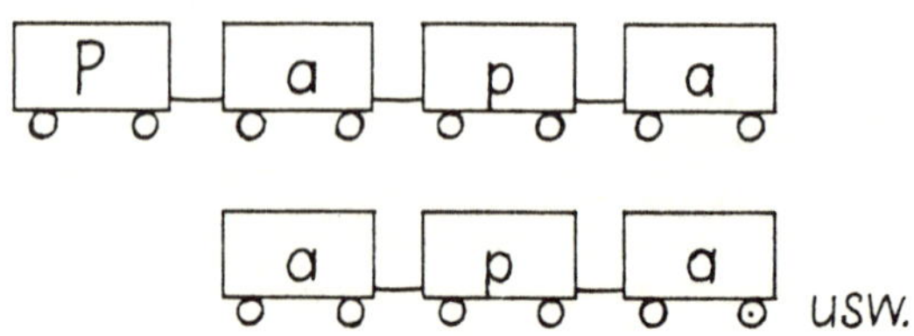

140 *„Eisenbahnwaggons ankoppeln" (Wortaufbau)*
Material: „Waggons" aus Pappe; Herstellung: vgl. Übung Nr. 118, S. 51.
Verlauf: Der Zug wird wieder zusammengestellt.
1. Schritt: An die vordere Lokomotive wird der erste Waggon wieder angehängt: P-a.
Wie heißt das jetzt: Pa.
2. Schritt: Nun kommt der p-Wagen dazu. Wir lesen: Pap.
3. Schritt: Nun ist das Wort wieder ganz: Papa.

Variation 1:
Ankoppeln an den hinteren Waggon (schwierig)

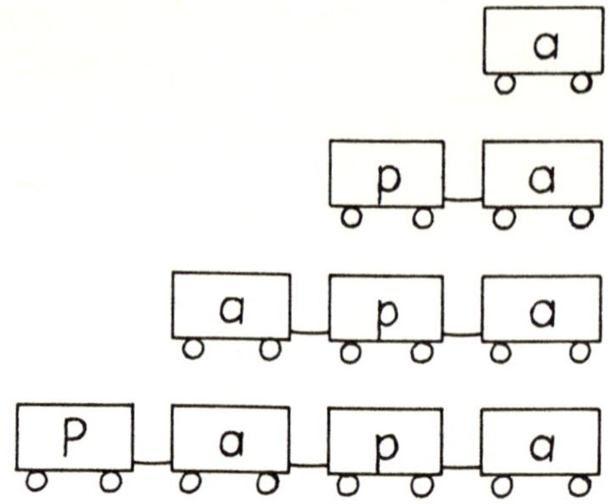

Variation 2:
Krokodil frisst Wörter auf:
Beispiel:

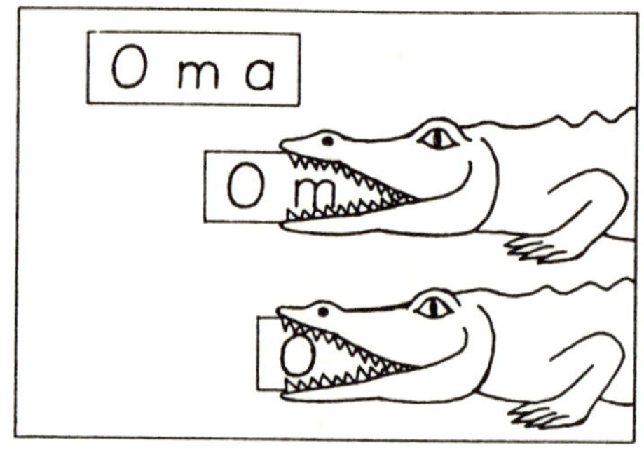

141 *Verzaubern von Wörtern*
Verlauf: Ein Zauberer verzaubert die Wörter so, dass immer ein Buchstabe am Ende wegbleibt. So ergibt sich der Wortabbau:

Wald
Wal
Wa
W
Wa
Wal
Wald

Variation:
Mit der Zaubermappe lässt sich der Ab- und Aufbau gut demonstrieren: Der Lehrer schiebt das Wort langsam Buchstabe für Buchstabe in die Mappe hinein (Abbau) und holt es dann wieder heraus (Aufbau). Herstellung der Zaubermappe: vgl. Übung „Zaubermappe" Nr. 127, S. 53.

142 *Laute diktieren – Buchstaben stecken*
Material: Lesekasten (Buchstabenkasten; vgl. Materialübersicht im Anhang)
Verlauf: Der Lehrer diktiert langsam die Laute eines Wortes. Die Schüler stecken das Wort im Lesekasten. Sie

lesen es. Danach erfolgt die Umkehrung: Buchstaben zeigen und Laute nennen. Die Schüler können beim Lautdiktat dazu flüstern, um die Lautsynthese zu erleichtern.

143 *Lesekasten* (Buchstabenkasten)
Material: Lesekasten mit Buchstabenkärtchen für Schüler (vgl. Materialübersicht im Anhang)
Verlauf: Die Schüler sprechen bekannte Wörter mit einfacher Struktur und weitgehend lauttreuer Schreibweise gedehnt aus. Danach stecken sie die Wörter auf die Leiste des Lesekastens oder legen sie auf die Bank.
Kontrolle: Vergleich mit der Tafelaufschrift oder mit dem Demonstrationslesekasten.
Bei Fehlern kann über Sprechen und Hören verbessert werden, z. B. bei Buchstabenverwechslungen (statt Oma: Omo): Hier wird über Gehör erkannt, dass am Schluss kein o, sondern ein a zu hören ist.
Die Schlusskontrolle muss aber optisch über den Vergleich der Wortbilder erfolgen.

144 *Buchstabenkarte zuschneiden*
Material: Buchstabenkarte (verschiedene Buchstabenkarten können auf einem Arbeitsblatt vorgegeben werden)
Verlauf: Beim Wortabbau von hinten schneidet der Lehrer Buchstabe für Buchstabe ab. Die Schüler lesen die Wortreste.

Variation: Aufbau
Die Buchstaben werden nun von vorne wieder zusammengeklebt oder zusammengelegt.

B1.5. Buchstaben- und Lautvariationen

145 *Reimen* („Wer kann reimen" von E. Schomburg: vgl. Materialübersicht im Anhang)
Verlauf: Die Kinder suchen zu Grundwörtern möglichst viele Reimwörter. Sie schreiben sie dann auf, erkennen, dass immer ein Buchstabe/Laut sich verändert und der Wortrest gleich ist, sprechen bzw. lesen die Wörter:

Beispiele:	Haus	Gast	Nest	Band	Kind	Hahn
	Maus	Mast	Pest	Sand	Wind	Kahn
	Laus	Rast	Rest	Rand	Rind	Zahn
	raus	Hast	Fest	Wand		Bahn
				fand		
				Stand		

146 *Wörter verändern*
Verlauf: Die Schüler versuchen, ob sie durch Weglassen eines Buchstabens aus einem Wort ein anderes sinnvolles Wort entstehen lassen können.

Beispiele:
K~~n~~opf → Kopf
Ei~~s~~ → Ei
Ba~~n~~d → Bad
Sch~~l~~af → Schaf
Ra~~n~~d → Rad

Unterrichtsschritte:
1. Ausgangswort lesen, gedehnt lesen, auswendig lautieren,
2. neues Wort nennen, gedehnt sprechen, lautieren,
3. Laut/Buchstabe nennen, der weggefallen ist.
Besonders bei schwächeren Schülern müssen diese Schritte ganz gründlich durchgeführt werden.

147 *Zauberkasten*
Material: Kreuzworträtselraster (Vorgabe auf der Wandtafel oder auf einem Arbeitsblatt)
Verlauf: Der Lehrer sagt: Ich kenne Wörter, bei denen man nur einen Buchstaben auszutauschen braucht, und schon entsteht ein neues Wort.
Beispiele:

H	a	n	d
	u		
M			
	o		

W	o	l	k	e
			l	
R				
	i			

148 *Bilderrätsel*
Material: Bild und geänderte, eingefügte oder gestrichene Buchstaben
Verlauf: Die Schüler sollen herausbringen, wie das Wort heißt und es aufschreiben.

149 *Buchstaben weglassen*
Verlauf: Der Lehrer stellt ein Rätsel: Was ist das?

ein Hau ·
eine Mau ·
ein Fi ·

Er schreibt die Wortruinen (ohne Endbuchstaben) an die Tafel und lässt erkennen, dass jeweils ein Buchstabe zu einem sinnvollen Wort fehlt. Nun finden die Schüler das richtige Wort, nennen den fehlenden Buchstaben und ergänzen auch das Tafelbild.

Variation 1:
Die Schüler erfinden selbst lustige Wörter, indem sie die Endbuchstaben weglassen. Andere Schüler müssen die „Rätsel“ lösen.

Variation 2:
Der Anfangsbuchstabe wird weggelassen (schwieriger):
Zwerg → werg
Mohr → ohr
Kamm → amm
Land → and
Die Übungen werden genauso wie bei den Übungen zum fehlenden Endbuchstaben durchgeführt.

150 *Wörter von hinten lesen*
Verlauf: Diese bei Kindern beliebte Übung beginnt damit, dass man probiert, seinen eigenen Vornamen von hinten zu sprechen bzw. zu lesen:
z.B. Uli → Ilu, Eva → Ave, Otto → Otto, Tom → Mot, Gabi → Ibag.

Variation:
Wörter finden, die auch von hinten gelesen einen Sinn ergeben: Anna (Anna), Esel (lese), Neger (Regen), rot (Tor), Gras (Sarg), Regal (Lager), Lage (egal).

151 *Viele Möglichkeiten*
Verlauf: Buchstaben werden an die Tafel geschrieben. An die Schüler ergeht die Aufforderung, möglichst viele Wörter aus diesen Buchstaben zu bilden. Als Material eignen sich sehr gut Buchstabenkärtchen (vgl. Materialübersicht im Anhang)
Beispiel:

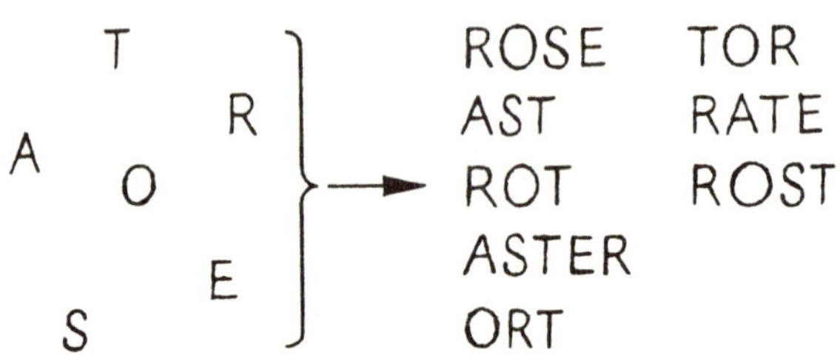

Variation:
Ein Schüler schreibt einen Anfangsbuchstaben an. Die anderen Schüler raten, welches Wort (aus der vorgegebenen Buchstabenauswahl) der Schüler wohl meint, und diktieren die Buchstabenfolge.

152 *Kosenamen*
Verlauf: Die Kinder erfinden (oder nennen) Kosenamen (Veränderungen des Namens durch Abkürzung oder Buchstabenveränderung)
Die Klangstrukturen und Wortbildstrukturen werden verglichen, ähnlich wie bei Übung 146, S. 57; das heißt, die beiden Wörter werden gesprochen, auf ihre Lautunterschiede hin abgehört. Das Wortbild wird dann auf Unterschiede in der Schreibweise untersucht.

Beispiele:	Vater	Vati
	Ulrich	Uli
	Mutter	Mutti
	Barbara	Barbi
	Christine	Chris
	Michael	Micha

153 *Wortbildlotto mit Einzelbuchstaben*
Material: Arbeitsblatt mit Abbildungen und Wortraster, Einzelbuchstaben aus dem Schülerlesekasten (vgl. Materialübersicht im Anhang) bzw. Buchstaben auf Arbeitsblatt
Verlauf: Die Schüler sollen die Einzelbuchstaben in die Raster einordnen.
Beispiel:

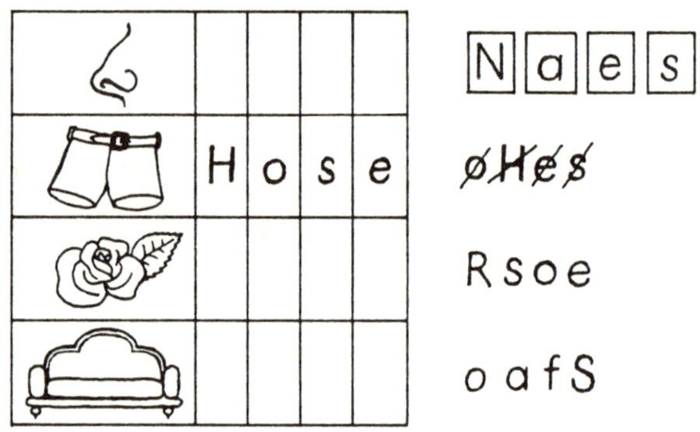

154 *„Buchstabensalat“*
Material: Arbeitsblatt mit Abbildungen, auf die „Buchstabensalat“ geschrieben ist.
Beispiel: Geburtstagstisch mit beschrifteten Gegenständen

Verlauf: Die Schüler sprechen die Wörter deutlich aus. Sie lautieren sie, suchen die Reihenfolge der Buchstaben und schreiben dann das Wort auf den Strich unter dem Gegenstand.

Variation:
Erschwerung: Verbindung von Buchstaben ohne Sinnrahmen zu ganzen Wörtern

Beispiel:

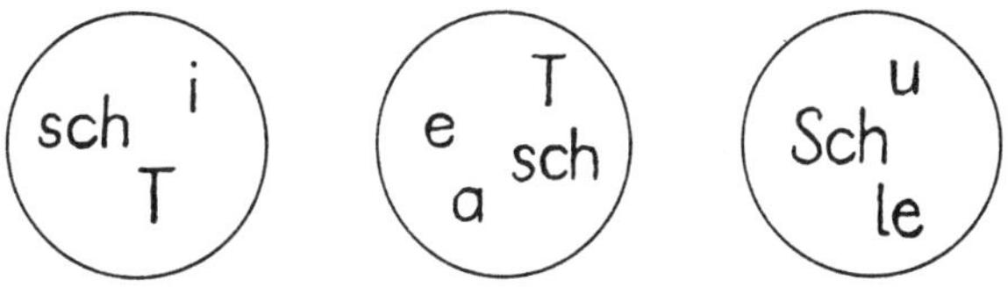

155 *Spaßwörter*
Verlauf: Analog dem Lied von den „Drei Chinesen mit dem Kontrabass" (vgl. Materialsammlung zu Sprechübungen, Übung 353, S. 91) werden in Wörtern Vokale ausgetauscht und die Wörter dann als Spaßwörter gelesen. Dabei können die Schüler miteinander wetteifern: Wer erfindet die lustigsten Wörter?

Beispiele:	Faden	Fuden
	Pfeife	Pfufe
	Wort	Wurt

Variation 1:
Die Veränderung der Wörter kann auch auf Schreibfolie (für Tageslichtprojektor) vorgenommen werden. Das geht leicht, wenn man die veränderlichen Buchstaben in wasserlöslicher, die unveränderlichen in wasserunlöslicher Farbe auf die Folie schreibt.

Variation 2:
„Buchstabenspiel":
Die Schüler tauschen an Namen jeweils einen Buchstaben aus (Vokal oder Konsonant). Sie finden immer neue Variationen. Wichtig ist, dass die lautlichen Erfindungen ins Schriftbild umgesetzt und mit den Schriftbildvariationen in Beziehung gesetzt werden.
Beispiele:

Vokalveränderungen:		Konsonantenveränderungen:	
Barbara	Afrika	Ulrike	Klaus
Barbira	Afroka	Ulmike	Flaus
Barbora	Afreika	Urtike	Plaus
Barbura	Aföka	Ulsike	

Variation 3:
Kasperwörter:
Beispiel: Wie Kasper das Krokodil nennt:
Kro-mo-bil, Kri-do-bil, Kra-ko-dil, Krau-cho-dil, Krau-mo-dil, Krü-mo-bil usw.
Die Schüler können solche „Kasperwörter" auch selbst erfinden: z. B. zu Elefant: Alifant, Ulifant, Elifant.

Variation 4:
Silben mehrerer Wörter werden kombiniert.
Beispiel „Phantasietiere":
Krokodil, Kamel → Krokomel oder Krakodil
Esel, Hase → Hasel oder Ese
Zebra, Antilope → Zebrilope oder Antibra
Diese Wörter sind zu erlesen (für Schüler geeignet, die in ihrer Lesefähigkeit weiter fortgeschritten sind).

156 *Schüttelwörter*
Material: Einzelbuchstaben, die umgestellt werden können (vgl. Materialübersicht im Anhang)
Verlauf: Die Schüler versuchen, aus alten Wörtern durch Buchstabenumstellung neue Wörter zu bilden.

Beispiele:	Kanten	– tanken
	Mehl	– Lehm
	Ufer	– rufe

157 *Unsinntexte*
Material: Texte, bei denen Buchstaben vertauscht sind
Verlauf: Die Texte werden gelesen oder vorgelesen. Die Schüler suchen die Felder, korrigieren die vertauschten Buchstaben und lesen den verbesserten Text.
Beispiel:

Ein Haus bauen.	Ein Baus hauen.
Ein Buch lesen.	Ein Luch besen.
Frau sagen.	Sau fragen.

Variation:
Die Schüler erfinden selbst Unsinntexte durch Austausch von Buchstaben.

B1.6. Spielen mit Buchstaben und Lauten

158 *Wortbau-Wettkampf*
Material: Buchstabenkarten (vgl. Materialübersicht im Anhang)
Verlauf: Der Lehrer nennt mehrere Wörter. Die Schüler müssen aus den Buchstabenkarten möglichst schnell (und richtig) die (bekannten) Wörter zusammensetzen. Wer fertig ist, ruft „halt". Dieses Spiel eignet sich für gleich schnelle Schüler.

159 *„Schnarchwörter"*
Verlauf: Die Schüler sprechen darüber, wie es klingt, wenn man schnarcht, und versuchen, alle möglichen Klangvariationen zu erfinden und aufzuschreiben.
Beispiele: kr-kr-kr, ch-ch-ch, htsch-htsch, pf-pf-pf, f-f-f usw.

160 *Bild-Wort-Karten*
Material: Quadratische Karten:
Vorderseite: Bild; Rückseite: Wort zum Bild
Herstellung: Karten aus Karton ausschneiden (Größe für Alleinarbeit ca. 9 × 6 cm), bemalen und beschriften.
Verlauf: 1. Schritt: Die Abbildung stellt die Schreibaufgabe: Das dem Bild entsprechende Wort soll auf die Karte geschrieben (mit Buchstaben des Lesekastens gelegt) werden.

2. Schritt: Selbstkontrolle: durch das Wortbild auf der Kartenrückseite.
3. Schritt: Der Lehrer kontrolliert.
Beispiel:

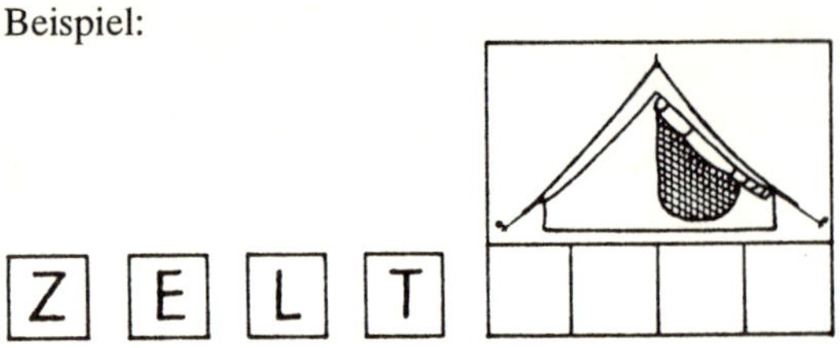

161 *Buchstabenquartett*
(vgl. auch Kossow 1975, S. 52f.; zur Herstellung siehe Übung Nr. 64, S. 42)
Material: Vier Karten, die zusammen ein Quartett ergeben
Beispiel:

Verlauf: Die Schreibweise des Wortes ist bekannt. Die Kinder verlangen voneinander die fehlenden Buchstaben, z.B. von Hase das a. Wenn ein Quartett vollständig ist, wird es nebeneinander abgelegt und das Wort vorgelesen. Im Übrigen gelten die üblichen Quartettspielregeln.

162 *Kreuzworträtselform*
Verlauf: Die Schüler nennen die in die jeweiligen Raster passenden Wörter und buchstabieren sie. Sie tragen sie dann ein. Die richtige Lösung kann auf einer Folie über den Tageslichtprojektor oder über ein Tafelbild gegeben werden.
Beispiel:

Variation 1:
Die Buchstaben sind bei jedem Wort ungeordnet vorgegeben.

Variation 2:
Die Buchstaben sind für alle Wörter durcheinander vorgegeben. Die Schüler streichen die verwendeten Buchstaben durch.

Variation 3:
Das Rätsel enthält Wörter mit gleichen Endbuchstaben.
Beispiel:

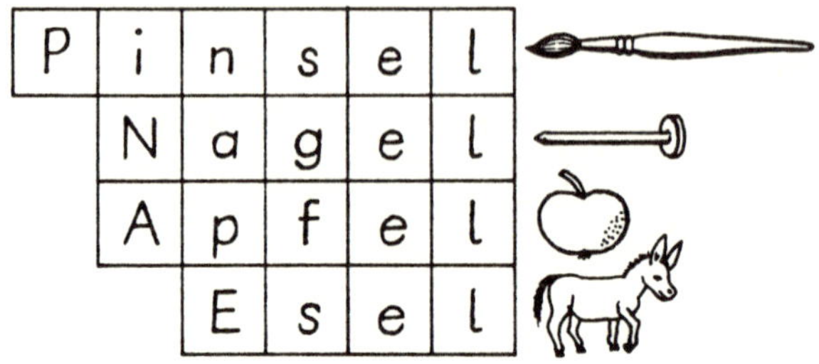

163 *Scrabble* (vgl. Materialübersicht im Anhang)
Verlauf: Den Ausgangspunkt bildet ein senkrecht auf die Tafel geschriebenes Wort (kann auch auf Arbeitsblatt vorgegeben werden). Dazu wird eine Buchstabenmenge vorgegeben (am besten beweglich in Form von haftenden Buchstabenkarten).
Die Schüler sollen nun aus den Buchstaben möglichst viele Wörter an das senkrechte Wort anfügen. Ein Wort auf dem Arbeitsblatt können die Schüler mittels kleiner Buchstabenkärtchen oder mit Buchstabenholzplättchen eines richtigen Scrabblespieles (vgl. Materialübersicht im Anhang) ergänzen.
Beispiel:

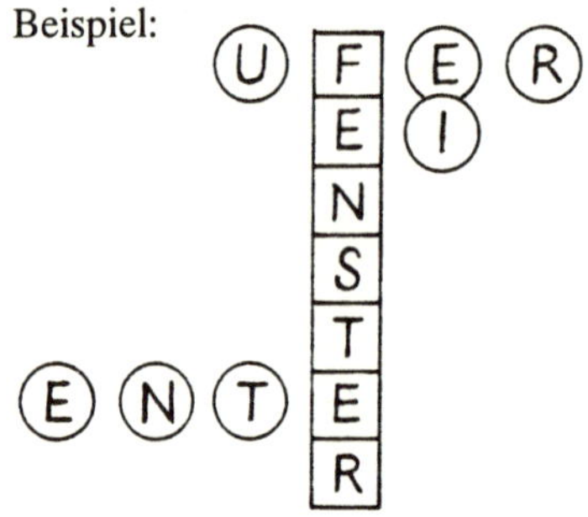

Variation:
Dieses Verfahren kann ausgebaut werden:
Auch an die waagrechten Wörter können neue Wörter angelegt werden, so lange der Buchstabenvorrat reicht. Wichtig ist stets, dass die Schüler die Wörter auch erlesen und dass möglichst viele Schüler beteiligt sind.
Beispiel:

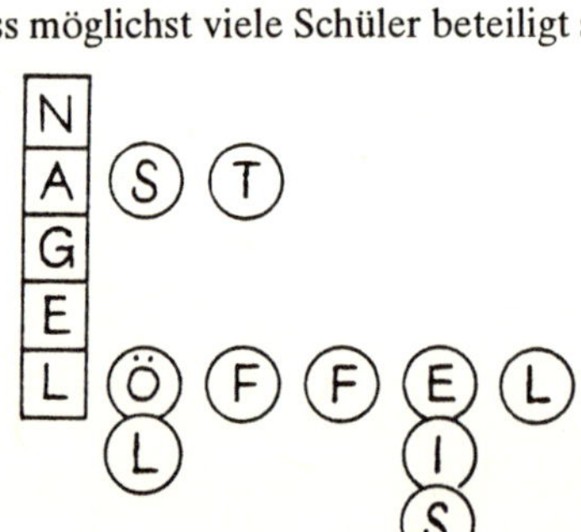

164 *Rätselschlange*
Material: Auf einem Arbeitsblatt ist ein Rätsel in „Schlangenform" vorgegeben. Der Endbuchstabe eines Wortes stimmt jeweils mit dem Anfangsbuchstaben des nächsten Wortes überein.
Voraussetzung: Die Schüler müssen unbekannte Wörter erlesen können.
Beispiel:

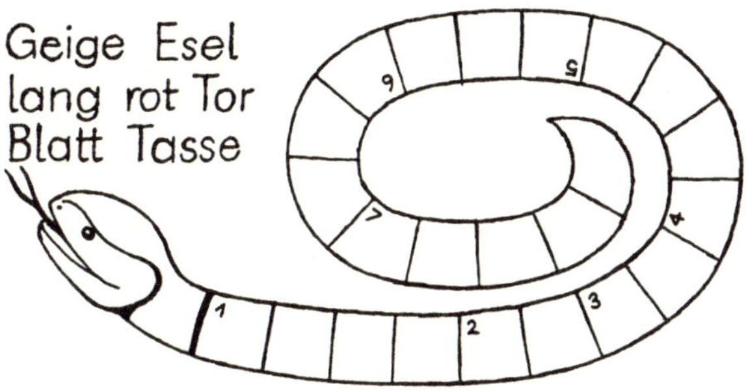

1. Teil einer Blume
2. Wird beim Fußball geschossen
3. Farbe
4. Geschirr
5. Tier
6. nicht kurz
7. Musikinstrument

Verlauf: Die Schüler schreiben die Wörter hinein. Die Wörter sollten bekannt sein. Falls sie unbekannt sind, können sie in ungeordneter Reihenfolge auf dem Blatt vorgegeben sein.

165 *Galgenspiel*
Material: Auf einem Blatt sind die Kästchenanzahl in Rasterform für ein Wort und der Anfangsbuchstabe des Wortes vorgegeben.
Verlauf: Partnerspiel (oder Spiel: einer gegen eine kleine Gruppe): Das Wort, das sich ein Schüler (oder der Lehrer) ausgedacht hat, soll durch Nennen von Buchstaben ermittelt werden. Jeder richtige Buchstabe wird in das entsprechende Kästchen eingetragen, sodass langsam das Wort entsteht. Bei jedem falschen Buchstaben wird der Galgen ein Stück weitergemalt.
Beispiel:

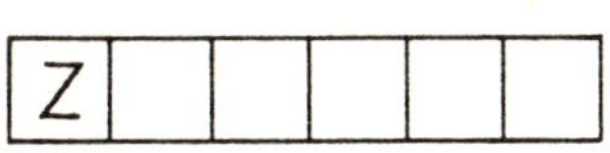

(Zirkus)

Sieger ist entweder der Schüler, der das Rätsel gestellt hat (wenn der Galgen fertig gemalt ist), oder der ratende Schüler (die Gruppe), wenn das Wort ermittelt wurde.

166 *Buchstabelrätsel*
Material: Auf einem Blatt sind Buchstaben in Reihe vorgegeben. Die Schüler sollen die darin senkrecht und waagrecht (schwierig: auch diagonal) enthaltenen Wörter heraussuchen und einrahmen.
Beispiel:

6 Wörter sind zu finden

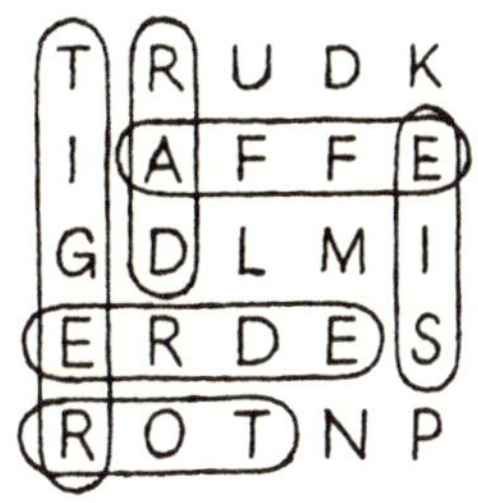

B2. Wortbildung

B2.1. Wortbildungsübungen mit Silben

167 *Silbensprechen*
Verlauf: Der Lehrer macht vor, wie das Wort in Silben zerteilt gesprochen wird: „Wir sprechen wie der Holzhacker." Bei jedem Schlag fällt ein Stück. Die Schüler sprechen die Wörter in Silben nach und klatschen dazu (auch Schlagen, Klopfen auf die Bank oder auf die Oberschenkel ist möglich).

168 *Silbensingen*
Material: Die Namen und die zu singende Melodie (Rufterz) werden an die Tafel geschrieben.
Beispiel:

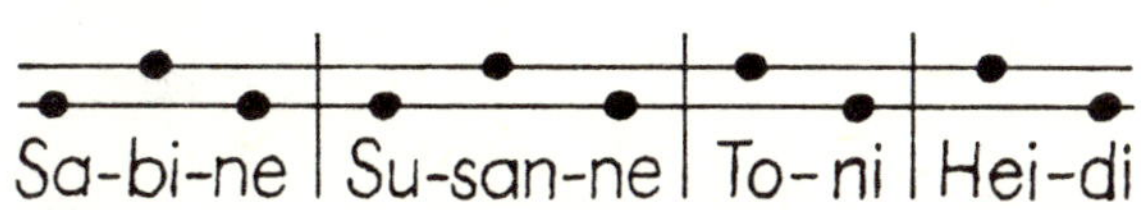

Verlauf: Die Namen werden in Silben gegliedert gesungen und geklatscht.

169 *Silbenraten*
Verlauf: Der Lehrer singt eine Rufterz.
Beispiel:

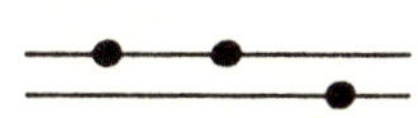

Was für ein Name könnte es sein? z.B. E-ri-ka

170 *Silben schreiben*
Verlauf: Wörter werden gesprochen, Silbenbögen an die Wandtafel geschrieben.
Beispiel:

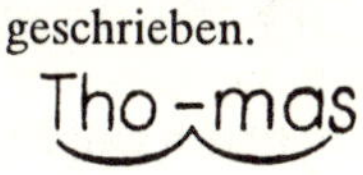

Die Schüler sprechen während des Anmalens der Bögen das Wort dazu.

171 *Silben schreiten*
Verlauf: Die Schüler machen auf jede Silbe einen Schritt, z. B. Su-san-na.

172 *Silben zählen*
Verlauf: Die Wörter werden im Silbenrhythmus gesprochen, geklatscht, Silbenbögen werden angeschrieben. Die Silbenbögen werden ausgezählt.
Beispiel: Lo -ko -mo- ti - ve
1 2 3 4 5

173 *Wer weiß möglichst lange Wörter?*
Verlauf: Es gilt, ein Wort mit möglichst vielen Silben zu finden. Diese Wörter werden gesprochen, nach Silben geklatscht, die Silben werden ausgezählt; das Wort wird in Silbengliederung angeschrieben.

Variation:
Der Lehrer spricht ein mehrsilbiges Wort vor. Ein Schüler (oder alle) muss feststellen, wie viele Silben es sind (wie oft man klatschen muss).

174 *Silben ergänzen*
Verlauf: Silben eines Wortes werden vorgesprochen (oder angeschrieben oder gesprochen). Dann versuchen die Schüler, die fehlende Silbe zu ergänzen und das ganze Wort zu finden.
Beispiele:
Schlusssilbe (leicht):
E-le-(fant)
Au-to-(bahn)
Re-gen-man-(tel)
Mittelsilbe (schwieriger):
Lam-(pen)-schirm
Ther-(mo)-me-ter
Anfangssilbe (schwieriger):
(Kro)-ko-dil

175 *Wortkarten zerschneiden*
Material: Wortkarten, die aus einem Arbeitsblatt hergestellt wurden
Verlauf: Die Wortkarten werden zunächst erlesen. Dann stellen die Schüler durch rhythmisches Sprechen die Silbengliederung fest und zerschneiden die Wörter in Silben. Diese Silben können getrennt gelesen und schließlich wieder zu ganzen Wörtern zusammengestellt werden.

Variation: An der Tafel (Flanelltafel) sind Bilder angeordnet. Die Schüler besitzen einige der dazugehörigen Silbenkarten. Die Schüler finden nun die zu den Bildern passenden Silbenkarten heraus und ordnen sie richtig an.
Beispiel:

| Lo | ko | mo | ti | ve |

Herstellung der Silbenkarten: Ein Karton wird in Felder eingeteilt (ca. 5 × 3 cm), mit Silben beschriftet und zerschnitten.

176 *Silben wieder erkennen*
Verlauf: Eine Silbe ist an die Tafel geschrieben.
Nun werden Wörter (z. B. auf Wortkarten; vgl. Materialübersicht im Anhang) betrachtet und gelesen. Sie werden schließlich daraufhin untersucht, ob sie die Silbe enthalten.
Beispiel:

| gen |

Wa**gen** Dagegen: Fenster, offen usw.
bie**gen**
Re**gen**

Variation:
Es werden Wörter nach Silben (z. B. Endsilben) geordnet:
Material: Wortkarten (vgl. Materialübersicht im Anhang)
gen: Wagen
Kragen
sagen
ver: verkaufen
verlaufen
versagen

177 *Wortkarten zusammensetzen*
Material: Zwei und mehrsilbige Wörter auf einem Arbeitsblatt zum Zerschneiden
Verlauf: Die Wörter werden gelesen und nach Silben rhythmisch gesprochen. Die Schüler zerschneiden die Wörter dann in Silben. Die Silben können vom Banknachbarn wieder zu Wörtern zusammengesetzt werden.

178 *Silben verbinden*
Material: Silben sind auf einem Arbeitsblatt einander paarweise gegenübergestellt.
Verlauf: Die Schüler sprechen die Silben und verbinden sie zu sinnvollen Wörtern. Diese Wörter werden dann rhythmisch gesprochen. Zum Schluss werden die ganzen Wörter geschrieben.

Beispiel:

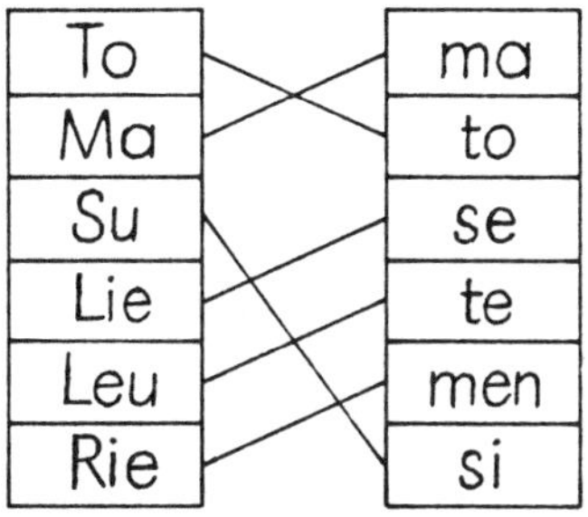

179 *Silbenrätsel*
Material: Das Rätsel ist in Bildform gegeben.
Beispiel:

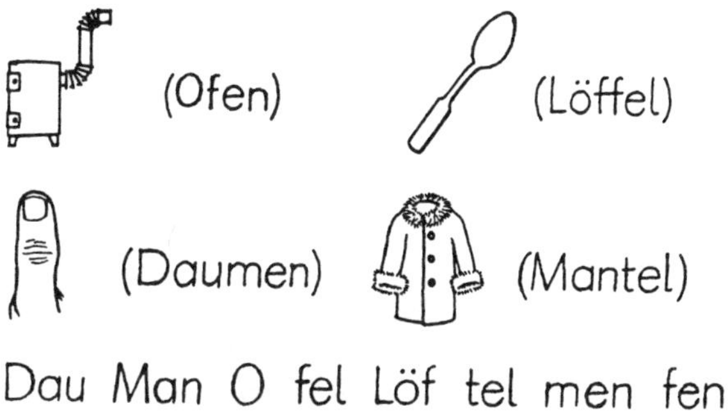

Verlauf: Die Schüler versuchen, die Lösungswörter durch Zusammensetzen der Silben, durch Lesen und Sprechen zu finden.

Variation:
Das Rätsel ist schriftlich gestellt.
Beispiel:

Mädchenname . . . .(Anna)
Jungenname . . . .(Uwe)
Womit man anruft . . . .(Telefon)
Musikinstrument . . . .(Orgel)

An – U – le – we – na – Te – fon – gel – Or

Die Anfangsbuchstaben ergeben von oben nach unten ein Fahrzeug (AUTO).

B2.2. Wortbildungsübungen mit Morphemen

180 *Sammeln von Wörtern*
Verlauf: Die Schüler stellen Wörter zusammen, die gleiche Wortteile haben, z. B. das Präfix „zer“:
zerfallen
zerspringen
zerbrechen
usw.

Die Wörter werden erlesen und geschrieben, dabei wird die gleiche Vorsilbe hervorgehoben. Dann schreiben die Schüler die Wörter nach Diktat.

181 *Nicht passende Wortteile entdecken*
Verlauf: Die Schüler versuchen, bestimmte Wortteile mit Wortstämmen zu kombinieren, und überprüfen das entstandene Wort auf seinen Sinn.
Beispiel:

zer — **brechen**, **spielen**, **schlafen**, **legen**

Verbinde mit Strichen, was zusammenpasst!

182 *Wie heißt das Wort?*
Verlauf: Teile von Wörtern sind vorgegeben und sollen mit einem anderen Teil (z. B. Suffix) verbunden werden.
Beispiel:
sing-
tanz-
pflanz- **en**
ring-
Hierbei ist darauf zu achten, dass die Schüler das stumme e in „en“ erkennen. Es muss gesprochen, abgehört und geschrieben werden.

183 *Was passt?*
Verlauf: Verschiedene Wortteile werden auf Kombinierbarkeit mit anderen überprüft.
Beispiel: **ung** oder **er?**
Zeit-
Tänz-
Weck-
Zimm- ung oder er?
Zuck-
Erhol-

184 *Hier stimmt etwas nicht!*
Material: Nicht zusammenpassende Morpheme sind zu Unsinnwörtern kombiniert worden. Die Schüler sollen sie erlesen und wieder richtig zusammenstellen.
Beispiel:
Zeit-er
Weck-ung
Zimm-ung
Erhol-er

185 *Gemeinsame Teile erkennen*
Verlauf: Aus einer Wörtersammlung sollen die Schüler den gemeinsamen Wortteil herausfinden.
Beispiel:
verraten
versprechen
verbieten

186 *So kann man leichter lesen*
Material: Ein nach Morphemen gegliederter Text ist den Schülern vorgegeben. Durch die Wortstrukturierung sind die zu erlesenden Untereinheiten überschaubarer.
Verlauf: Die Schüler erkennen die Textgliederung und erlesen.
Beispiel:
Der Jung‿e ist all‿ein zu Haus‿e.
Vat‿er und Mutt‿er sind fort‿ge‿gan‿gen.
Er sitz‿t am Tisch und lies‿t ein Buch.

B2.3. Wortbildungsübungen mit häufigen Wortteilen

187 *Reimen* (vgl. E. Schomburg: Wer kann reimen? Materialübersicht im Anhang)
Verlauf: Wer findet Reimwörter zu **und?**
Beispiele:
rund, Hund, Mund, wund ...
Der Lehrer spricht das Anfangswort. Die Schüler suchen Reimwörter. Diese Wörter werden aufgeschrieben und auf ihre gleichen Teile hin überprüft.

Variation:
Andere Darbietungsform:

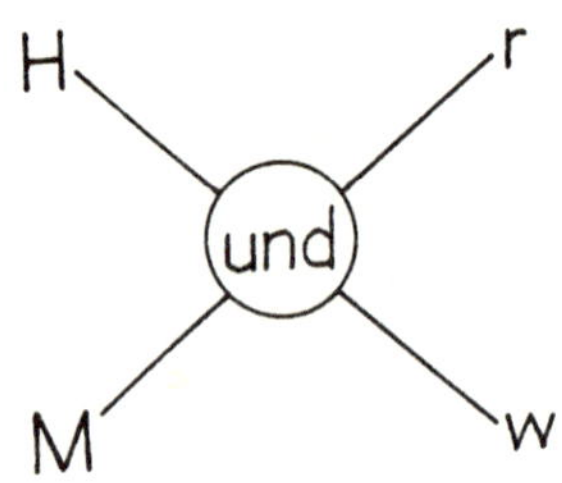

Wer macht Reimwörter daraus?

188 *Teile verbinden*
Verlauf: Die Teile werden akustisch-sprachlich vorgegeben.
Beispiel: r – und
H – und
f – ein
kl – ein usw.
Was für Wörter gibt es?
Die akustisch synthetisierten Wörter werden deutlich gesprochen und genau abgehört. Dann werden sie geschrieben.

189 *Reimen am Wortanfang*
Verlauf: Hier werden Wörter mit Konsonantenhäufungen am Wortanfang zusammengestellt. Die Wörter werden deutlich gesprochen, auf die Anfangslaute hin abgehört und geschrieben.
Beispiele:
Pfeife
Pferd
Pfosten
Pfahl
Pfanne

190 *Rätsel*
Verlauf: Der Lehrer oder ein Schüler stellt ein Rätsel. Es fängt so an: Pf... Was könnte es sein?

191 *Hörst du den Unterschied?*
Verlauf: Wörter mit einfachen Anfangskonsonanten und mit Konsonantenhäufungen werden verglichen.
Wo hörst du Pf?
Pfeife Pferd Foto Fell Post Fährte

192 *Was fehlt?*
Verlauf: In Wörtern wurde der Übergangskonsonant weggelassen. Die Schüler lesen die Wörter, finden den Fehler und ergänzen den fehlenden Buchstaben. Dann lesen sie erneut und überprüfen.
Beispiele: Plaume (Pflaume)
Perd (Pferd)
Kaus (Klaus)

Variation:
Verlauf: Lückenwörter müssen auf fehlende Teile (hier Übergangs- und Anfangskonsonanten) überprüft werden.
Beispiel: ...iel Setzt richtig ein:
...itze
...ache Sp
...ung Sp Spr
Spr sp

193 *Mache den Satz fertig!*
Verlauf: Angefangene Wörter in Sätzen sollen durch Konsonantenhäufungen ergänzt werden. Zur Erleichterung stehen die Ergänzungsteile zur Auswahl.
Beispiel:
Heute waren wir im Ga..haus. Kl st
..aus bestellte sich ein ..as ...udel. Gl sp
Plötzlich kam eine We..e geflogen. Spr
...

B2.4. Wortbildungsübungen mit Substantivkomposita

194 *Wörter zusammensetzen*
Material: Vorgabe von Einzelwörtern, die sich zu zusammengesetzten Wörtern kombinieren lassen (z. B. auf einem Arbeitsblatt)
Verlauf: Die Schüler versuchen, jeweils zwei Wörter zusammenzusetzen.

Beispiel:

Auto Tür Besen Stiel
Tisch Tuch

Auf einem Arbeitsblatt können die Wörter mit Strichen verbunden werden.

195 Schlangen bilden

Verlauf: Das erste Wort wird gesprochen. Die Schüler versuchen, jeweils ein weiteres Wort mit dem vorhergehenden zu verbinden. Die entstehenden Wörter können dann auch geschrieben werden.

Beispiel:

Auto Tür Tür Schloss Schloss Hof Hof Hund Hunde Kette usw.

196 Wortungetüme

Verlauf: Die Schüler versuchen, möglichst lange Wörter entstehen zu lassen.

Beispiele:

Zipfel	Haus
Zipfelmütze	Haustür
Zipfelmützenmännchen	Haustürschlüssel
	Haustürschlüsselbund

197 Lustige Sachen

Verlauf: Wörter werden bewusst falsch zusammengesetzt.

Beispiele:	Haustürschlüssel	Hosentürschlüssel
	Hosensack	Haustürsack

C. Übungen zum selbstständigen Erlesen

C1. Übungen im Rahmen des Erstlese- und -schreibunterrichts

C1.1. Erleseübungen an Wörtern im Lehrgang

198 *Rate, was es geben könnte*
Verlauf: Der Lehrer schreibt einen Anfangsbuchstaben oder eine Buchstabengruppe (z. B. Konsonantengruppe Pf, Pfl, Zw usw.) an die Tafel. Er gibt einen mehr oder weniger weiten Sinnrahmen:
Beispiel: Schr…
Es steht im Zimmer und ist aus Holz.
Die Schüler erlesen die Anfangslautgruppe und äußern Vermutungen, welches Wort gemeint sein könnte. Wer das Wort errät, darf dem Lehrer „helfen", es fertig zu schreiben, z. B. indem er die weiteren Buchstaben diktiert oder das Wort selbst fertig schreibt.
Andere Möglichkeit: Der Lehrer schreibt das Wort selbst langsam fertig, die Schüler lesen leise mit und überprüfen, ob die Vermutung richtig war.

199 *Namenskärtchen lesen*
Material: Namenskarten aller Schüler (hierzu lassen sich die zum Kennenlernen der Schüler hergestellten Kärtchen verwenden)
Verlauf: Die Namenskärtchen werden eingesammelt und gezeigt.
Jeder Schüler darf ein Namenskärtchen ziehen. Er muss dann den entsprechenden Mitschüler rufen.

Variation:
Die Namenskärtchen werden vom Lehrer auf die Stühle (z. B. im Sitzkreis verteilt). Jeder Schüler muss seinen eigenen Stuhl finden.
Man kann auch eine andere Ordnung vorher festlegen. Jeder setzt sich auf den Stuhl seines Tischnachbarn.

200 *Einrichtungsgegenstände des Schulsaals mit Schildern versehen*
Material: Schilder für die wichtigsten und leicht zu erlesenden Schuleinrichtungsgegenstände (Tafel, Tisch, Stuhl, Fenster, Tür, Bild usw.)
Herstellung: Beschriftung von Kartonstreifen (ca. 30–40 × 12 cm) mit schwarzer Tusche
Verlauf: Die Schilder werden dann von den Schülern richtig aufgehängt (Befestigung mit Tesafilm oder mit Haftplättchen).

Variation 1:
Vor dem Unterricht werden die Schilder vertauscht. Die Schüler müssen nun lesen und die Schilder wieder richtig hinhängen.

Variation 2:
Der Lehrer hat neue, unbekannte Schilder an die Stelle der alten gehängt. Nun müssen die Schüler die neuen Schilder erlesen und die richtigen wieder an die Stelle hängen, ebenso die neuen.
Beispiel:
An die Tür wurde das neue Schild „Blumen" gehängt. Die Schüler erlesen das neue Schild, hängen (stellen) es an die richtige Stelle und hängen an die Tür wieder das alte Schild „Tür".

201 *Koffer packen*
Material: Köfferchen; Schilder, die mit passenden und nicht passenden Gegenstandsnamen beschriftet sind (Seife, Hose, Hemd, Kamm usw.; Kohlen, Kreide, Auto usw.; Herstellung aus weißem, mit schwarzer Tusche beschriftetem Karton, Größe ca. 35 × 12 cm).
Verlauf: Die Schüler erlesen die Schilder, sortieren die passenden in den Koffer und legen die nicht passenden daneben.

202 *Wörter angeln*
Material: Wortkarten, die an der Tafel (Flanelltafel, Magnettafel) haften (vgl. Wortmaterial im Anhang)

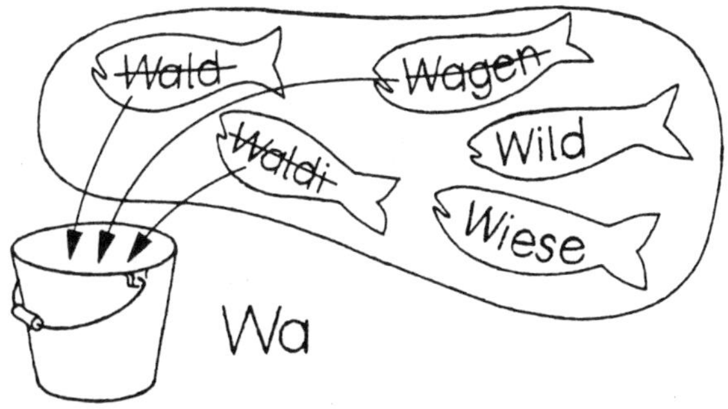

Verlauf: Die Schüler sollen Wörter mit Gemeinsamkeiten heraussuchen und ordnen (z. B. Wörter, die zwei Buchstaben gemeinsam haben).
Sie erlesen die Wörter, überprüfen sie auf Gemeinsamkeiten und ordnen sie ein (z. B. in einen Mengenkreis).
Beispiel:
Alle Wörter mit Wa heraussuchen (Fische aus dem Teich in einen Eimer werfen).

Variation:
Es werden alle Wörter herausgeholt, die inhaltlich zusammengehören.
Beispiel:
Alle Wörter, die etwas mit einem Tier zu tun haben:

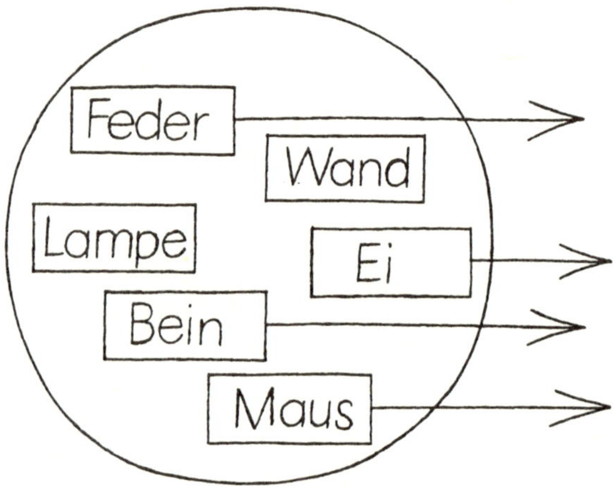

203 *Zuordnung von Wort und Bild (Was passt?)*
Material: Matrix auf einem Arbeitsblatt, auf der die Zuordnung durch Ankreuzen durchgeführt werden kann.
Verlauf: Die Schüler lesen die Wörter und kreuzen das Wort an, das den abgebildeten Gegenstand bezeichnet. Sie lesen dann laut vor.
Beispiel:

Ball	Banane	Schlange
Dose	Beere	Krokodil
Affe	Dose	Dromedar

Variation:
Mehrere Begriffe können angekreuzt werden.

204 *Wörtersalat*
Material: Wörter sind durcheinander an der Tafel vorgegeben.
Verlauf: Die Schüler sollen die Wörter erlesen.
Differenzierungsmöglichkeit bei unterschiedlichem Schwierigkeitsgrad der Wörter: Wer kann ein, zwei, drei, alle Wörter lesen?

205 *Wörter zeigen und durchstreichen*
Material: Wörter stehen ungeordnet an der Tafel; Farbkreide.
Verlauf: Kleingruppe (z. B. Fördergruppe)
Die Schülergruppe steht mit dem Lehrer vor der Tafel. Der Lehrer nennt ein Wort. Wer es sieht und zeigt, darf es mit seiner Farbe durchstreichen. Sieger: Wer die meisten Wörter durchgestrichen hat.

206 *Wörterlotto*
Material: Jeder Spieler hat eine große Karte mit mehreren Bildern. Wortkarten passen zu den Bildern.
Beispiel:

Herstellung:
Je Spieler wird eine große Bildkarte mit 6 bis 12 Bild- und darunter liegenden Wortfeldern benötigt. Die Bildkarte hat die Größe DIN A4. Sie wird ebenso wie die Wortkarten aus Karton hergestellt.
Verlauf: Jeder Spieler hat eine Bildkarte vor sich liegen. Die Wortkärtchen liegen verdeckt und gestapelt in der Mitte. Reihum deckt nun jeder Spieler eine Wortkarte auf und liest das Wort vor. Jeder Spieler prüft, ob er das entsprechende Bild besitzt, zu dem die Wortkarte passt. Wer zuerst die Bildkarte fertig hat, ist Sieger.

207 *Wort-Bild-Puzzle*
Material: Puzzle mit zueinander passenden Wort- und Bildteilen (jeweils ein Wort und ein Bild passen untereinander; vgl. Materialübersicht im Anhang)
Verlauf: Das Spiel eignet sich für Alleinarbeit oder Partnerarbeit, bei der zwei Schüler sich gegenseitig unterstützen.
Die passenden Teile müssen richtig eingeordnet werden. Dabei sollte darauf hingearbeitet werden, dass die Schüler die Wortteile durch Erlesen richtig zuordnen und nicht nur durch Probieren.

208 *Wörtermemory* (vgl. Materialübersicht im Anhang)
Material: Jeweils eine Bildkarte und eine Wortkarte in gleicher Größe passen zusammen.
Beispiel:

Verlauf: Es können zwei bis vier Spieler teilnehmen. Die Karten liegen in Reihen geordnet auf dem Tisch. Jeder Spieler versucht, die zusammengehörigen Karten (Bild- und Wortkarte) nacheinander aufzudecken. Diese beiden Karten dürfen dann behalten werden.

209 *Wörter-Domino*
Material: Domino-Karten mit Bild- und Wortteil (vgl. Materialübersicht im Anhang)
Verlauf: Für kleinere Gruppe (3–5 Schüler) geeignet. Die Schüler versuchen, ihre Karten reihum möglichst vollzählig an die „Schlange" anzulegen. Sieger ist, wer zuerst keine Karten mehr besitzt oder am Schluss, wenn niemand mehr anlegen kann, die wenigsten Karten übrig hat.
Beispiel:

210 *Karten ziehen*
Material: Wortkarten (vgl. Materialübersicht im Anhang)
Verlauf: Die Karten liegen verdeckt auf zwei Stapeln. Die Schüler ziehen jeweils eine Karte von einem Stapel und lesen die beiden Wörter. Daraus bilden sie einen Satz.
Beispiel: Wald, Maus: Im Wald sehe ich eine Maus.

211 *Schwarzer Peter*
Material: Wortkarten, darunter eine Karte (schwarz) mit dem Namen „Peter" oder einem anderen Namen
Herstellung: Karten werden aus weißem Karton ausgeschnitten (Größe ca. 9 × 6 cm) und beschriftet.
Verlauf: Die Karten liegen gestapelt und verdeckt auf dem Tisch. Von den drei bis fünf Mitspielern zieht einer eine Karte und liest vor, was darauf steht. Die anderen Mitspieler folgen. Wer eine Karte lesen kann, darf sie behalten. Wer den „schwarzen Peter" aufdeckt, geht an die Tafel, schreibt seinen Namen an und legt den „schwarzen Peter" dazu. Sieger ist der Schüler, der die meisten Punkte bekommen hat (für jede richtig gelesene Karte 1 Punkt; für jeden gelesenen „schwarzen Peter" 2 Punkte).

Variation:
Mit Satzstreifen (Herstellung vgl. Übung „Sätze angeln" Nr. 214, S. 69–70): Satzstreifen werden aufgedeckt und gelesen. Wer einen Satz erwischt, in dem Peter vorkommt, ist der „schwarze Peter".
Punktvergabe: Für jedes richtig gelesene Wort 1 Punkt; für den „schwarzen Peter" 1 Sonderpunkt.

212 *Leseschnapp*
Material: Wortkarten (Paare; besser: mehrere gleiche Karten; vgl. Materialübersicht im Anhang)
Herstellung: Die Wortkarten lassen sich leicht aus Karton ausschneiden (Größe ca. 9 × 6 cm) und beschriften.
Verlauf: Die Mitspieler (2–4 Schüler) erhalten gleich viele Karten, die sie verdeckt auf einen Stapel legen. Die Spieler decken gleichzeitig je eine Karte auf. Werden zwei gleiche Karten aufgedeckt, ruft man „schnapp". Wer als Erster ruft, erhält die Karte des Mitspielers. Er muss dann das Wort vorlesen. Wer keine Karten mehr besitzt, scheidet aus.
Es ist zweckmäßig, eine Spieldauer zu vereinbaren (z. B. 10 Min.). Wer danach die meisten Karten hat, ist Sieger.

Variation:
Das Spiel kann auch mit Bild- und Wortkarten (jeweils ein Paar oder mehrere gleiche Karten) gespielt werden.

C1.2. Erleseübungen an Sätzen im Lehrgang

213 *Sätze ergänzen*
Material: Tafelanschrift, z. B.

Affen Bleistifte Löwen
Bilder

Im Zoo gibt es ______

Verlauf: Die Schüler lesen die angefangenen Sätze und die zur Verfügung stehenden Auswahlwörter. Sie suchen sich Wörter zur Ergänzung und schreiben sie in den Text.

214 *Sätze angeln*
Material: Satzstreifen (Herstellung aus weißem Karton; Größe ca. 70 × 12 cm). Auch eine Tafelanschrift ist möglich.

Verlauf: Genaues Hinsehen, Heraussuchen eines Satzes unter ähnlichen Sätzen.
Die Schüler müssen die Sätze ganz genau lesen und voneinander unterscheiden.
Beispiel: Der Satz „Ulla wohnt in der Eisenbahnstraße“ soll herausgefunden werden.

Ulrich wohnt in der Eisenstraße

Ulla wohnt in der Eisenbahnstraße

Uli wohnt in der Einbaumstraße

Ulrike wohnt in der Einmachstraße

215 *Bildstörung (Verwischte Schrift)*
Material: Wörter oder Text an der Tafel wird zum Teil ausgewischt oder verwischt.
Verlauf: Die Schüler versuchen, den Sinn zu entziffern und den genauen Wortlaut herauszubringen. Sie ergänzen die ausgewischten Stellen.

216 *Lehrer macht Fehler*
Material: Tafeltext oder auf andere Art vorgegebener Text
Verlauf: Der Lehrer sagt: Ich möchte euch den Text einmal vorlesen. Passt genau auf. Der Lehrer liest dann den Text langsam und macht bewusst Fehler. Die Schüler lesen mit und müssen ihn korrigieren.
Beispiel:
Gestern machten wir einen Ausflug (Auslauf).
Wir gingen um halb acht (halb neun) von (vor) der Schule weg (ab).
Nach einer Stunde kamen wir am Eisbach (Einbach) vorbei ...

217 *Sätze bilden*
Verlauf: Wörter sind an der Wandtafel (oder auf einem Arbeitsblatt) vorgegeben. Wer kann aus diesen Wörtern Sätze machen (z. B. etwas von Peter erzählen)? Wörter können nacheinander gelesen, mit Pfeilen verbunden oder zu einem Satz umgestellt werden.
Beispiel:

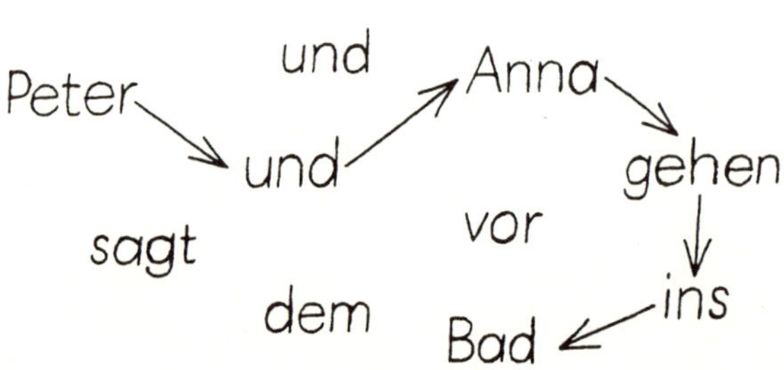

Variation 1:
Wer kann aus den Wörtern lustige Sätze machen.

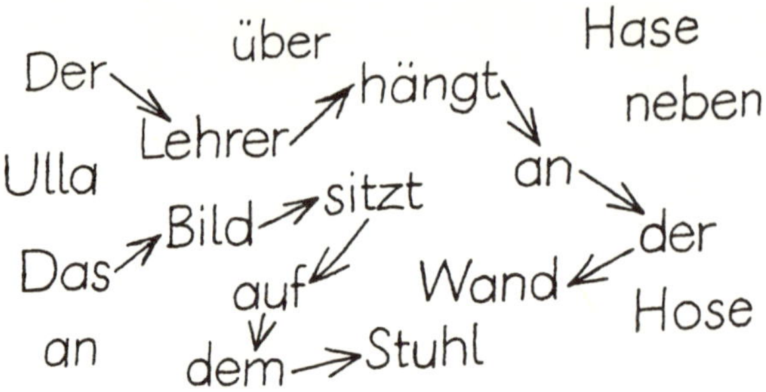

Variation 2:
Der Lehrer sagt einen Satz und lässt ihn sich von einem Schüler zeigen.

C2. Lehrgangsübergreifende Übungen

C2.1. Lehrgangsübergreifende Erleseübungen an Wörtern

218 *Informationen aus der Umwelt lesen*
Material: Schrift in der Umwelt wird aufgesucht, ins Klassenzimmer mitgebracht oder angeschrieben.
Verlauf: Die Schüler erzählen über Schrift, die sie täglich vorfinden, und erlesen die Schrifttafeln oder die angeschriebenen Begriffe.
Beispiele:
Kalender: Straßenschilder: Beschriftungen im Zoo:

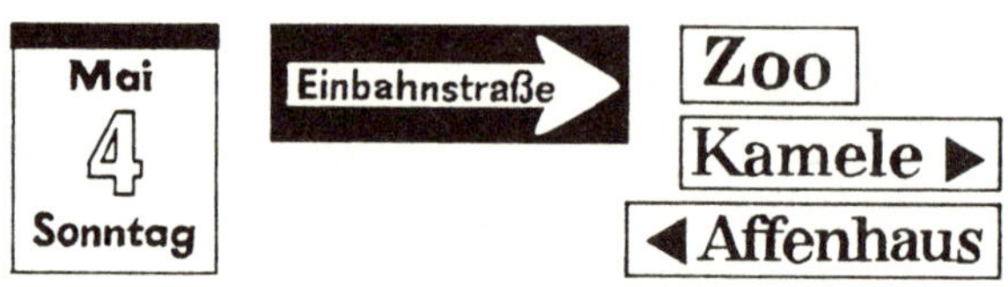

Fernsehen (Namen von Sendungen):

SESAMSTRASSE pfiff

Produktnamen/Firmennamen:

Esso IMI ATA ARAL

Werbung (Namen von Artikeln):

ARIEL Fakt Eis

219 *Beschriften von Sachzeichnungen*
Verlauf: Im biologischen Bereich des Sachunterrichts können Sachzeichnungen mit Begriffen versehen werden.
Beispiel:

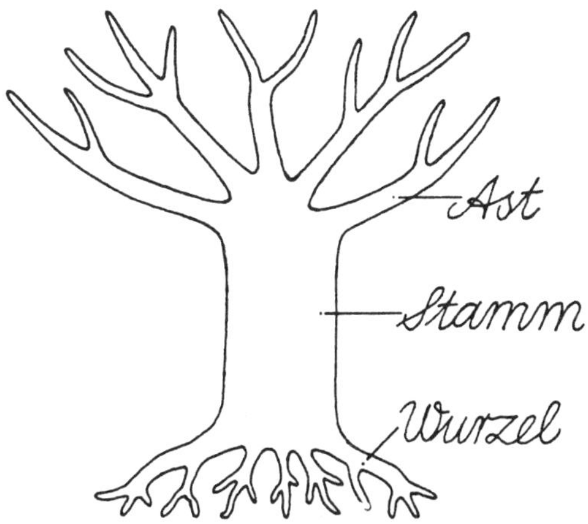

Die Schrift entsteht vor den Augen der Schüler, die Schüler lesen mit.

Variation:
Schrift-Schilder werden zur Sachzeichnung gehängt.
Es können auch bewusst Fehler gemacht werden; z.B. wird ein falsches Schild dazugehängt. Die Schüler müssen die Fehler finden.

220 *Versuch beschriften*
Verlauf: Bei Wachstumsbeobachtungen an verschiedenen Stecklingen (z.B. der Grünlilie) werden Informationen auf Schildchen geschrieben und zu den einzelnen Pflanzen gestellt:
Name der Pflanze, Datum des Einpflanzens.

221 *Sammeln, Ordnen und Beschriften*
Verlauf: Bilder von Tieren werden gesammelt, ausgestellt und beschriftet (z.B. exotische Tiere: Zebra, Elefant, Tiger usw.). Anschließend können daran Leseversuche angestellt werden:
z.B. Schilder umstellen, lesen und korrigieren;
Schilder durchschneiden und falsch zusammenstellen (lustige Namen: Zebr efant, A bra, Ti fe, Kroko fant, Lö dil, Kängu dil.

C2.2. Lehrgangsübergreifende Erleseübungen an Sätzen

222 *Anschreiben eines Sachtextes*
Verlauf: Der Lehrer schreibt langsam vor den Augen der Schüler einen Satz an die Tafel, der sich aus dem Sachunterricht ergeben hat:
z.B.: Wir haben Eis auf die Heizung gelegt.
Die Schüler lesen leise oder halblaut mit; das heißt sie erschließen sich die vor ihren Augen entstehenden Wörter und Sätze.
Differenzierungen:
Bei leichten Wörtern werden schwächere Schüler zu Erleseversuchen ermutigt. Falls es ihnen gelingt, werden sie gelobt, bei Misslingen aufgemuntert.

223 *Aufträge ausführen*
Material: Zettel mit Arbeitsaufträgen
Verlauf: Der Lehrer verteilt im Rahmen des Sachunterrichts Arbeitsaufträge, entweder auf Zetteln an einzelne Schüler oder auf der Wandtafel durch Anschrift.
Die Schüler müssen ihren Arbeitsauftrag selbst erlesen:
Beispiel:
Fülle das Aquarium mit Wasser!
Wenn ein Schüler nicht dazu in der Lage ist, darf er sich bei einzelnen Wörtern von anderen Schülern helfen lassen.
So können auch Dauerbetreuungsaufgaben vergeben werden.
Beispiel:
Ulla und Dagmar gießen die Pflanzen.

224 *Zeitungsanzeigen lesen*
Material: Anzeigen aus Zeitungen, die leicht zu lesen sind (kurze Sätze, verständlicher Inhalt, leichte Wörter)
Verlauf: Die Schüler erlesen die Anzeigen und sprechen über den Inhalt. Sie stellen Vermutungen über den Schreiber der Anzeige und über mögliche Adressaten an.
Zeitungsanzeigen:

Variation:
Informationen auf einem Arbeitsblatt darbieten:
- Schilder lesen; darüber sprechen, wo sie stehen könnten;
- Briefumschläge mit Namen und Adressen lesen; heraussuchen, welche Adresse bekannt ist (z.B. Name und Adresse von Mitschülern);

- Werbeartikel (welche kenne ich?);
- Namensschilder (Haus malen, an dem Schilder angebracht werden).

225 *Anweisungen lesen und durchführen (nach Rezept kochen)*
Material: Kochrezept (auf einem Arbeitsblatt)
Beispiel: Pudding kochen

Zutaten: 1 Päckchen Puddingpulver
3 Esslöffel Zucker
1 halber Liter Milch

Wie man den Pudding kocht:

1. Vermische das Puddingpulver mit dem Zucker!
2. Rühre es mit 4 Esslöffeln Milch an!
3. Lass den halben Liter Milch aufkochen!
4. Nimm die Milch vom Feuer und rühre alles ein!
5. Lass es eine Minute kochen!
6. Gieße den Pudding in eine Form und lass ihn kalt werden!

Verlauf: Die Schüler erlesen das Rezept in Alleinarbeit. Bei Schülern, die dazu noch nicht in der Lage sind, hilft der Lehrer oder ein Mitschüler. Dann wird über die notwendigen Zutaten gesprochen, das Gerät bereitgestellt und nach Anweisung der Schüler das Rezept zubereitet.

D. Übungen zur Verbesserung der Lesefertigkeit

D1. Schnelleres Erfassen häufigen Wortmaterials

226 *Durchstreichen* (Konzentrations- und Lesearbeit)
Material: Die Schüler erhalten ein Arbeitsblatt, auf dem Wörter listenartig dargeboten sind. Die Schüler sollen immer ein bestimmtes Wort durchstreichen.
Verlauf: Die Schüler bearbeiten das Arbeitsblatt, indem sie die Wörter erlesen und das genannte Wort durchstreichen.
Beispiel: Das Wort „hier" ist durchzustreichen.
Arbeitsblatt (einige Zeilen):

am da heute ~~hier~~ hü hott Haare
hu ~~hier~~ Heer Heu zu in ~~hier~~ unter
auf heute ~~hier~~ Hase Hose Hessen
~~hier~~ heulen Reifen ~~hier~~ Hast halt
holen Heere Hase hasten ~~hier~~ ....

Variation 1:
Die Aufgabe wird dadurch erschwert, dass mehrere Wörter in einer Wörtersammlung durchgestrichen werden sollen, z. B. hier, heute, halb.

Variation 2:
Temposteigerung durch Wettkampf:
Wer hat als Erster das Blatt fertig? Wer hat die wenigsten Fehler gemacht (Partner- und Lehrerkontrolle)?

Variation 3:
Die Wörter werden in verschiedener Größe und Schriftart vorgegeben.

Variation 4:
Vorgegeben werden kleine Sätze und Satzteile. Es wird der immer wieder vorkommende gleiche Satz(-teil) durchgestrichen, z. B. „Hasen husten nicht" (Unsinnsätze).
Hasen husten/ Hunde bellen/ Hunde husten laut/ Hosen heulen nicht/ Hasen heulen nicht/ Hasen hasten nicht/ Hirten husten laut/ Hasen hopsen/ Hunde hoffen ...

Variation 5:
Der Lehrer liest die Wörter einer Wortliste langsam (dann mit erhöhtem Tempo) vor. Die Schüler lesen mit und streichen die Fehler an, die der Lehrer bewusst macht. Sieger ist, wer möglichst viele Fehler richtig angestrichen hat.

227 *Wörterschlange*
Material: Auf einem Arbeitsblatt stehen hintereinander geschriebene Wörter, die keine Wortgliederung mehr aufweisen.
Verlauf: Die Schüler sollen die ungegliederte „Wörterschlange" in die einzelnen Wörter zertrennen (zerschneiden).
Beispiel: Wörter mit H
HasenHosenHustensaftHirteHundeHautheuteHilfe

Variation 1:
Sinnvolle ganze Sätze sind ohne Wortgliederung geschrieben. Sie müssen getrennt werden. Dabei kann auch die Interpunktion eingeführt werden (z. B. Punkt als Schlusszeichen am Ende eines Satzes).
Beispiel:
AmMorgenkommendieKinderindieSchuleSiehaben
ihrenRanzenaufdemRücken

Variation 2:
Innerhalb einer Buchstabenfolge ist ein sinnvoller Satz herauszutrennen.
Beispiel:
agheiwsheeirausSchneewirdEisptUiswetIos
Die sinnvollen Sätze sind einzurahmen.

228 *Wortkolonnen lesen* (für leseschwache Schüler)
Material: Wortkolonnen (z. B. mit gleicher Buchstabenanzahl) sind auf einem Arbeitsblatt vorgegeben.
Verlauf: Die Schüler erlesen die Wörter still. Sie müssen dann versuchen, sie möglichst schnell ohne Fehler zu lesen.

Beispiel (5 Buchstaben):

Biene
heute
Adler
Affen
Hosen
Klang
Karte
… usw.

229 *Leicht verwechselbare Wörter*

Material: Leicht verwechselbare Wörter als Liste

Beispiel: Nagel
Nadel
Nudel
Strudel
Pudel

Verlauf: Die Schüler sollen die Wörter mit hoher Konzentration möglichst fehlerfrei lesen: „Wer lässt sich nicht durcheinander bringen?"

D2. Gezielte Erhöhung des Lesetempos

230 *Leselinien*

Verlauf: Ein leichter Text liegt vor. Die Schüler erlesen ihn still. Jeder Schüler spricht ihn dann mehrfach halblaut. Dann versucht der Lehrer, Lesezusammenhang und Lesetempo zu verbessern. Er verbindet die Wörter durch Linien.

Beispiel:

Der Schüler versucht, diesen Linien zu folgen und das dabei angegebene Tempo einzuhalten.

231 *Kurzzeitdarbietung von Wörtern*

Verlauf: Der Lehrer schreibt ein Wort an die Tafel und wischt es dann sofort wieder weg. Die Schüler müssen versuchen, das Wort in der kurzen Zeit zu erlesen und dann zu nennen.

Variation:

Durch Benutzung des Tageslichtprojektors und von Folien mit Abdeckvorrichtung (Lesefenster):

Auf eine Folie sind Wörter geschrieben. Mittels Abdeckblatt wird immer ein Wort (dann zwei oder mehrere Wörter) kurzfristig dargeboten und von den Schülern so schnell wie möglich erlesen.

Abdeckblatt: DIN-A4-Blatt mit Fenster, das ein Wort (bzw. zwei oder drei Wörter) sichtbar macht.

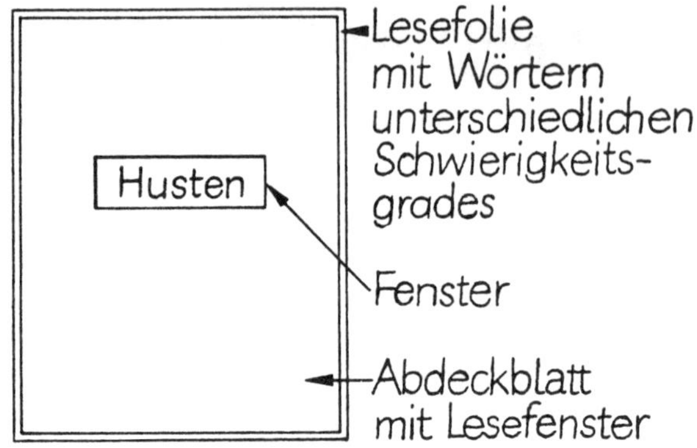

D3. Verbreiterung des Lesefeldes

232 *Wörterpyramiden*

Material: Wörter immer größerer Länge mit identischem Wortteil stehen untereinander.

Beispiel: Wörter mit „ein":

ein
Wein
feiner
Steine
Scheine
scheinen
Schweine
Schornstein
Schornsteinfeger

Verlauf: Die Schüler erkennen in allen Wörtern den identischen Teil und erlesen die Wörter.

Variation 1:

Zusammengesetzte Wörter:

Hof
Hoftür
Hoftürschlüssel
Hoftürschlüsselbund
Hund
Hofhund
Hofhundkette
Hofhundkettenschlüssel
Hofhundkettenschlüsselbund

Variation 2:

Wörter, die inhaltlich nichts miteinander zu tun haben:

Garten
Gletscher
Großmutter
Gartenbänke
Glühwürmchen

233 *Seltsame Wörter*
Die Wörterliste enthält Scherzwörter, die zu erlesen sind.

Beispiel:	Nudelsuppe	Apfelbrei
	Hudelpuppe	Schnapfelwein
	Schnudelwuppe	Sapfeldrei
	Trudelsuppe	Wapfelschwein
	Sudelschwuppe	Wapfelei
	Hudelschnuppe	Sapfelbein

234 *Satzpyramiden*
Material: Erweiterte Sätze untereinander
Verlauf: Die Schüler können ihr Lesefeld gegenüber erweiterten Sätzen durch den stückweisen Aufbau gut verbreitern.
Beispiel: Otto geht.
Otto geht schnell.
Otto geht schnell fort.
Otto geht schnell fort in die Schule.

D4. Verschiedene Schriften lesen

235 *Unterschiedliche Schriftgrößen*
Material: Verschiedene Wörter mehrfach in unterschiedlicher Schriftgröße geschrieben
Verlauf: Die Schüler sollen die Wörter erlesen, als gleich erkennen und gleiche Wörter mit derselben Farbe einrahmen bzw. nachschreiben.
Beispiel:

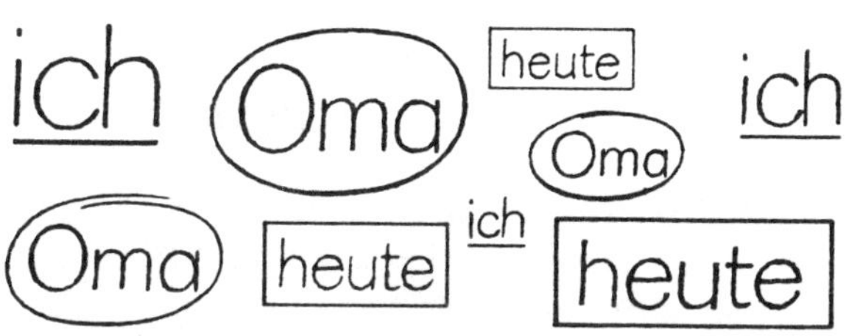

236 *Groß und klein schreiben*
Verlauf: Die Schüler versuchen selbst, unterschiedliche Schriftgrößen zu gleichen Wörtern oder Sätzen zu produzieren und den Mitschülern Leseaufgaben zu stellen.
Beispiel:

237 *Geringe Schriftgrößen*
Material: Tafeltexte mit bewusst geringer Schriftgröße; Lesehefte, Bücher mit kleinen Schriftgrößen
Verlauf: Die Schüler versuchen, die ungewohnte Schrift zu erlesen; evtl. in Büchern, den Mitschülern daraus vorzulesen und sie zu eigenem Erlesen anzuregen.

238 *Buchstaben ausschneiden (unterschiedliche Schrifttypen)*
Material: Buchstaben aus Zeitungen und Zeitschriften
Verlauf: Die Schüler schneiden Buchstaben aus Zeitungen und Zeitschriften aus und ordnen sie auf einem Arbeitsblatt den vorgegebenen gewohnten Buchstabentypen des Leselehrgangs zu.
Beispiel:

239 *Schrift von der Straße*
Verlauf: Die Schüler bekommen den Auftrag, ein Beispiel (oder mehrere) von Schrift in der Umwelt (Wirtshausschild, Reklameplakat, Straßenschild, Geschäftsname usw.) möglichst genau abzuschreiben. Die Schrift wird auch den anderen Schülern vorgestellt und erlesen.
Beispiel: Geschäfte

240 *Anzeigen*
Material: Anzeigen in Zeitungen und Zeitschriften werden auf ein Arbeitsblatt abkopiert.
Verlauf: Die Schüler erlesen, was alles in der Zeitung steht, und sprechen über die Unterschiedlichkeit der Schriften.
Beispiel:

241 *Briefe*
Material: Arbeitsblatt mit Briefen unterschiedlicher Schriftart oder Originalbriefe mit unterschiedlichen Schriftarten
Verlauf: Die Schüler erlesen die Vorlagen und sprechen über den Inhalt.
Beispiele:

Schreibmaschine:

Lieber Marco,
gestern durfte ich zum ersten Mal seit drei Wochen wieder aufstehen. Du glaubst nicht, wie ich mich gefreut habe. Aber nach einigen Schritten war ich schon wieder ganz schwach. Es dauert noch einige Zeit, bis ich wieder kräftiger bin.
Vielen Dank für dein schönes Geschenk.
Bis bald !

Dein Freund
Heinz

Erwachsenenschrift:

Lieber Marco,
gestern durfte ich zum ersten Mal seit drei Wochen wieder aufstehen. Aber nach einigen Schritten ....

Schülerschrift:

Lieber Marco,
gestern durfte ich zum ersten Mal seit drei Wochen wieder aufstehen. Aber nach einigen Schritten ....

D5. Einführung der Buchstabennamen und des Alphabets, Gebrauch häufiger Abkürzungen

242 *Autoschilder buchstabieren*
Material: Alte Autoschilder bzw. Fotos oder Bilder von Autoschildern
Verlauf: Diese Übung interessiert viele Schüler, da sie oft wissen wollen, aus welcher Stadt oder aus welchem Land ein Auto kommt. Die Nummer eines Autos wird gezeigt oder an die Tafel geschrieben. Wer kann diese Nummer vorlesen?
Beispiel:

LD-AE 810   SÜW-S 439

Aus welcher Stadt kommt dieses Auto? Der Name der Stadt wird dazugeschrieben.

Variation:
Diese Übung kann zu „Autoraten" erweitert werden. Die Schüler schreiben sich Autonummern auf, die sie gesehen haben. Sie legen sie ihren Mitschülern vor bzw. schreiben sie an die Tafel. Die Nummern werden buchstabiert. Dann sollen die Mitschüler herausbringen, aus welcher Stadt das Auto kommt. Für gut lesende Schüler kann als Hilfe evtl. ein Autoatlas eingesetzt werden, in dem die Abkürzungen verzeichnet sind.

243 *Abkürzungen*
Verlauf: Der Lehrer schreibt Sätze an, in denen Abkürzungen vorkommen.
Beispiele:
Am Straßenrand parkt ein LKW.
Auf der Straße fährt ein PKW.
Der Text wird gelesen, die Abkürzungen werden buchstabiert und ihre Bedeutung gesucht.
Beispiel:
Last**k**raft**w**agen
el ka we
L K W

244 *Erlernen und Üben des Alphabets durch rhythmisches Sprechen*
Material: ABC in schriftlicher Form
Verlauf: Der Lehrer spricht das ABC in rhythmischer Form vor; evtl. singt er es auf die Melodie des bekannten ABC-Liedes:

Á b ć d é f ǵ
h́ i j k ĺ m n o ṕ
q́u r ś t ú v ẃ
x́ ypsílon ź juchhé
dás ist das gánze ÁBĆ.

245 *Gedichte mit dem ABC*
Material: ABC-Gedichte
Beispiele:
A ist der Affe

A ist der Affe, er isst mit der Pfote.
B ist Bäcker, er backt braune Brote.
C ist Charlotte, sie trinkt süßen Tee.
D ist der Dieb, er stiehlt Äpfel – o weh!
E st der Esel, er schreit manchmal sehr.
F ist der Fischer, er fängt Fische im Meer.
G ist die Geiß, sie frisst auf dem Feld.
H ist der Helm, ein Hut für den Held.
I ist der Indianer, er hat großen Mut.
J ist Johanna, ihr Obst schmeckt so gut.
K ist der Kaufmann, er fährt um die Welt.
L ist der Landmann, der die Felder bestellt.
M ist die Mühle, sie dreht sich im Wind.
N ist das Nest für das Vogelkind.
O ist der Otter, der Fische gern mag.
P ist der Papagei, er sagt „Guten Tag".
Qu ist die Quelle, sie sprudelt bergab.
R ist die Reise, wir fahren im Trab.
S ist der Seemann, sein Name ist Pit.
T ist die Tante, sie bringt dir was mit.
U ist der Uhu, er schaut in die Ferne.
V ist der Vetter, er trommelt so gerne.
W ist das Wasser, es ist blau und tief.
X ist der Xaver, er schreibt einen Brief.
Y ist der Yak, ein seltenes Tier.
Z ist der Zirkus, er spielt heute hier.
(von Max Velthuijs, aus: A ist der Affe. Ravensburg: O. Maier 1966)

Naturgeschichtliches Alphabet
(von Wilhelm Busch)
(stellt allerdings höhere Anforderungen an Lesefähigkeit und Sinnverständnis)

A Im Ameisenhaufen wimmelt es,
der Aff frisst nie Verschimmeltes.

B Die Biene ist ein fleißig Tier,
dem Bären kommt dies spaßig für.

C Die Ceder ist ein hoher Baum,
doch stört das die Chinesen kaum.

D Das wilde Dromedar man koppelt,
der Dogge wächst die Nase doppelt.

E Der Esel ist ein dummes Tier,
der Elefant kann nichts dafür.

F Im Süden fern die Feige reift,
der Falk am Finken sich vergreift.

G Die Gams im Freien übernachtet,
Martini man die Gänse schlachtet.

H Der Hopfen wächst an langer Stange,
der Hofhund macht dem Wandrer bange.

I Trau ja dem Igel nicht, er sticht,
der Iltis ist auf Mord erpicht.

J Johanniswürmchen freut uns sehr,
der Jaguar weit weniger.

K Den Kakadu man gern betrachtet,
das Kalb man ohne weiteres schlachtet.

L Die Lerche in die Lüfte steigt,
der Löwe brüllt, wenn er nicht schweigt.

M Die Maus tut niemand was zuleide,
der Mops ist alter Damen Freude.

N Die Nachtigall singt wunderschön,
das Nilpferd bleibt zuweilen stehn.

O Der Orang-Utang ist possierlich,
der Ochs benimmt sich unmanierlich.

P Der Papagei hat keine Ohren,
der Pudel ist meist halb geschoren.

Qu Das Quarz sitzt tief im Bergesschacht,
die Quitte stiehlt man bei der Nacht.

R Der Rehbock scheut den Büchsenknall,
die Ratt gedeihet überall.

S Der Steinbock lange Hörner hat,
auch gibt es Schweine in der Stadt.

T Die Turteltaube Eier legt,
der Tapir nachts zu schlafen pflegt.

U Die Unke schreit am Sumpfe kläglich,
der Uhu schläft zwölf Stunden täglich.

V Das Vieh sich auf der Weide tummelt,
der Vampir nachts die Luft durchbummelt.

W Der Walfisch stört des Herings Frieden,
des Wurmes Länge ist verschieden.

Z Die Zwiebel ist nicht jedes Speise,
das Zebra trifft man stellenweise.

(aus: Krüss, J.: So viele Tage wie das Jahr hat, Gütersloh: Sigbert Mohn Verlag 1959, S. 62f.)

Verlauf: Gedichte sprechen, Wörter mit den Alphabet-Buchstaben unterstreichen, Buchstaben des Alphabets einrahmen, ABC sprechen.

246 *Wörter buchstabieren*
Verlauf: Der Lehrer buchstabiert Wörter, die Schüler bringen heraus, wie das Wort heißt.
Beispiele: Was steht in dieser Ecke da?
Ein Es-ce-ha-er-a-en-ka! (Schrank)
Was blühet denn im Garten da?
Ein Be-u-es-ce-ha! (Busch)
Das Kind ruft freudig „hei, juchhe"!
Heute gibt es Be-i-er-en-e! (Birne)
Was ist das?
A-em-es-e-el (Amsel)

Variation 1:
Die Schüler erfinden selbst Buchstabenrätsel.

Variation 2:
Die Buchstabierrätsel werden schriftlich vorgegeben.

Variation 3:
Wettkampf:
Wörter müssen möglichst schnell mit möglichst wenig Fehlern buchstabiert werden.

247 *„Buchstaben-Wörter"*
Verlauf: Für jeden Buchstaben des Alphabets wird ein typischer Vertreter gesucht, z. B.

A wie Ameise
B wie Ball
C wie Clown
D wie Dose
E wie Esel
F wie Feder
G wie Gans
H wie Haus
I wie Igel
J wie Jäger
K wie Kuh
L wie Löwe
M wie Maus
N wie Nest
O wie Ofen
P wie Post
Qu wie Quelle
R wie Reifen
S wie Saft
U wie Uhu
V wie Vogel
W wie Wagen
X wie Xaver
Y wie Yak
Z wie Zaun

248 *Telefonspiel*
Verlauf: Namen werden buchstabiert.
Beispiele:
MAX: M wie Michael, A wie Anton, X wie Xylophon
KURT: K wie Konrad, U wie Uhu, R wie Rolf, T wie Tor

Wer ist am Telefon?

249 *Buchstabenzeichnungen*
Material: Auf einem Blatt sind Buchstaben vorgegeben. Sie müssen in der richtigen Reihenfolge verbunden werden, dann ergibt sich ein Gegenstand.
Beispiel:

(Autobus)

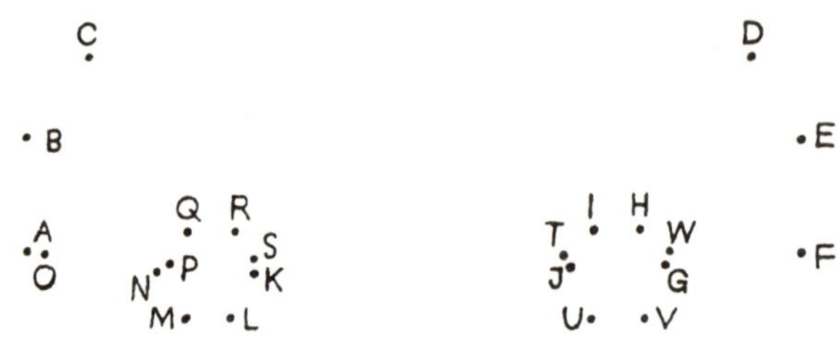

Verlauf: Die Schüler sollen die Buchstaben in der richtigen Reihenfolge verbinden. Sie müssen also das Alphabet beherrschen.

E. Übungen zur Bedeutungserschließung

E1. Übungen zur Bedeutungserschließung an Sätzen

250 *Ergänzen von Lückentexten*
Material: Lückentexte, Ergänzungswörter
Verlauf: Die Schüler lesen die Lückensätze und vermuten, welches Wort hineinpassen könnte (Hypothesenbildung aufgrund des Sinnzusammenhangs).
Beispiel:
Auf dem .... schwimmt eine Ente.
Weiher, Meer, Boden, Badeweiher

251 *Wie etwas ist*
Material: Arbeitsblatt, auf dem Aussagen angekreuzt werden können.
Verlauf: Die Schüler lesen die verschiedenen Aussagen durch und entscheiden sich für eine.
Beispiel:

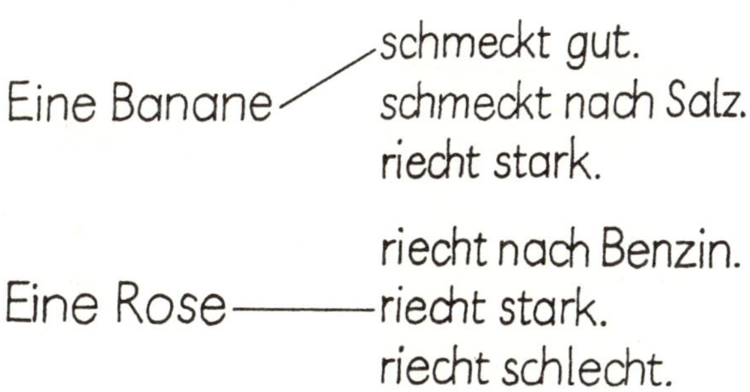

Variation:
Begriffe werden nach Paaren geordnet.
Beispiel:

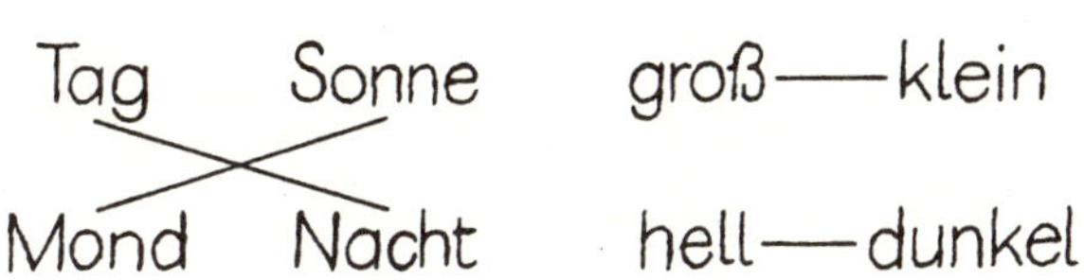

252 *Was gehört nicht in den Satz?*
Material: Text, in dem überflüssige Wörter eingefügt sind.
Verlauf: Die Schüler sollen selbstständig erlesen und die Wörter, die nicht in den Sinnzusammenhang passen (bzw. den Sinnzusammenhang stören), aus den Sätzen herausstreichen.
Beispiele:
Mutter trinkt ~~bunten~~ Kaffee.
Peter fährt ~~stehend~~ Rad.
Apfelsaft kann man ~~im Sieb~~ trinken.
Auf der Straße kann man ~~zu Fuß~~ fahren.

253 *Unsinntexte korrigieren*
Verlauf: Die Schüler korrigieren bewusst falsch geschriebene oder verfälschte Sätze aufgrund des Sinnzusammenhangs.
Beispiel: Auf dem Pult liegt der Lehrer.
Vor der Klasse steht die Kreide.

254 *Verkehrte Welt*
Verlauf: Tieren sind falsche Tätigkeiten zugeordnet.
Beispiel: Der Hund miaut.
Die Katze bellt.
Der Hahn winselt.
Die Schüler tauschen die Verben aus.

255 *Sätze verändern (stimmt es noch?)*
Verlauf: Der Lehrer tauscht in einer bekannten Geschichte (Sachtext) Wörter aus und lässt die Schüler überprüfen, ob die Information nun noch stimmt (oder der Sinnzusammenhang noch richtig ist).
Beispiel: Tafeltext (neue Wörter)
Gestern (vorgestern) regnete es.
Alle Kinder (Schüler) wurden tropfnass (hatten Schirme dabei).
Heute (morgen) scheint wieder die Sonne.

256 *Durcheinander geratene Sätze ordnen*
Verlauf: Satzteile sind verkehrt kombiniert. Sie werden erlesen, als Unsinn erkannt. Dann werden Möglichkeiten der Richtigstellung besprochen. Die zusammengehörigen Sätze können dann miteinander verbunden werden.
Beispiel:

O, meine Hose hat	ein rotes Auto.
Achim holt	ein Loch.
Der Reiter sattelt	seinen Drachen.
Mein Vater hat	Luft.
Ich esse	sein Pferd
Im Autoreifen ist	ein weiches Ei.

Variation 1:
Die Schüler stellen aus einem Text durch Umstellung und Kombinieren von Satzteilen einen Unsinntext her.

Variation 2:
Sätze zweier Geschichten sind durcheinander geraten. Sie werden erlesen und den Geschichten richtig zugeordnet.
Beispiel:
1. Geschichte: Gefahr auf der Straße
2. Geschichte: In der Bäckerei
Peter geht mit seiner Mutter einkaufen.
Auf den Regalen liegen eine Menge Brote.
Gerade wollen sie die Straße überqueren.
Mutter verlangt zwei Pfund Kornbrot.
Da saust ein Auto herbei.
Das kostet zwei Mark neunzig, sagt die Verkäuferin.
Schnell reißt Mutter Peter zurück.
Das ist gerade noch mal gut gegangen.
Mutter bezahlt. Dann verlassen sie den Laden wieder.

Variation 3:
Die Sätze einer Geschichte sind durcheinander geraten. Sie werden erlesen, besprochen, neu geordnet und dann wieder gelesen.
Beispiel:
Am Morgen vor der Schule.
Um sieben Uhr steht Peter auf.
Er zieht seinen Anorak an und setzt den Ranzen auf.
Dann frühstückt er.
Gegen halb acht Uhr verlässt er das Haus.
Schnell wäscht er sich und putzt die Zähne.
Zehn Minuten vor acht Uhr ist er in der Schule.
Er hat einen weiten Schulweg.
Doch er kommt immer pünktlich.

Zur Erleichterung können die Sätze auf einem Arbeitsblatt einzeln vorgegeben und erlesen werden. Sie werden dann auseinander geschnitten und neu geordnet. Dasselbe kann auch an der Tafel mit Satzstreifen durchgeführt werden. Durch Lesen wird überprüft, ob der Sinnzusammenhang nun stimmt.

257 *Frage-Antwort-Spiel*
Material: Wortkarten zu einem Themengebiet oder Begriffe, die auf einem Arbeitsblatt aufgeschrieben sind (Herstellung der Wortkarten aus Karton in der Größe von etwa 15 × 6 cm).
Beispiel: Thema „Haus“:

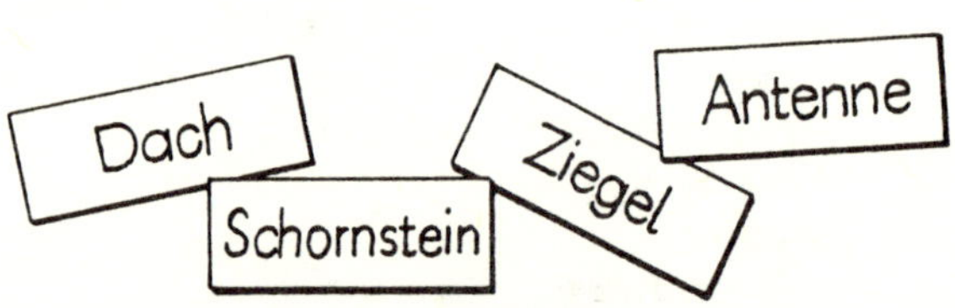

Verlauf: Der Lehrer schreibt Fragen an die Tafel, die die Schüler erlesen müssen, z. B. „Was ist auf dem Haus?“. Die Schüler suchen dann aus den Begriffen einen passenden als Antwort aus, z. B. Dach, Schornstein oder Ziegel.

Variation 1:
Zu einer Antwort wird eine Frage formuliert:
Der Lehrer zeigt eine Karte, z. B. „Katze“. Die Schüler müssen nun eine Frage dazu finden, die mit „Katze“ beantwortet werden kann, z. B. „Was kratzt und schnurrt?“. Der Lehrer schreibt diese Frage an die Tafel, die Schüler lesen und hängen dann die Antwortkarte dazu.

Variation 2:
Alternativfragen (an der Tafel) müssen erlesen werden. Die Schüler beantworten sie mit ja/nein (mündlich oder mit Antwortkärtchen).
Beispiele:

Ist Petra heute in der Schule?	Ja.
Haben wir heute Samstag?	Nein.
Regnet es im Augenblick?	Nein.

258 *Handlungen durchführen („Taubstummenspiel“)*
Verlauf: Ein Name (eines Schülers) wird an die Tafel geschrieben und erlesen, z. B. „Petra“. Der Lehrer ergänzt mündlich: „... soll den Tafellappen holen.“ Der genannte Schüler führt die Handlung aus.

Variation 1:
Der Name wird still erlesen, der Auftrag dann mündlich gegeben und durchgeführt.

Variation 2:
Der Name und der Auftrag werden an die Tafel geschrieben.

Variation 3:
Zettel werden verteilt. Sie enthalten jeweils einen Auftrag an einen Schüler, der von diesem zu erlesen und dann durchzuführen ist.
Beispiele:

Die anderen Schüler sollen herausfinden, was auf dem Zettel stand.

Variation 4:
Gegenstandsnamen werden angeschrieben und erlesen.

Wer das Wort richtig vorgelesen hat, darf den Gegenstand herbeiholen, z. B. Mantel des Lehrers.

Variation 5: Was ist es?
Gegenstände werden schriftlich umschrieben und müssen dann geholt werden.
Beispiel: Hole ein Ding herbei, mit dem man an die Tafel schreiben kann.

Variation 6:
Auf die linke Tafelhälfte werden Namen, auf die rechte Handlungen geschrieben. Nun kann der Lehrer (ein Schüler) abwechselnd auf die linke und rechte Tafelseite deuten und damit Schüler auffordern, etwas Bestimmtes zu tun. Die Aufträge sind still zu erlesen und dann auszuführen.
Beispiel:

Petra Müller	holt die Tafelkreide.
Hans Jacob	gibt Petra die Hand.
Werner Meier	streckt die Zunge heraus.
usw.	bleibt auf dem Platz sitzen.

259 *Aufschreiben, was die Schüler tun*
Verlauf: Einzelne Schüler dürfen sich überlegen, was sie tun wollen, und dann eine Handlung durchführen (Beispiel: Petra geht zum Schrank). Ein anderer Schüler sagt in einem Satz, was der Schüler getan hat. Der Lehrer schreibt diesen Satz an die Tafel. Die Schüler erlesen ihn.

Variation:
Die Schüler dürfen etwas auf ein Blatt Papier malen. Sie sagen nach einiger Zeit (oder wenn sie fertig sind), was sie gemalt haben.
Beispiel: Ich habe einen Zirkus gemalt.
Der Lehrer schreibt diesen Satz an die Tafel und lässt ihn dann erlesen.

E2. Übungen zur Bedeutungserschließung an Texten

260 *Stückweise Sinnerfassung*
Material: Text auf Folie, Tageslichtprojektor, Abdeckblatt
Verlauf: Von einem Text wird Zeile für Zeile (mit Satz identisch) projiziert. Die Schüler lesen jeweils den Satz und geben den Sinn wieder. Abschließend geben sie den Sinn des ganzen Textes wieder.

Variation:
Zwei bis vier Sätze werden je nach Sinnzusammenhang projiziert, nacheinander erlesen und dann sinngemäß wiedergegeben.

261 *Sinnrahmen zur Erleichterung der Bedeutungsfindung*
Verlauf: Sinnvorgabe durch angefangenen Satz
Beispiel: Der Lehrer fängt einen Satz an:
Es war einmal ein kleines ... (Lehrer: Was könnte jetzt kommen: Maus, Buch, Mädchen, Frau?).
Die Schüler erlesen den angefangenen Satz und stellen Hypothesen darüber auf, welches Wort den Satz ergänzen könnte und aufgrund der grammatikalischen Struktur hineinpasst.

Variation 1:
Sinnvorgabe durch eine Überschrift:
Der Lehrer schreibt eine Überschrift an die Tafel, z. B. Pech am frühen Morgen.
Die Schüler sprechen nun darüber, was in dieser Geschichte passieren könnte. Sie erfinden selbst eine kleine Geschichte (mündliche Sprachschulung). Der Lehrer schreibt dann Satz für Satz diese Geschichte an, die von den Schülern erlesen wird.

Variation 2:
Der Sinnrahmen eines Sachtextes wird durch den Sachunterricht vorgegeben. Dadurch ist die Bedeutung des Geschriebenen im Voraus bekannt.

262 *Leitfragen*
Material: Ein Text wird vorgegeben.
Beispiel: Die Schüler malen.
Susi malt ein Auto.
Was malt Frank?
Frank malt einen Esel.
Malt Ingo einen Schornsteinfeger?
Nein.
Ingo malt die Lehrerin.
Und Christian?
Er spielt unter der Bank mit seinem Spielauto.
Verlauf: Der Lehrer gibt folgende Leitfragen vor, anhand derer die Geschichte überprüft wird:
In der Geschichte steht, dass Kinder malen.
Welche Kinder malen?
Was malt Susi?
Was malt Frank?
Wer malt einen Schornsteinfeger?
Malt Christian auch?
Was tut Christian?
Die Schüler formulieren mündlich Antworten und überprüfen bzw. belegen sie exakt am Text.

263 *Fragen beantworten*
Material: Textvorgaben und Fragen dazu
Verlauf: Die Schüler lesen die Textvorgabe und beantworten die Fragen.

Beispiel: Stundenplan.
Heiko geht in die zweite Klasse.
Das ist sein Stundenplan:

Std.	Mo	Di	Mi	Do	Fr
1.	Sachkunde	Deutsch	Kunst	Deutsch	Mathe
2.	Mathe	Sachkunde	Kunst	Reli	Sachkunde
3.	Deutsch	Mathe	Deutsch	Sachkunde	Reli
4.	Musik	Musik	Mathe	Sport	
5.	Sport	Reli	Sport		

Welche Fächer hat er montags?

____

Wie oft hat er in der Woche Sport?

____

An welchem Tag hat er nur drei Stunden?

____

264 *Handpuppengeschichte spielen*
Material: Handpuppen (Kasperlepuppen)
Verlauf: Der Lehrer stellt die beim Spiel „mitwirkenden" Puppen vor. Er schreibt dann die Spielhandlung Satz für Satz an die Tafel. Die Schüler erlesen die Sätze still während des Anschreibens. Dann wird der Satz durch einen Schüler laut vorgelesen. Die Schüler spielen die durch den Satz angegebene Handlung mit den Handpuppen. Zum Schluss wird die Handlung ganz gelesen und gespielt.
Beispiel:
Kasperle geht im Wald spazieren.
Er hat eine Mundharmonika dabei.
Plötzlich kommt ein wilder Räuber daher.
Er will Kasperles Mundharmonika rauben.
Aber Kasperle schlägt den Räuber mit der Mundharmonika und läuft davon.

Variation:
Einzelne Wörter im Satz werden durch andere ersetzt. Dann wird die Geschichte erneut erlesen und in der veränderten Form gespielt.
Beispiel:
Eine Kasperlegeschichte
Kasperle geht im Wald spazieren.
Er hat eine Taschenlampe dabei.
Plötzlich kommt ein wildes Krokodil daher.
Es will Kasperles Taschenlampe rauben.
Aber Kasperle schlägt das Krokodil mit der Taschenlampe und läuft davon.

265 *Spielen nach Spielanleitung*
Material: Schriftlich vorgegebene Spielanleitung
Verlauf: Eine Spielanleitung wird still erlesen. Die Schüler, die sofort, ohne Hilfe des Lehrers, wissen, wie das Spiel geht, dürfen sich zur Gruppe 1 zusammensetzen und zu spielen anfangen. Mit den anderen Schülern erliest der Lehrer den Text und verteilt dann die Schüler auf die restlichen Gruppen.
Beispiel für Spiel:
„Sonntagsmaler":
Mitspielen: 2 bis 8 Schüler
Text der Spielanleitung:
Ihr müsst schnell erraten, was gezeichnet wird.
Ihr braucht ein Blatt Papier und Bleistifte.
So geht das Spiel:
1. Setzt euch an einen Tisch. Einer fängt an.
2. Er malt einen Gegenstand. Ihr müsst erraten, was er zeichnen will.
3. Wer am schnellsten rausbekommen hat, was der Maler zeichnen will, darf als Nächster malen.

266 *Umsetzen einer Geschichte in ein Bild (Inhaltserschließung)*
Verlauf: Ein situationsbeschreibender Text wird vorgegeben (Arbeitsblatt)
Beispiel: Im Schulsaal
Einige Schüler passen nicht auf.
Peter schaut zum Fenster hinaus.
Susi malt heimlich unter der Bank ein Bild.
Evi spielt mit ihrer Puppe.
Und Klaus? ... Klaus erzählt eifrig mit seinem Nachbarn, dem Peter.
Die Schüler erhalten den Auftrag, ein Bild zu malen, auf dem einer der Schüler der Geschichte abgebildet ist. Nach dem Malen wird überprüft, ob die Aussagen über den Schüler richtig ins Bild umgesetzt sind.

267 *Aufschreiben einer gemeinsamen Handlung oder eines Erlebnisses*
Verlauf: Die Klasse hat ein gemeinsames Erlebnis gehabt. Über dieses Erlebnis wird gesprochen. Der Lehrer schreibt dann einzelne Sätze auf, die von den Schülern erlesen werden.
Beispiel:
Wir waren in Landau im Zoo.
Klaus hat ein Kamel gesehen.
Horst gefielen die Affen besonders gut.
Monika fand die Pinguine niedlich.

III

Sprachmaterial und methodische Hilfen zu den Übungen

1. Materialsammlung zur Lautbildung: Sprechübungen, Sprechverse, Zungenbrecher, Kurzgedichte, Kinderlieder

1.1. B – P

268 Eine Buge, Bage, Bogen Packpapier,
zwei Buge, Bage, Bogen Packpapier,
drei Buge, Bage, Bogen Packpapier,
(usw. bis der Sprecher sich verspricht)

269 Bürsten mit schwarzen Borsten bürsten besser
als Bürsten mit weißen Borsten.

270 Schwarze Bürsten bürsten besser
als weiße Borsten bürsten.

271 Auf den hohen Felsenklippen wohnen sieben Robbensippen,
die sich in die Rippen stippen, bis sie von den Klippen kippen.

272 *Es tanzt ein Bi-Ba-Butzemann…*

(aus: Unser Liederbuch, Stuttgart: Klett, S. 56)

273 Ebberte, bebberte, bibberte, ba,
ibberte, bibberte, bon,
knabberte, babberte, zabberte, za,
knubberte, bubberte, knom.

274 *Mein Pferdchen*

2. Tripp, tripp, trapp, wirf mich nur nicht ab!
Zähme deine wilden Triebe,
Pferdchen, tu es mir zuliebe.
Tripp, tripp, trapp, wirf mich nur nicht ab!

3. Brr, brr, he, steh, mein Pferdchen, steh!
Sollst schon heut noch weiter springen,
muss dir nur erst Futter bringen.
Brr, brr, he, steh, mein Pferdchen, steh!

(aus: Es tönen die Lieder, Berlin: Verlag Merseburger, S. 70)

275 *Pampelmusensalat*
Bei der Picknickpause in Pappelhusen
aß Papa mit Paul zwei Pampelmusen.
Doch bei dem Pampelmusengebabbel
purzelt plötzlich der Paul von der Pappel
mit dem Popo in Papas Picknickplatte,
wo Papa die Pampelmusen hatte.
„O Paul", schrie Papa, „du bist ein Trampel!
Plumpst mitten in meine Musepampel –
ich wollte sagen: in die Mampelpuse –
nein: Pumpelmase – nein: Pamelmuse!!"
Das gab vielleicht ein Hallo!
Die Pappeln, der Papa, der Paul und sein Po,

das Picknick, die Platte (um die war es schad) –
das war ein Pampelmusensalat!
(von H.A. Halbey, aus: Pampelmusensalat, Weinheim: Beltz)

1.2. D – T

276 Der dicke Dieter trägt den dünnen Dieter durch das dunkle Dorf.

277 Töpfer Trine trägt tausend Töpfe.
Tausend Töpfe trägt Töpfer Trine.

278 Die Katze tritt die Treppe krumm.

279 Drei Drachen drohen drei Dreckspatzen.
Drei Dreckspatzen drohen drei Drachen.

280 *Rums didel dums didel Dudelsack…*

2. Rums didel dums didel Fiedelbogen,
heute wird durchs Dorf gezogen;
keiner soll uns Narren kennen
und bei unsrem Namen nennen.

3. Rums didel dums didel Paukenschlag,
ab morgen zähln wir jeden Tag,
bis das alte Jahr verklingt
und die neue Fasnacht bringt.

(aus: Unser Liederbuch, Stuttgart: Klett, S. 89)

281 *Große Uhren gehen tick, tack, tick, tack…*

(aus: Es tönen die Lieder, Berlin: Verlag Merseburger, S. 20)

1.3. G – K

282 In Klagenfurt klappern die Klapperstörche klipp, klapp, klapp.
Klipp, klapp, klapp klappern die Klapperstörche in Klagenfurt.

283 Kleine Kinder können keine kleinen Kirschkerne knacken.

284 Die Katze tritt die Treppe krumm.

285 Glühwürmchen gleiten über glattes Glas.
Über glattes Glas gleiten Glühwürmchen.

286 Es klapperten die Klapperschlangen,
bis ihre Klappern schlapper klangen.

287 *Kuckuck, kuckuck, ruft aus dem Wald.*

2. Kuckuck, Kuckuck lässt nicht sein Schrein:
Kommt in die Felder, Wiesen und Wälder!
Frühling, Frühling, stelle dich ein!

3. Kuckuck, Kuckuck, trefflicher Held!
Was du gesungen, ist dir gelungen,
Winter, Winter räumet das Feld.

(aus: Es tönen die Lieder, Berlin: Verlag Merseburger, S. 15)

1.4. S – Z – Sch – X

288 *Sieben kecke Schnirkelschnecken*
Sieben kecke Schnirkelschnecken
saßen einst auf einem Stecken,
machten dort auf ihrem Sitze
kecke Schnirkelschneckenwitze.
Lachten alle so:
„Ho, ho, ho, ho, ho!“
Doch vor lauter Ho-ho-Lachen,
Schnirkelschneckenwitze-Machen
fielen sie von ihrem Stecken:
alle sieben Schnirkelschnecken.
Liegen alle da.
Ha, ha, ha, ha, ha!
(Josef Guggenmos, aus: Was denkt die Maus am Donnerstag, Recklinghausen: Georg Bitter Verlag)

289 Schippen sieben Schneeschipper sieben Schippen Schnee?
Sieben Schneeschipper schippen sieben Schippen Schnee.
Sieben Schippen Schnee schippen sieben Schneeschipper.

290 Schlaf schön im Schlafanzug, wenn der Mond schön scheint.

291 Schneller Schüler, schlittre schnell,
schlittre schnell, schneller Schüler!

292 Des Schneiders Schere schneidet schnell,
schnell schneidet des Schneiders Schere.

293 Zwischen zwei Zwetschgenzweigen zwitschern zwei Schwalben.

294 Zwischen zwei Zweiglein zwitschern zwei Zeislein.

295 Zehn Ziegen zogen zwei Zentner Zucker zum Zoo.

296 Schneiders Scheren schneiden scharf.

297 Susi, sag mal saure Sahne!

298 Susi, sag mal saure Soße!

299 Auf den hohen Felsenklippen wohnen sieben Robbensippen,
die sich in den Rippen stippen, bis sie von den Klippen kippen.

300 Zwischen zweiundzwanzig Wurzeln purzeln zweiundzwanzig Zwerge.

301 Kratzen Katzen mit den Tatzen?
Mit den Tatzen kratzen Katzen.
Katzen kratzen mit den Tatzen.
Schneiden Katzen manchmal Fratzen?

302 Schlimme Schlingel schleppen schlappe Schlangen in den Schlamm.

303 Schwere Schweine schwanken auf schwachen Beinen.
Auf schwachen Beinen schwanken schwere Schweine.

304 Sechs Hexen hexen sechs Kekse.

305 Morgens früh um sechs kommt die kleine Hex.

306 Suse, liebe Suse, was raschelt im Stroh.

307 *Summ, summ, summ, Bienchen, summ herum!*

(aus: Es tönen die Lieder, Berlin: Verlag Merseburger, S. 14)

308 Schusche, schusche, schusche!
Unsre Katz heißt Pusche,
unser Hund heißt Kunterbunt,
schlaf mein Kind, schlaf dich gesund!

309 Bäckers Fritz sagt 'nen Witz.

310 Der Fritz vom Schmitz sagt 'nen Witz.

311 Izzen dizzen Silberschnitzen
izzen dizzen daus
und du bist raus.

312 Ene mene minzen
wer backt Plinzen?

313 Ebberte bebbert zibberte za,
ibberte bibberte bon,
knabberte babberte zabberte za,
knubberte bubberte knon.

314 Der Metzger wetzt das Metzgermesser.

315 *Ging ein Weiblein Nüsse schütteln…*

316 *Ringel, Ringel, Reihe…*

(aus: Es tönen die Lieder, Berlin: Verlag Merseburger, S. 4)

317 *Wolln wir mal, wolln wir mal…*

(aus: Unsere Singfibel, Stuttgart: Klett, S. 26)

318 Wie knackt Markus eine Nuss?
Er legt die Nuss mit Hochgenuss
unter einen Autobus.

1.5. H

319 Hinter Hermanns Hannes Haus
hängen hundert Hasen raus.
Hundert Hasen hängen raus
hinter Hermanns Hannes Haus.

320 *Jetzt steigt Hampelmann…*

2. Jetzt zieht Hampelmann sich seine Strümpfe (Hose, Jacke) an.
3. Jetzt setzt Hampelmann sich seine Mütze auf.
4. Jetzt geht Hampelmann mit seiner Frau spaziern.
5. Jetzt tanzt Hampelmann mit seiner lieben Frau.
6. Er hat ein schief Gesicht, und sie hat krumme Füß.
7. Er lacht „hahaha", sie lacht „hihihi", er lacht „hahaha", der Hampelmann ist da.

(aus: Unser Liederbuch, Stuttgart: Klett, S. 72)

1.6. W – F (V)

321 Violett steht recht nett,
recht nett steht violett.

322 Fischers Fritze fischt frische Fische.
Frische Fische fischt Fischers Fritze.

323 Flotte flinke Fellflicker
flicken flink feine Felle.

324 Wir Waschweiber würden weiße Wäsche waschen,
wenn wir wüssten, wo weiches, warmes Wasser wär.

325 Flotte Flamingos fliegen flinken Fliegen fort.
Flinke Fliegen fliegen flotten Flamingos fort.

326 *Widewidewenne heißt meine Gluckhenne.*

2. Schwarz-und-weiß heißt meine Geiß,
treib-ein so heißt mein Schwein.
Kann-nicht-ruhn…, Wackelschwanz…

3. Ehrenwert heißt mein Pferd,
Gute-Muh heißt meine Kuh.
Schwarz-und-weiß…, Treib-ein…

4. Wettermann heißt mein Hahn,
Kunterbunt heißt mein Hund.
Ehrenwert…, Gute-Muh…

(aus: Unser Liederbuch, Stuttgart: Klett, S. 78)

1.7. M – N – ng

327 Meister Müller, mahl mir eine Mütze Mehl,
morgen muss mir meine Mutter Milchmus machen.

328 Neun Nähnadeln nähen neun Nachthemden.

329 Ding, dong, digidigidong, digidigidong, die Katze ist krank;
ding, dong, digidigidong, digidigi-ding-dang-dong.

330 Auf einem Baum ein Kuckuck, simsaladim, bamba, saladu, saladim,
auf einem Baum ein Kuckuck saß.
Da kam ein junger Jägers-, simsaladim, bamba, saladu, saladim,
da kam ein junger Jägersmann.
Der schoss den armen Kuckuck …… tot.
Und als ein Jahr vergangen …… war,
da war der Kuckuck wieder …… da.

331 *Bim-bam, bim-bam…*

(aus: Es tönen die Lieder, Berlin: Verlag Merseburger, S. 38)

332 Ene, mene, Tintenfass, geh in die Schul und lerne was!
Ene, mene, Dickmamsell, geh in die Schul und rechne schnell!
Ene, mene, Sandbüchs, bleib daheim, dann kannst nix!

1.8. R – Ch_2

333 Rinke – ranke – Rosenschein, lieber Morgen, komm herein!

334 Regen, Regentröpfchen, fall nicht auf mein Köpfchen,
fall nicht auf mein Butterfass, es wird ja sonst ganz klitschenass.

335 *Es regnet ohne Unterlass, es regnet immerzu*

(aus: Unser Liederbuch, Stuttgart: Klett, S. 39)

336 Ringel, rangel, Rosen, schöne Aprikosen,
Veilchen und Vergissmeinnicht,
alle Kinder setzen sich.
Guten Tag, Mama, guten Tag, Papa,
alle Kinder hoppsassa.

337 Himpelchen und Pimpelchen klettern auf einen Berg.
Himpelchen ist ein Heinzelmännchen und Pimpelchen ein Zwerg.
Doch nach 27 Wochen sind sie in den Berg gekrochen.
Schlafen dort in süßer Ruh.
Sei mal still und hört gut zu!
ch, ch, ch, ch, ch, ch…

338 Rot, rot, rot sind alle meine Kleider,
rot, rot, rot ist alles, was ich hab.
Darum lieb ich, alles, was so rot ist,
weil man Schatz ein Feuerwehrmann ist.
(nach der Melodie „Grün, grün, grün…)

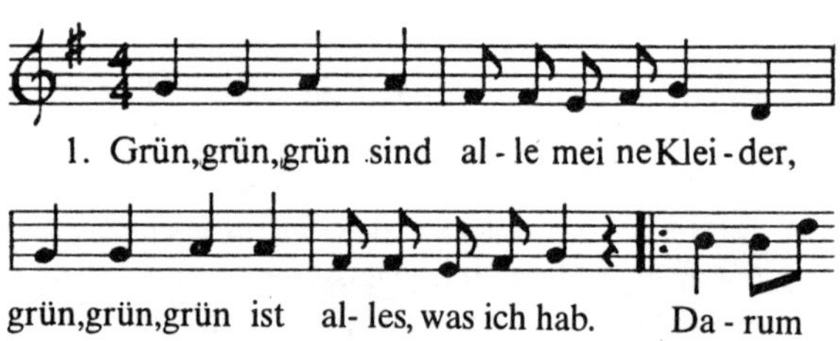

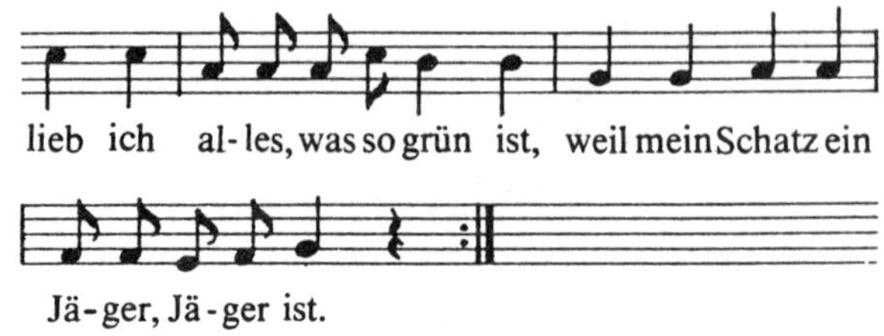

2. Weiß … weil mein Schatz ein Bäcker, Bäcker ist.
3. Schwarz … weil mein Schatz ein Schornsteinfeger ist.
4. Bunt … weil mein Schatz ein Maler, Maler ist.

(aus: Unser Liederbuch, Stuttgart: Klett, S. 74)

339 Rira-rutsch, wir fahren mit der Kutsch,
wir fahren mit der Schneckenpost,
die uns keinen Pfennig kost,
rira, rutsch, wir fahren mit der Kutsch.

1.9. Vokale

340 In Ulm, um Ulm und um Ulm herum

341 A, a, a, der Winter, der ist da.
E, e, e, nun gibt es Eis und Schnee.
I, i, i, gleich hol ich meine Schi.
O, o, o, dann saus ich frisch und froh
u, u, u, den Berg hinab im Nu.

342 Auf den hohen Felsenklippen wohnen sieben Robben-Sippen,
die sich in die Rippen stippen, bis sie von den Klippen kippen.

343 Ein Hammel und ein Lamm brauchen keinen Kamm.

344 Weiß wie Schnee,
grün wie Klee,
blau wie der See,
braun wie Kaffee.

345 Der Esel, der Esel, wo kommt der Esel her,
von Wesel, von Wesel, er will ans Schwarze Meer.

346 Gülle, Gülle, Gülle, bin röter als du.
Hast ein Paar alte verrissene Schuh.
Hast ein Gäbele, hast ein Zäbele,
hast mirs wollen zeigen?
Lass dich heime geigen!
Gülle, Gülle, bin röter als du.

347 Fünfundzwanzig rote Männlein
tanzen fünfundzwanzigmal im Kreis herum.

348 Säcke flicken, Säcke flicken, haben keine Nadel.
Schneider, Schneider, hopp, hopp, hopp, näh mir einen guten Rock!
Wenn ich zähle: eins, zwei, drei, muss das Röcklein fertig sei'!
Eins – zwei – drei – das Röcklein ist entzwei.

349 Rira-rutsch, wir fahren mit der Kutsch,
wir fahren mit der Schneckenpost,
die uns keinen Pfennig kost,
rira, rutsch, wir fahren mit der Kutsch.

350 Annchen, dannchen, dittchen, dattchen,
teberte, beberte, bittchen, battchen,
teberte, beberte, bu, ab bist du.

351 Ich will dir was erzählen
von der alten Mählen:
Wenn sie keine Kartoffel hat,
kann sie keine schälen.

352 Es war einmal ein Männchen,
das kroch in ein Kännchen,
dann kroch es wieder raus,
da war die Geschichte aus.

353 *Drei Chinesen mit dem Kontrabass*

Austausch der Vokale:
i: Dri Chinisin mit dim Kintribiss…
o: Dro Chonosen mot dom Kontroboss…
ebenso auf u, ü, eu usw.

354 Neunundzwanzig Eulen flogen mit Gebrumm
neunundzwanzigmal um den Baum herum.

355 Eins zwei drei,
alt ist nicht neu,
arm ist nicht reich,
hart ist nicht weich,
frisch ist nicht faul,
Ochs ist nicht Gaul.

356 Es war einmal ein Mann, der hatte einen Schwamm,
der Schwamm war ihm zu nass, da ging er auf die Gass,
die Gass war ihm zu kalt, da ging er in den Wald,
im Wald wars ihm zu grün, da ging er nach Berlin,
Berlin war ihm zu voll, da ging er nach Tirol,
Tirol war ihm zu klein, drum ging er wieder heim,
daheim wars ihm zu nett, da legt er sich ins Bett,
im Bett war eine Maus, und die Geschichte ist aus.

357 Hoppe, hoppe, Reiter,
wenn er fällt, dann schreit er,
fällt er in den Graben,
fressen ihn die Raben,
fällt er in den Sumpf,
dann macht der Reiter plumps.

358 Hopp, hopp, hopp, Pferdchen lauf Galopp,
über Stock und über Steine,
aber brich dir nicht die Beine,
immer im Galopp, hopp, hopp, hopp, hopp, hopp!

359 Hörst du wie der Wind braust? Hui!
Hörst du wie der Wind saust? Hui!
Hui, das braust, hui, das saust,
hui, hui, hui!

360 Ettchen, dettchen, dittchen, dattchen,
zedra, wedra, wittchen, wattchen,
zedra, wedra, wuh,
und das bist du.

361 Ene, mene, minke, pinke,
fade, rode, falke, tolke,
wiggerl, waggerl, weg!

362 Meister Koch, Koch, Koch, fiel ins Loch, Loch, Loch
und er rief, rief, rief… (Name nennen!)

363 Meine Mi, meine Ma, meine Mutter schickt mich her,
ob der Ki, ob der Ka, ob der Kuchen fertig wär.
Wenn er ni, wenn er na, wenn er noch nicht fertig wär,
käm ich mi, käm ich ma, käm ich morgen wieder her.

364 Rumpel, pumpel, Butterfass…

(aus: Es tönen die Lieder, Berlin: Verlag Merseburger, S. 3)

1.10. Konsonantenhäufungen

365 Es klappert die Mühle am rauschenden Bach…

2. Flink laufen die Räder und drehen den Stein,
klipp, klapp.
Und mahlen den Weizen zu Mehl uns so fein!
Klipp, klapp.
Der Müller, der füllt uns den schweren Sack,
der Bäcker das Brot und den Kuchen uns backt.
Klipp, klapp …

3. Wenn goldene Körner das Ackerfeld trägt,
klipp, klapp,
die Mühle dann flink ihre Räder bewegt, klipp, klapp.
Und schenkt uns der Himmel nur immer das Brot,
so sind wir geborgen und leiden nicht Not.
Klipp, klapp …

(aus: Unser Liederbuch, Stuttgart: Klett, S. 67)

366 Knusper, knusper, knäuschen, wer knuspert an meinem Häuschen?

367 Trarira, der Sommer, der ist da.

2. Trarira, der Sommer, der ist da!
Wir wollen hinter die Hecken
und wolln den Sommer wecken.
Ja, ja, ja, der Sommer, der ist da!

3. Trarira, der Sommer, der ist da!
Der Sommer hat gewonnen,
der Winter hat verloren.
Ja, ja, ja, der Sommer, der ist da!

4. Trarira, der Sommer, der ist da!
Gesprochen:
Was wünschen wir dem Herrn?
Einen goldnen Tisch auf jeder Eck
ein gebacknen Fisch
und mitten hinein drei Kannen voll Wein,
dass er dabei kann fröhlich sein.
Gesungen:
Ja, ja, ja, der Sommer, der ist da!

(aus: Es tönen die Lieder, Berlin: Verlag Merseburger, S. 49)

368 Kling, Glöckchen, klingelingeling, kling, Glöckchen, kling!

369 Schneidri-schneidra-schneidrum…

2. |: Ich sitz und schau mich um, :|
als wenn ich Kaiser wäre,
mein Zepter ist die Schere,
mein Tisch das Kaisertum…

3. |: Spott keins der Schneider mehr! :|
Man halte sie in Ehren,
wenn keine Schneider wären,
wir liefen nackt herum…

(aus: Unser Liederbuch, Stuttgart: Klett, S. 83)

370 Schneck im Haus…

(aus: Unsere Singfibel, Stuttgart, Klett, S. 16)

371 Hört ihr die Drescher…

(aus: Unsere Singfibel, Stuttgart: Klett, S. 26)

372 Die Katze tritt die Treppe krumm.

373 Töpfer Trine trägt tausend Töpfe, tausend Töpfe trägt Töpfer Trine.

374 Drei Drachen drohen drei Dreckspatzen,
drei Dreckspatzen drohen drei Drachen.

375 Es gibt kein schönres Tierchen…

(aus: Unser Liederbuch, Stuttgart: Klett, S. 83)

376 Säcke flicken…

(aus: Es tönen die Lieder, Berlin: Verlag Merseburger, S. 7)

2. Material zur Einprägung der Laute und Buchstaben

2.1. Interjektions- und Bedeutungslautverfahren

Diese Verfahren sind – wie auch die meisten anderen Assoziationshilfen – nur bei einigen Lauten sinnvoll.

Vokale

377 **A:** Mund aufmachen, Zahnarzt schaut in den Mund. Ausdruck des Wohlbehagens: Wenn einem Limonade gut schmeckt bei großem Durst. A…, ist das schön (entspannt auf dem Boden liegen).

378 **O:** Ausruf des Verwunderns, der Überraschung.

379 **U:** Ausruf, wenn man mit kaltem Wasser abgespritzt wird.

380 **E:** Brummen von Mutters Rührgerät (analog kann das Brummen auch am eigenen Kehlkopf, am Hals ertastet werden).

381 **I:** Ausruf der Abscheu (z. B. wenn die Kinder von einem vorbeifahrenden Auto vollgespritzt werden; Kind hat statt Zucker Salz in die Sahne getan).

382 **Ei:** Ausruf der Verwunderung („ei, wie lieb").

383 **Au:** Ausruf des Schmerzes (z. B. ein Kind wird gezwickt).

384 **Ä:** Ausruf des Abscheus: „Wie eklig!"

Konsonanten:

385 **M:** Ausdruck des Wohlbehagens (z. B. Kind isst guten Brei).

386 **S:** Spielzeug surrt auf der Rennbahn; Brummen von Bienen, Fliegen.

387 **R:** Motorgeräusch

388 **F:** Kerze ausblasen

389 **M/N/ng:** Klänge eines Gonges.

390 **T/D:** Stottern eines Motors (t-t-t…) oder des Auspuffs.

391 **W:** Klingt, wie wenn man auf einem Kamm mit Seidenpapier bläst.

392 **Sch:** Eisenbahn fährt ab (sch-sch-sch…).

393 **H:** Hauchen (Fensterscheiben anhauchen, in kalte Hände hauchen).

394 **Ch$_2$:** Schnarchen.

395 **Z:** Zischen einer Schlange;
Zischen eines Wasserstrahls.

2.2. Anlaut- und Auslautverfahren

(Einprägen typischer Wörter für einen Laut/Buchstaben)

Ausrufe/Geräusche, die einen bestimmten Laut enthalten:

396 **T:** tut, täteräa

397 **P:** piep, puh

398 **E:** he

399 **A:** ha

400 **I:** kikeriki

401 **O:** oh je

402 **U:** muh, tut

403 **Ei:** ei, ei

404 **Au:** wau, wau

405 **Eu:** zicke-zacke, zicke-zacke, heu, heu, heu

406 **Ä:** ätsch; hä-hö; wäää (Baby)

407 **Ö:** töff-töff-töff

408 **Ü:** hü, Schimmel, hü

409 **B:** bim-bam, Bibi (Hühnchen), bäh (Zunge herausstrecken)

410 **P:** piep, hopp-hopp-hopp

411 **T:** tüt-tüt, tut-tut, tick-tack

412 **D:** da-da, dideldum

413 **G:** gack-gack

414 **K:** tuk-tuk (Traktor), kuckuck, tick-tack

415 **L:** gille-gille (kitzeln)

416 **M:** mäh, meck-meck, summ-summ-summ, bim-bam

417 **N:** na-na

418 **ng:** ding-dong, peng

419 **W:** wau-wau

420 **F:** uff (stöhnen)

421 **J:** ja-ja, jo-jo, juhu, oh je

422 **X:** knacks, klicks, kracks

423 **H:** hu-hu, juchhe, hoppla

424 **ch_2:** ach, huch, juchhe

425 **S:** Summ-summ-summ

426 **Sch:** husch-husch, zisch

427 **Z:** hatzi, zisch, zirp

428 **L:** o lala, o lala

429 **R:** br, rab-rab, ritsche-ratsche

2.3. Handzeichen als Assoziationshilfen zur Einprägung der Buchstabenform

Beispiel für die Einprägung von großen Druckbuchstaben;
übernommen aus:
Boehncke/Humburg: Schreiben kann jeder. Reinbek 1980. S. 72

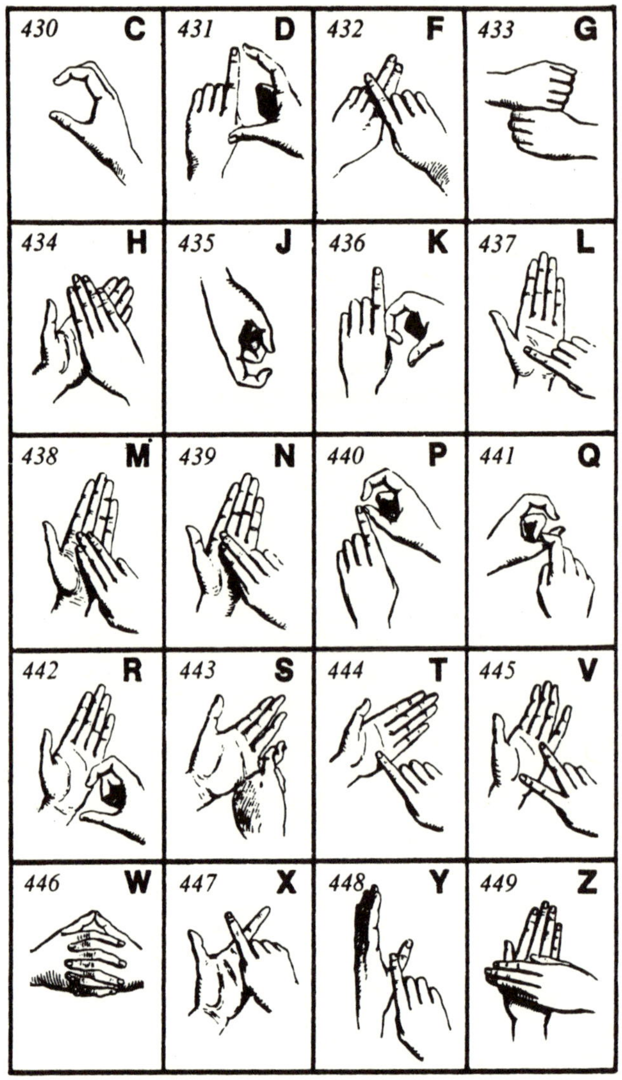

2.4. Lautgebärden

2.4.1. Kleinmotorische Systeme

1. **Beispiel: Handzeichen von Kossow**
(Die Abbildungen sind entnommen: Schneider-Rumor 1974, S. 23 ff.)

Vokale:

450 **A:**

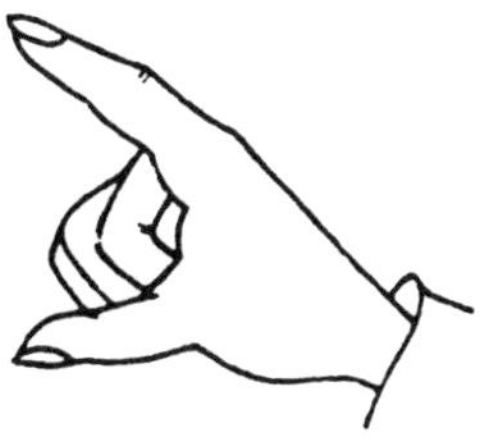

a

Daumen und Zeigefinger sollen die charakteristische Mundstellung bei der Bildung des Vokals „A" demonstrieren: Die Lippen sind weit geöffnet.

Oma
Anschreiben und Sprechen des Wortes; dehnt den Laut A am Schluss ganz lang, schaut den Banknachbarn an! Wie sieht sein Mund aus? (so weit und groß und rund) Lehrer zeigt mit Daumen und Zeigefinger, wie weit der Mund ist. Wenn ich die Hand so forme, so bedeutet das A.

451 **E:**

e

Die Mundöffnung ist gering. Die Lippen sind gespannt.

Esel
Anschreiben und Sprechen des Wortes. Ähnliches Vorgehen wie bei A:
Sprecht den Laut am Schluss des Wortes ganz lang! (e→-) Der Mund wird nicht so weit aufgemacht wie beim A.
Sprecht a→-, dann e→.
Beim A ist der Mund ganz weit offen, beim E ist er breit, aber nicht so offen.
Lehrer zeigt mit der Hand den Öffnungsspalt des Mundes (Handzeichen für E).

452 **O:**

o

Daumen und Zeigefinger deuten die Lippenrundung an.

Otto
Sprecht das Wort Otto (anschreiben).
Haltet das O ganz lang, schaut Mund des Nachbarn an!
Wie sieht euer Mund aus (rund)?
Lehrer zeigt die Rundung des Mundes an.
Sprecht: a→-, dann o→- (der Mund wird kleiner). Lehrer schreibt O an die Tafel: so rund wie der Mund beim Sprechen.

453 **U:**

u

Die vorgestülpten Lippen bilden beim „U" eine kleine, runde Öffnung.

Uhu
Wort sprechen und anschreiben.
Der Mund ist nur noch ganz klein und rund.
Vergleicht: Sprecht a – o – u!
Der Mund wird immer kleiner.
Rundung mit Daumen und Zeigefinger anzeigen: Eine ganz kleine runde Öffnung.

454 **I:**

i

Der Mund ist noch weniger weit geöffnet als beim „E". Die Lippen sind breiter gespannt.

Igel
Beim I ist der Mund noch weniger weit offen als beim E. Er ist ganz schmal und breit, wie ich es mit der Hand anzeige.

Konsonanten

455 **M:**

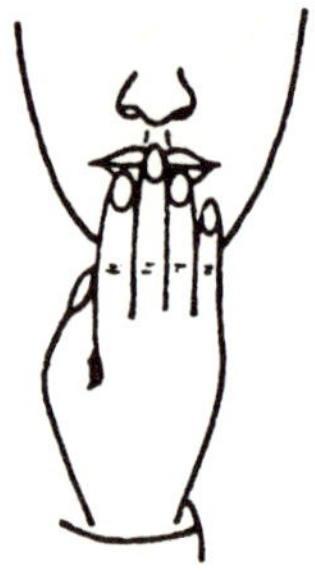

m

Das Handzeichen stellt den vollständigen Lippenverschluss dar. Die Finger spüren die Resonanz des Nasen-Rachen-Raumes.

Tom
Wort anschreiben und sprechen.
Sprecht das Wort Tom und lasst den letzten Laut (m) brummen.
Spürt ihr es im Mund und in der Nase? Legt die Hand so vor den Mund, wie ich es euch vormache, dann spürt ihr das Brummen noch besser.

456 **N:**

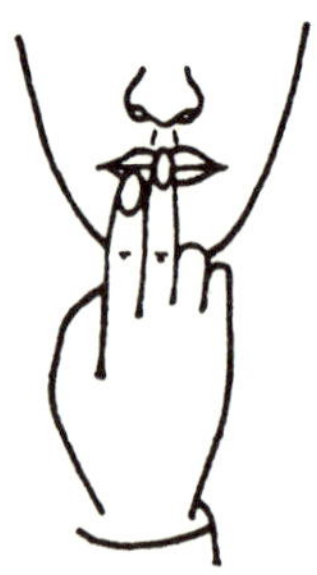

n

Die Lippen sind leicht geöffnet, der Kieferwinkel bleibt gering. Die Fingerspitzen spüren den nasalen Luftstrom.

Nase
Anschreiben und Sprechen des Wortes.
Spürt ihr das N? Lasst es summen! Wenn ihr die Fingerspitzen unter die Nase haltet, spürt ihr die Luft, die aus eurer Nase strömt.
Sprecht nochmals n→-!

457 **B:**

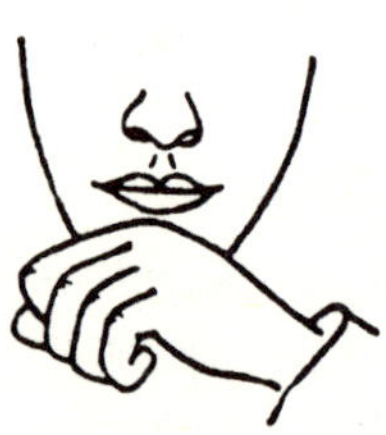

b

Bei der Bildung des „B" sind die Lippen geschlossen. Die Luft, die bei der Sprengung des Lippenverschlusses aus dem Mundraum strömt, wird auf dem Handrücken leicht empfunden.

Ball
Wort wird angeschrieben und gelesen.
Schüler sprechen das Wort deutlich aus und sprechen den Anfangslaut mehrfach: b-b-b.
Lehrer: Wenn ihr auf den Handrücken sprecht, spürt ihr den leichten Luftstrom.

458 **P:**

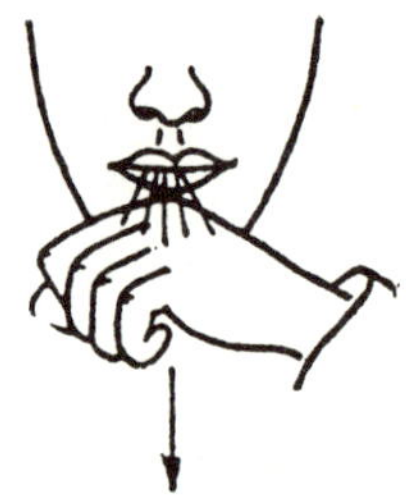

p

Die Bildung des „P" unterscheidet sich von der des „B" nur durch den stärkeren Luftstrom, der ganz deutlich auf dem Handrücken zu spüren ist.

Papa
Anschreiben und Sprechen des Wortes.
Sprecht p-p-p-p!
Sprecht auf den Handrücken, dann spürt ihr den festen Luftstrom bei P, viel fester als bei B.

459 **D:**

d

Die an die Unterlippe angelegte Daumenspitze spürt den Luftstrom, der bei leicht geöffneten Lippen aus dem Mundraum kommt.

dick
Anschreiben und Sprechen des Wortes.
Sprecht d-d-d-d!
Wenn die Zunge an die Zähne stößt, kommt ein leichter Luftstoß hervor. Wenn ihr Daumen und Zeigefinger vor den Mund haltet, spürt ihr den Luftstrom.

460 **T:**

t

Bei der Bildung des „T" wird der Luftstrom über alle Finger der an den Mund gelegten Hand kräftig empfunden.

Tür
Anschreiben und Sprechen des Wortes.
Sprecht t-t-t!
Spürt am Daumen und auf den Fingern den festen Luftstrom!

461 **G:**

g

Ganz deutlich wird als kinästhetischer Impuls bei der Bildung des „G" die Hebung des hinteren „Kinnteils" empfunden, die durch die starke Hebung der Zunge im Mundraum verursacht wird.

Gans
Anschreiben und Sprechen des Wortes.
Sprecht g-g-g!
Mit der Fingerspitze könnt ihr am Hals fühlen, wo das G gesprochen wird (ganz hinten im Hals, da wird die Zunge ganz dick).

462 **K:**

k

Beim „K" soll die Sprengung des Verschlusses durch das Handzeichen deutlich gemacht werden.

Katze
Anschreiben und Sprechen des Wortes.
Sprecht k-k-k!
Wo spürt ihr den Laut?
Es „knallt" ganz hinten im Hals. Das spüren wir, wenn wir den Finger an den Hals legen.

463 **F:**

f

Der Zeigefinger empfindet deutlich den Luftstrom, der dadurch entsteht, dass die Luft durch den durch die Unterlippen und die obere Zahnreihe gebildeten Verschluss dringt.
Wie bei der Darstellung des „M", „N" und „W" wird hier durch die Fingeranzahl auch die Buchstabengestalt signalisiert.

Fuß
Anschreiben und Sprechen des Wortes.
Sprecht das F ganz lang: f→.
Beim F „bläst" es; das können wir spüren, wenn wir die Fingerspitze vor den Mund halten.

464 **W:**

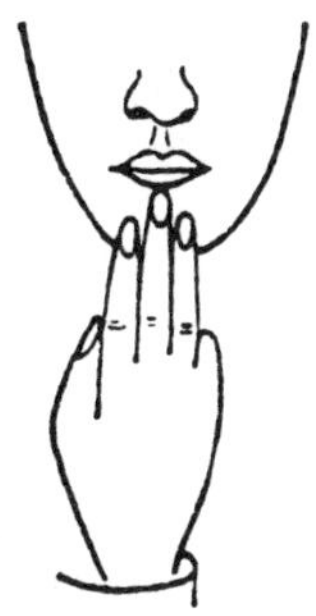

w

Der stimmhafte Engelaut „W" wird wie das „F" gebildet, der Luftstrom wird aber nur leicht empfunden.

Wagen
Anschreiben und Sprechen des Wortes.
Sprecht w→-.
Spürt ihr etwas (Bitzeln, Kitzeln an den Lippen)?
Ihr spürt die Lippen zittern, wenn ihr mit den Fingerspitzen leicht die Lippen berührt.

465 **S:**

s

Leichte Öffnung und Breitspannung der Lippen. Zischgeräusch.

See
Anschreiben und Sprechen des Wortes.
Haltet das S ganz lange: Es „zischt“. Das ist die Luft, die zwischen den Zähnen durchgeht. Ihr spürt sie auf dem Fingerrücken.

466 **Sch:**

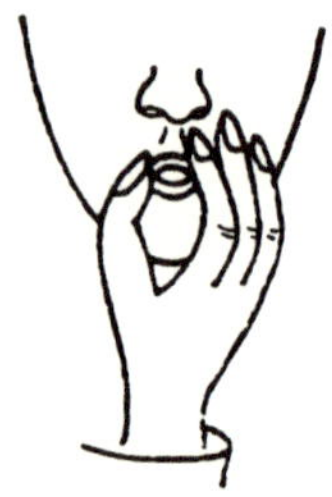

sch

Die vorgestülpten Lippen sind geöffnet und bilden eine Rundung. Zischgeräusch.

Schule
Anschreiben und Sprechen des Wortes.
Sprecht sch→.
Euer Mund ist ganz rund, wenn die Luft herauszischt, fast wie ein Schornstein. Er ist so rund (Lehrer umfasst mit Daumen und Zeigefinger seinen Mund).

467 **Ch_2:**

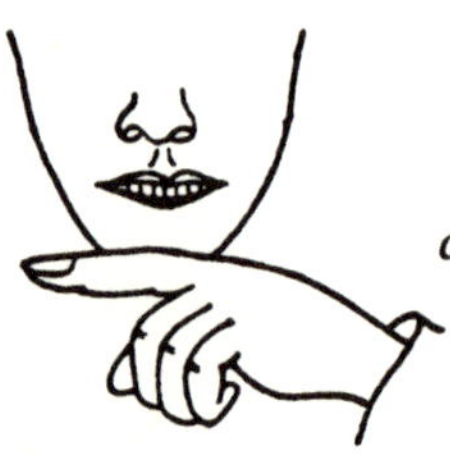

ch_2

Leichte Lippenöffnung. Das Reibegeräusch wird durch die besondere Stellung der Zunge erzeugt. Der Luftstrom wird auf der Oberfläche des Zeigefingers deutlich empfunden.

Dach
Anschreiben und Sprechen des Wortes.
Sprecht ch→.
Es „schnarcht“ (sägt) in eurem Hals. Ihr spürt nur wenig Luft auf dem Finger.

468 **Ch_1:**

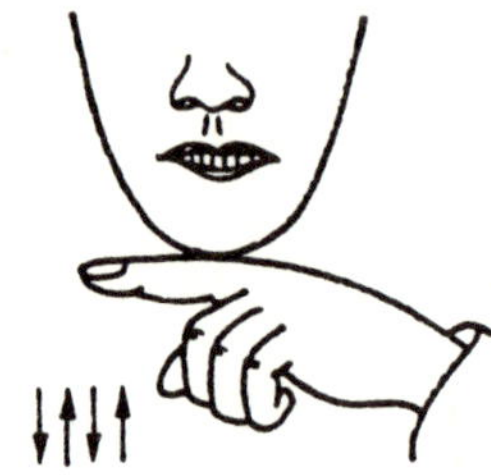

j

Das „J“ ist das stimmhaft gebildete „Ch_1“. Die Stimmhaftigkeit wird in der Darstellung durch die Pfeile angedeutet.

ich
Anschreiben und Sprechen des Wortes.
Sprecht lange ch→.
Haltet den Finger so, wie ich es euch vormache! Dann spürt ihr, wie die Luft ausströmt.

469 **R:**

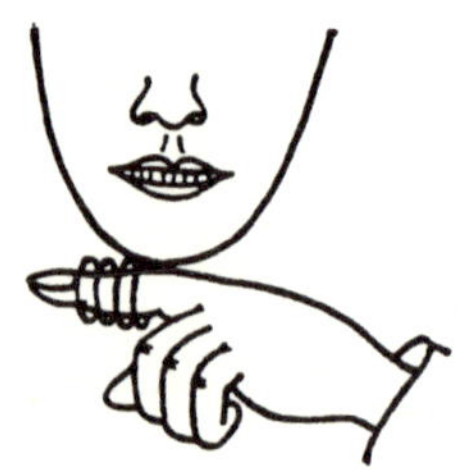

r

Mit diesem Handzeichen soll die Schwingung, die durch die intermittierende Unterbrechung des tönenden Luftstroms entsteht, demonstriert werden.

Roller
Anschreiben und Sprechen des Wortes.
Laßt das R ganz lang rollen!
Eure Zunge zittert hin und her (Lehrer macht das Zittern mit dem Zeigefinger vor).

470 **L:**

l

Das Handzeichen demonstriert die Buchstabengestalt.

Ball
Anschreiben und Sprechen des Wortes.
Sprecht lang l→.
Eure Zungenspitze liegt ganz oben am Gaumen. Der Lehrer legt seinen Daumen unter die Nase und zeigt mit dem Zeigefinger nach oben (rechter Winkel zwischen Daumen und Zeigefinger). Er schreibt l an die Tafel.

471 **ng:**

ng

Der „ng"-Laut ist ein Nasallaut. Die gespreizten Finger spüren den aus der Nase austretenden Luftstrom und die gleichzeitige Bewegung der Nasenflügel.

peng
Wort wird gesprochen.
Sprecht ng ganz lang.
Wenn ihr die Nase zwischen die Finger nehmt, könnt ihr spüren, wie sie zittern.

2. Beispiel: Gebärden von Koch
(vgl. Bleidick 1966, S. 126)

472 A = Der Leib wird gestreichelt als Ausdruck eines angenehmen Geschmacks (Kuchen essen usw.).

473 B = Geräusch beim Pfeifenrauchen des Vaters. Die linke Hand wird zur Faust geballt und der Daumen ausgestreckt als Pfeife an die Lippen gebracht.

474 D = Schwaches Ticken der Taschenuhr. Die rechte hohle Hand wird ein Stück von der rechten Ohrmuschel entfernt gehalten.

475 E = Kinder necken einander. Der rechte Zeigefinger wird über den linken gerieben (Rübenschaben).

476 F = Ausfegen der Stube mit dem großen Besen. Der rechte Zeigefinger reibt über die innere linke Handfläche.

477 G = Geräusch der bösen Gänse, die geärgert werden. Daumen und Zeigefinger streichen über die innere Handfläche der linken Hand.

478 H = Hände warm hauchen. Die beiden geöffneten Hände werden an den Mund gehalten.

479 CH = Schnarchen. Die rechte Hand wird an den Kopf gehalten, um das Schlafen darzustellen.

480 I = Krähen eines jungen Hähnchens. Der linke Zeigefinger wird gehoben, um das Hähnchenbein darzustellen.

481 J = Ausruf des Fuhrmanns, wenn das Pferd anziehen soll. Beide Hände, zur Faust geballt, ahmen das Anziehen der Zügel nach.

482 K = Knacken einer Nuss mit dem Nussknacker. Die hohlen Hände werden gegeneinander gedrückt.

483 L = Geräusch des Wassers, wenn es aus der Leitung läuft. Der Zeigefinger der linken Hand wird nach unten gekrümmt, um den Kran darzustellen; die rechte hohle Hand stellt das Auffangbecken dar.

484 M = Brummen eines bösen Ochsen mit einem Maulkorb. Drei Finger der linken Hand werden auf den Mund gelegt.

485 N = Nero, der Hund, knurrt und zeigt seine beiden Reißzähne. Daumen und Zeigefinger der rechten Hand werden an den Nasenflügel gelegt.

486 O = Ausruf des Verwunderns. Beide Hände werden hochgehoben.

487 P = Ausblasen eines Lichtes. Die rechte Hand wird zur Faust geballt; der ausgestreckte Daumen stellt das Licht dar.

488 R = Rasseln der Weckuhr. Der Zeigefinger der rechten Hand beschreibt einen Kreis.

489 SCH = Fortscheuchen eines lästigen Tiers. Beide Handflächen werden zusammengeklatscht.

490 T = Starkes Ticken der Taschenuhr. Die linke hohle Hand wird dicht an die linke Ohrmuschel gehalten.

491 U = Angstruf der Kinder im Dunkeln. Die rechte Hand wird als Schirm über die Augen gehalten.

492 V = Ausfegen der Stube mit dem kleinen Besen (Handfeger). Der linke Daumen reibt über die innere Handfläche der rechten Hand.

493 W = Wehen des Windes beim Wäschetrocknen. Die beiden hohlen Hände werden seitwärts an den Mund gelegt.

494 Z = Geräusch des Wassers beim Sprengen des Gartens. Die beiden Hände werden zur Faust geballt voreinander gelegt (Halten des Schlauches).

495 AU = Das Kind hat sich die Hand gequetscht und schreit vor Schmerzen. Die rechte Hand wird auf und nieder geschlagen.

496 Ei = Die Mutter droht dem unartigen Kinde. Drohbewegung mit dem rechten Zeigefinger.

2.4.2. Großmotorische Systeme

1. Beispiel: Phonomische Zeichen von Radigk

„Die hier dargestellten Handzeichen sind nach dem Gesichtspunkt der *Funktionsfähigkeit* ausgewählt. Es wurde darauf verzichtet, ein System zu schaffen, das ausschließlich nach einer bestimmten Richtung orientiert ist. So finden sich in der Aufstellung Gebärden, die in der Sprachtherapie Anwendung finden, solche, die von der Buchstabenform ausgehen und andere, die im Sinnlautverfahren erarbeitet werden können. Maßgebend für die Auswahl waren die pädagogisch-methodischen Möglichkeiten des Zeichens. Dabei wurde Wert darauf gelegt, dass es gut optisch-kinästhetisch zu differenzieren ist. Es sollte eine leichte und dauerhafte Aneignung gewährleisten, großmotorische Bewegungen ermöglichen und zu einem flüssigen Bewegungsablauf beitragen."
(Radigk 1979, S. 82)

Die folgenden Handzeichen sind Radigk 1979, S. 82ff. entnommen:

497

A Mund weit öffnen. Vor dem Mund wird mit den Händen das A aufgebaut. Die gegenüberliegenden Daumen bilden den Querstrich.

498

O Das Zeichen ist aus der Sprachtherapie übernommen. Beim O formen die Lippen einen Kreis. Der Kreis wird mit Daumen und Zeigefinger nachgebildet.

499

I Interjektionslaut – Die Kinder strecken die Arme zur Abwehrbewegung aus. Die Hände sind geöffnet und nach oben abgewinkelt.

500

E Beim E wird der Mund breitgezogen (Breitmund). Das Handzeichen deutet dies durch die Finger an.

501

U Nachbildung des Buchstabens mit Daumen und Zeigefinger in Augenhöhe. Den so gebildeten Buchstaben nach oben schieben bis über Kopfhöhe.

502

Ei Die Kinder tun so, als säße ein Tier auf dem Arm. Sie streicheln es.

503

Au Interjektionslaut – Das Kind hat sich mit einem Hammer auf den Daumen geschlagen. Es hält den Daumen und ruft Au.

504

Eu Sinnverbindung mit der Eule. Mit den Händen wird die Eule nachgeahmt.

505 

M Ein Zeichen, dass es gut schmeckt. Die flache Hand streicht über die Magengegend.

506 

N Zeichen aus der Sprachtherapie. Die Kinder sollen zwischen den Fingern die aus der Nase ausströmende Luft spüren.

507 

L Erarbeitung des Zeichens nach der Buchstabenform. Die Kinder winkeln den rechten Arm an (sie stehen vor dem Buchstaben) und bilden damit das L.

508 

R Die Kinder ahmen den Wecker nach. Unterarm und Faust stehen senkrecht und schwingen hin und her.

509 

S Die Buchstabenform wird durch Bewegung nachgeahmt.

510 

T Rechter und linker Unterarm bilden das T in der Form nach.

511 

D Erarbeitung durch akustische Analyse (Daumen, drücken).

512 

B Backen aufblasen und leicht mit den Händen daran schlagen.

513 

F Die Kinder haben sich die Finger verbrannt. Sie pusten und bilden das F.

514 

H Die Hände werden weit vor dem Körper zusammengeführt und dann bis vor den Mund bewegt. Die Kinder hauchen in die hohlen Hände.

515

G Wir fühlen das G beim Sprechen mit der rechten Hand am Hals ab.

516

K Nachbildung mit beiden Armen entsprechend der Buchstabenform. Sinnverbindung zum krähenden Hahn, der den Schnabel weit öffnet.

ck Mit der rechten Hand wird ein Kreis nach vorn geschlagen, ehe das K gebildet wird.

517

P Die flache Hand liegt vor dem Mund. Durch den plötzlichen Luftausstoß wird sie nach vorn geschleudert.

518

V Beide Arme zeigen schräg nach oben. Bildung nach der Buchstabenform. Sinnverbindung zum Vogel.

519

W Die Kinder machen Wind mit den schaufelförmig gestellten Händen.

520

J Durch die Bewegung des rechten Armes wird das J nachgebildet.

521
522
523

XYZ Nachbildung entsprechend der Buchstabenform.

524

Sch Die Bewegung der Lokomotive wird nachgeahmt.

525

ch₁ Die Mutter schnarcht – Hände nach links (ich-Laut)

ch₂ Der Vater schnarcht – Hände nach rechts (ach-Laut)

526
527
528

ÄÖÜ Zwei Finger deuten die Punkte an.

529 

ie Beim langen I wird nicht nur die Abwehrbewegung ausgeführt. Die Bewegung beschreibt einen Halbkreis – das I wird länger.

2. Beispiel: Lautgebärden von Bleidick/Kraft
(Die folgenden Abbildungen und Erklärungen stammen aus Bleidick 1966, S. 129 ff.)

Vokale:

530 *Vokal U*
U-Lautgebärde:
Die eng an dem Körper anliegenden Arme werden etwas schräg nach unten ausgestreckt.
Diese Gebärde soll einerseits die charakteristische Stimmung des Unheimlichen und Gruseligen andeuten, wie sie sinntragend in den Wörtern *unten, dunkel, Urwald, Grube, Grund, Urne, Gruft* u. Ä. zum Ausdruck kommt, andererseits ahmt sie die o. a. Stellung der Sprechorgane (Enge und Länge) und die Richtung des Ausatmungsstromes (schräg nach unten) beim U-Laut nach.

531 *Vokal O*
O-Lautgebärde:
Ein Oh! entringt sich dem vor Freude überraschten Kind, wenn es beispielsweise eine Puppe liebevoll in seine Arme schließt.
Darstellung der O-Lautgebärde:
Die weit umgreifenden Arme schließen sich, formen ein O nach und zeigen etwas schräg nach unten, Stellung etwas höher als beim U.

532 *Vokal A*
A-Lautgebärde:
Ein freudiges Ah! lassen wir ertönen, wenn wir mit einladender Gebärde und offenen Armen einen lieben Freund empfangen.
Darstellung der A-Lautgebärde:
Die Arme sind weit geöffnet, nach vorn gestreckt, Handteller zeigen nach oben, etwas tiefer als die Waagerechte, höher als die Stellung des O, Grätschstellung der Beine.

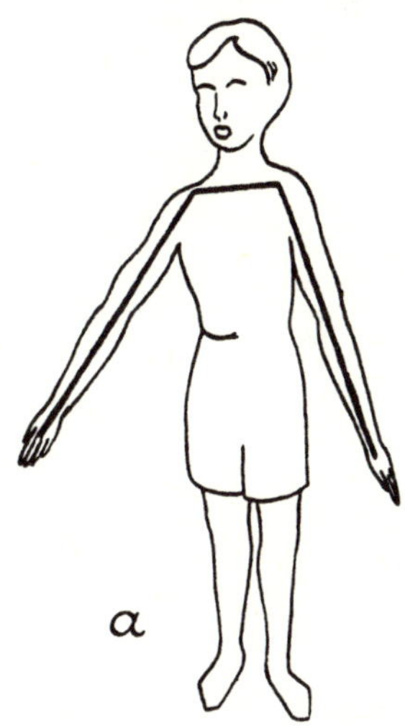

533 *Vokal E*
E-Lautgebärde:
Verschränken der Füße und Kreuzen der beiden Arme als Ausdruck des plötzlichen Stehenbleibens und Erschreckens.

In diesem Zusammenhang passt eine merkwürdige Beobachtung: Ein Redner, der „stecken bleibt", sucht die entstehenden Pausen mit Vorliebe durch ein eingestreutes E auszufüllen.

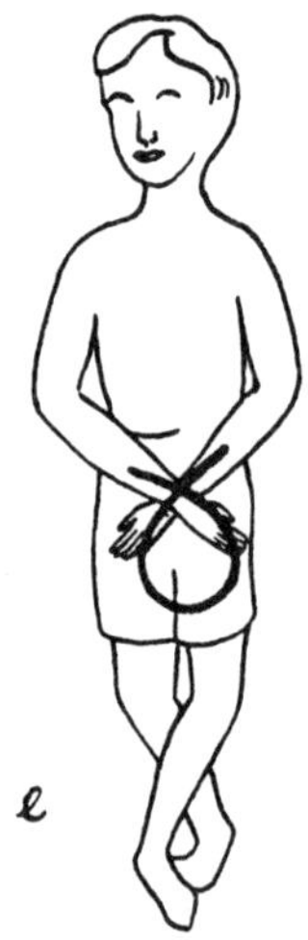

534 Vokal I
I-Lautgebärde:
Heben des rechten Armes mit ausgestrecktem Zeigefinger bei aufrechter, selbstbewusster Haltung.

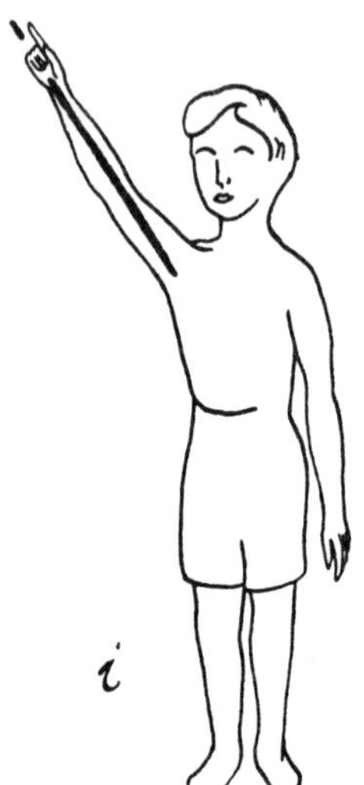

535 ie
Darstellung des Lautes ie:
Der rechte Arm stellt die i-Lautgebärde dar. Der linke Zeigefinger kreuzt den rechten ausgestreckten Zeigefinger. Die Kreuzung ist das Symbol für das E.

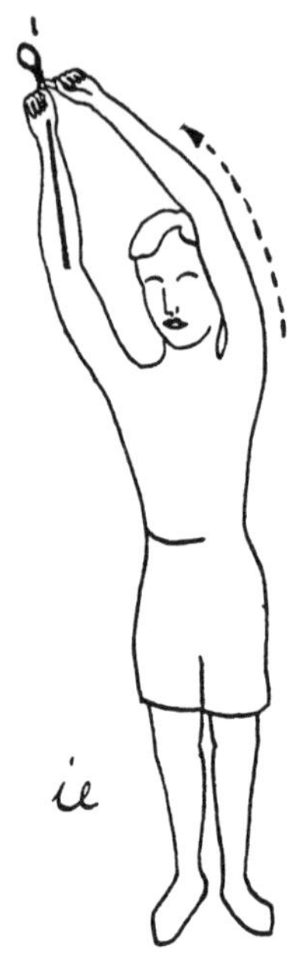

Aus Gründen der besseren Veranschaulichung und insbesondere der besseren Gestaltgliederung der Wörter und Silben wurde jedem Vokal nach seiner Klangfarbe – vom U zum I aufhellend – eine Farbe zugeordnet:
u = schwarz, o = dunkelbraun, a = rot, e = hellbraun, i = hellgelb, ei = orange, au = hellgrün, eu = dunkelgrün.
Die Silben erhalten die Farbe ihres Vokales.
Während die Lautgestalten der Vokale *innere* Gefühlsregungen des Ich verkörpern, wirkt bei den Konsonanten, den Mitklingenden, die *äußere* Welt auf das Ich ein.

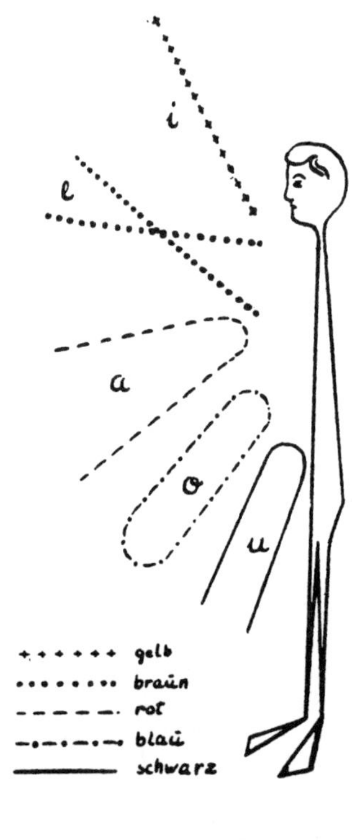

Was da draußen geschieht, das Wehen des Windes, das Flackern des Feuers, das Zucken der Blitze usw., strömt durch die Konsonanten in das Ich hinein. Die Eigenart der Mitlaute ist die *Bewegung,* die *Form.* Die Eigenart der Vokale ist die *Ruhe* und die *Farbe.* Diese Merkmale haben wir bei der Gestaltung der Lautgebärden beachtet.

Die Vokale sind *ruhende, statische* Zeichen mit *räumlicher* und *farbiger* Differenzierung, die Konsonanten dagegen sind *bewegliche, dynamische* Zeichen.

Aus dieser unterschiedlichen Darstellung der Vokale und Konsonanten ergeben sich einige wesentliche Vorteile für die Verwendung von Lautgebärden im Erstleseunterricht:

1. Die statischen Vokalgebärden ermöglichen, geschlossene Vokale lang andauernd darzustellen und offene Vokale kurzfristig.
2. Die zwischen Bewegung (Konsonanten) und Ruhe (Vokale), also zwischen Spannung und Entspannung abwechselnden Lautgebärden begünstigen den Zusammenfluss der Bewegungen zu einer Bewegungsgestalt. Dadurch wird ein besserer Vollzug der Lautsynthese erreicht als mit den *kochschen* Finger- und Handzeichen, bei denen gewisse Mängel in der kontinuierlichen Koordination zwischen Vokalen und Konsonanten bestehen.

Umlaute

536 *Die Umlaute ü, ö, ä*

Der Umlaut wird phonetisch aus dem I entwickelt. Bei der motorischen Darstellung des Ü wird jedoch vom geschriebenen U ausgegangen, da Rechtschreibfehler erfahrungsgemäß häufiger vorkommen und in diesem Falle schwerwiegender sind als Aussprachefehler.

Darstellung der Ü-Lautgebärde:

Das Ü wird zunächst dargestellt wie das U. Zusätzlich werden die Daumen abgespreizt. Dadurch soll eine Assoziation zu den Ü-Strichen hergestellt werden, und außerdem sollen die aufwärts zeigenden Daumen eine phonetische Verwandtschaft zum I erkennen lassen.

Ebenfalls durch Abspreizen der Daumen wird aus dem O das Ö und aus dem A das Ä gebildet.

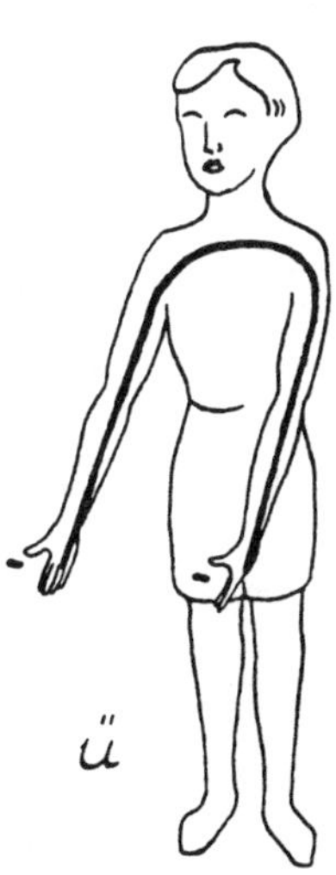

Doppellaute

537 *Die Doppellaute ei und ai*

Als Ausruf ist das Ei auf seinem freudigen Pol der Laut der angenehmen Verwunderung, ein Laut, der Schönes, Strahlendes, Gutes verheißt (wie in Feier, „Eia Weihnacht!"). Kindern und Tieren gegenüber drückt der Ausruf ei Zärtlichkeit aus; er ist also besonders an Wiegen und Nestern zu hören.

Darstellung der Ei-Lautgebärde:

Dieser Lautwesencharakter wird in einer Gebärde des Streichelns zum Ausdruck gebracht. Die rechte Hand vollführt mit der Handfläche nach unten aus der gekreuzten Stellung des E heraus eine sanft streichende, etwas aufwärts führende, zum I hindeutende Bewegung. Beim Laut Ai wird erst kurz das A (geöffnete Arme) angedeutet und dann sofort in die Ei-Bewegung übergegangen.

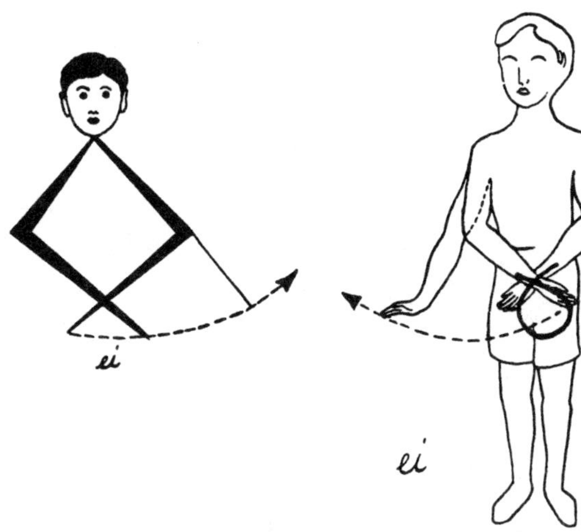

Ei-Lautgebärde aus dem E entwickelt.

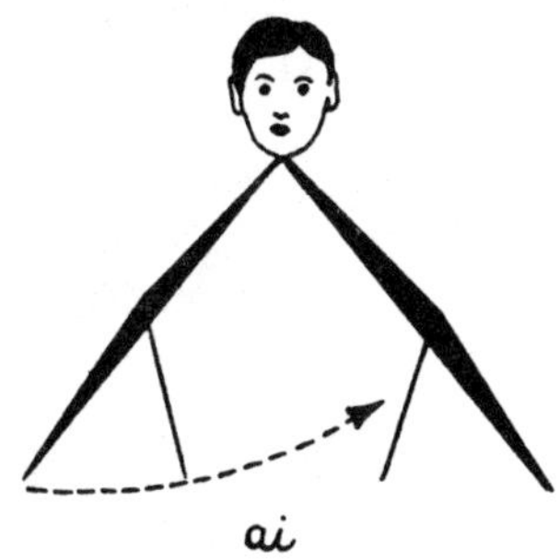

Ai-Lautgebärde aus dem A entwickelt.

538 *Der Doppellaut au*

Das Au drückt Schmerz aus, der dem Körper durch äußere Einwirkung zugefügt wird.

Darstellung der Au-Lautgebärde:

Beide Hände werden von der A-Stellung aus (Andeuten des A durch ausgebreitete Arme) vor das Gesicht geführt, wobei die eine Hand eine abwehrende Haltung (Handteller zeigt nach vorn) und die andere Hand eine das Gesicht schützende Haltung einnimmt (Handteller zeigt auf den Körper zu).

Beispiel: Abwehrende und schützende Haltung, wenn ein Kind mit Schneebällen beworfen wird.

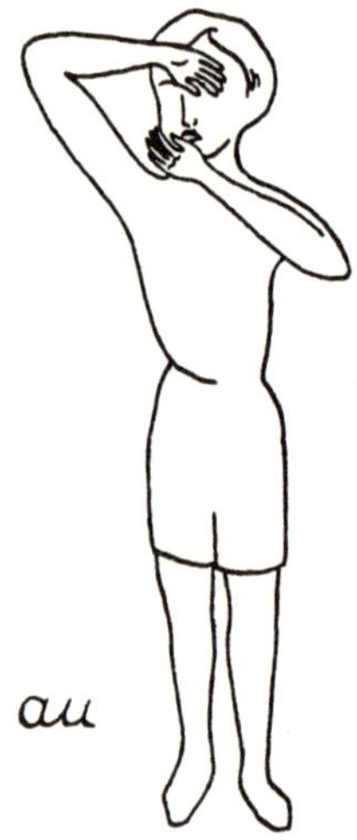

539 *Die Doppellaute eu und äu*

Das Eu drückt in dem Ausruf des Verkündigungsengels „Ich verkündige *euch heute* eine große *Freude!*" Erstaunen und Verwunderung aus.

Darstellung der Eu-Lautgebärde:

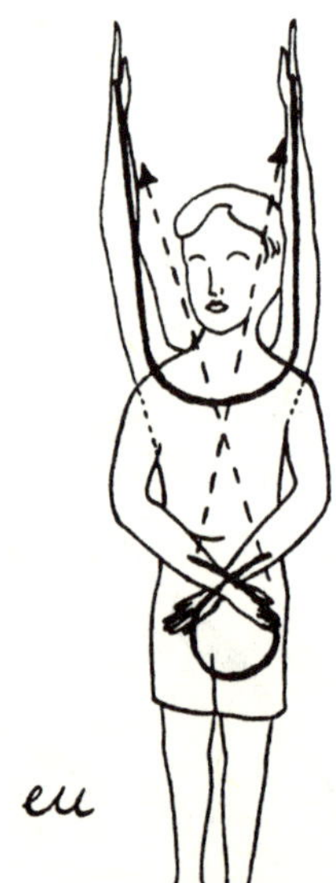

Beim Eu deuten wir die E-Stellung an und heben sofort beide Arme in die Höhe zur hochgestellten U-Geste.

Darstellung der Äu-Lautgebärde:

Das Äu wird ähnlich verkörpert wie das Eu, nur mit der Ausgangsstellung des Ä.

Konsonanten

540 *Der Hauchlaut h*

Darstellung der H-Lautgebärde:

Anhauchen der linken inneren Handfläche, die langsam in die Nähe des Mundes geführt wird oder auch vom Munde weg (besonders beim Anlaut-H zum folgenden Selbstlaut, z.B.: Hof). Leichte Gegenstände (Papierschnitzel, Watte, Federn usw.) lassen sich forthauchen.

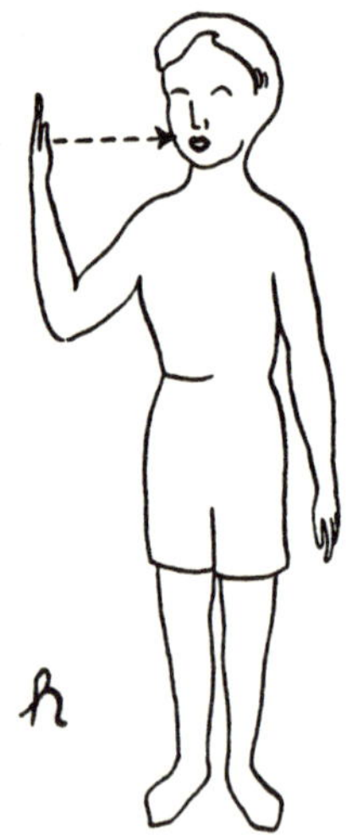

541 *Der stimmhafte Reibelaut w*

Darstellung der W-Lautgebärde:

Diese Wellenbewegung, die der wehende Wind hervorbringt, dieses Auf und Ab, Hin- und Herwogen, wird von der rechten Hand nachgefahren.

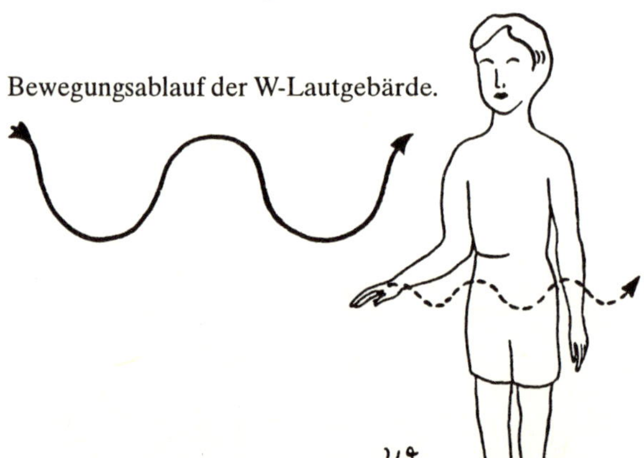

Bewegungsablauf der W-Lautgebärde.

Diese anschauliche Lautgebärde regt die Schüler sowohl in sprechmotorischer als auch in schreibmotorischer Hinsicht an.
Leider lassen sich die Bewegungen auf der Fotografie nicht erkennen, sodass wir auf die Skizze verweisen, die den Bewegungsablauf andeutet.

542 *Der stimmlose Reibelaut f*
Darstellung der F-Lautgebärde:
Bei der Darstellung des Märchens „Vom dicken, fetten Pfannekuchen" wurde das Anfachen des Feuers sprachlich durch die Worte „Flicker, flacker, Feuerlein" ausgedrückt und der fauchende Luftstrom mit beiden vom Mund wegführenden Händen dargestellt, wodurch die nach oben zeigenden, stark bewegten Finger das Zünglein der Flammen nachahmen.

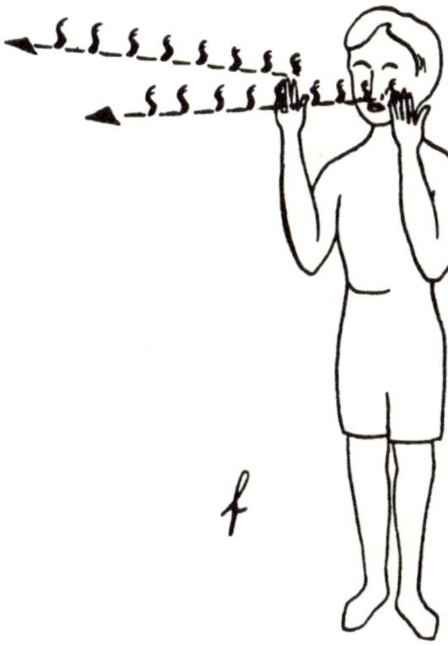

543 *Der stimmlose Reibelaut v*
Der stimmlose Reibelaut f wird in der Schrift mit f oder v bezeichnet. In deutschen Wörtern besteht kein Unterschied in der Aussprache zwischen f und v: *Feind – Vater, fliegen – Vogel, vier – fünf.*

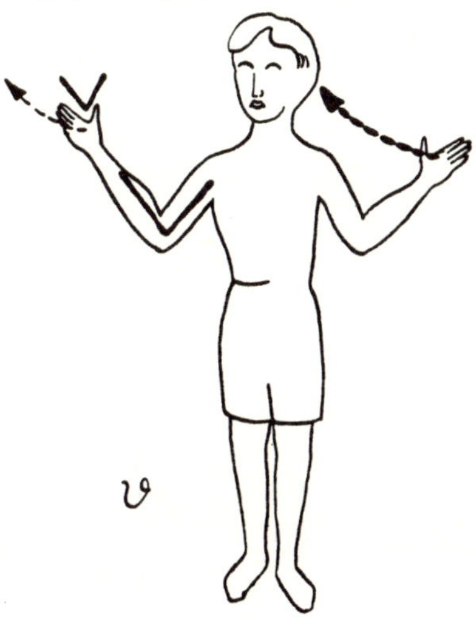

Darstellung der V-Lautgebärde:
Beim Laut v – wir bezeichnen ihn als Vogel-V – ahmen wir die V-förmigen Schwingen eines Vogels nach, indem wir die Daumen der nach oben gestreckten Hände abspreizen und sie im Vogelflug bewegen.

544 *Der Reibelaut s und ß*
Darstellung der S-Lautgebärde:
Die Kinder ahmen die Schlangenbewegung mit der rechten Hand und dem ausgetreckten Zeigefinger nach, indem sie plastisch mit dem Körper die S-Windung nachlaufen, „mit dem Körper in den Laut hineinschwingen" *(Steiner).* Aus zweierlei Gründen wurde von der schreibmotorischen Richtung, die beim S-Laut von oben nach unten verläuft, abgegangen:
1. um eine Verwechslung mit der Z-Gebärde zu vermeiden,
2. um vor allem die Darstellung des ß-Lautes aus dem S-Laut heraus entwickeln zu können.

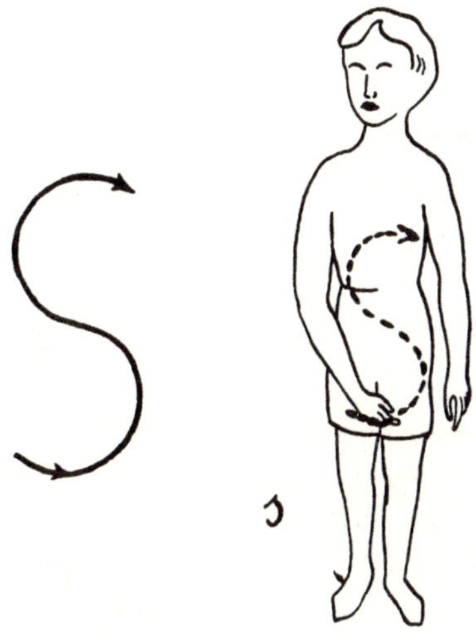

Bewegungsrichtung der S-Lautgebärde von *unten* nach *oben.*
Darstellung der ß-Lautgebärde:
Ausführung der S-Lautgebärde und weiterführen der rechten Hand nach oben und umbiegen nach unten als Nachahmung des „Rucksackes" des ß. Für den stimmhaften S-Laut wurde keine zusätzliche Gebärde eingeführt, da es ja für ihn auch kein besonderes Schriftzeichen gibt. Phonetischer Hinweis auf das Summen der Bienen.

Bewegungsrichtung der ß-Lautgebärde.

545 *Der Laut z*

Darstellung der Z-Lautstärke:

Die Lautgebärde ahmt die Zick-Zack-Bewegung des zuckenden Blitzes nach, der einen Baum zersplittert. Die rechte Hand führt ruckartig die Z-Bewegung mit ihrer scharf abgesetzten Richtungsänderung aus, wobei die Schüler an das Zeichen „Achtung! Lebensgefahr!“ an Hochspannungsleitungen erinnert werden.

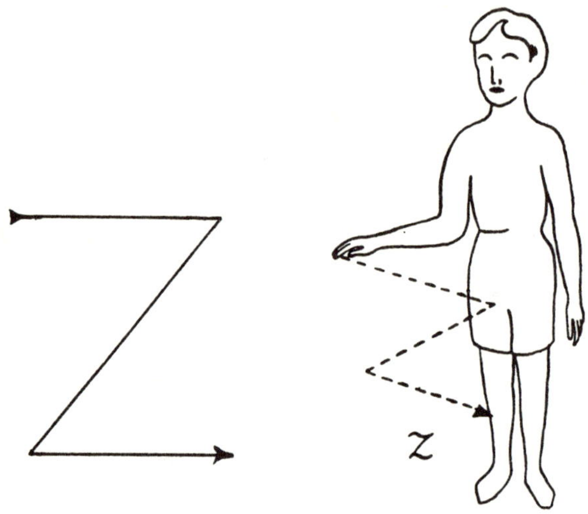

Bewegungsrichtung der Z-Lautgebärde.

546 *Der stimmlose Reibelaut sch*

Darstellung der Sch-Lautgebärde:

Die Schüler umfassen, in gebückter Haltung beginnend und sich dann nach und nach aufrichtend, mit beiden Armen bildlich einen Schornstein, aus dem die Luft nach oben entweicht.

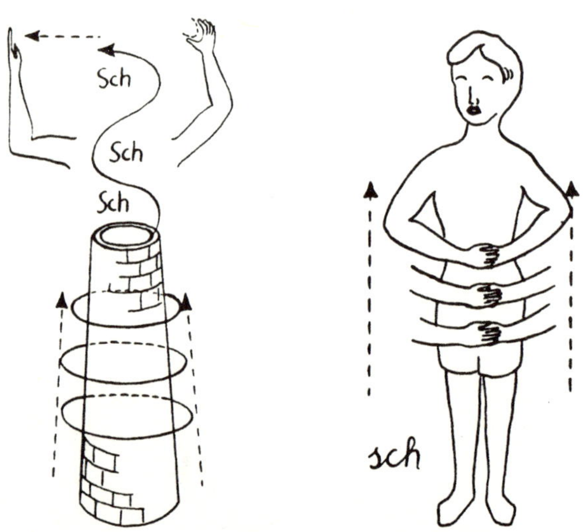

Schematische Darstellung der Sch-Lautgebärde.

547 *Der Reibelaut j*

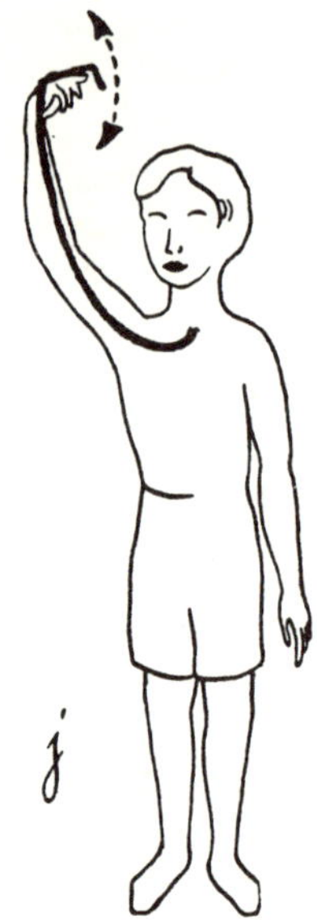

Beim stimmhaften Reibelaut j liegt die Zungenspitze etwas höher als beim I. Die Lippen und Zähne sind leicht geöffnet.

Darstellung der J-Lautgebärde:

Die Lautgebärde ahmt das Juhu- oder Juherufen nach durch Erheben des rechten Armes mit herabhängender Hand. Bei der Einzeldarstellung des J winken die Schüler mit der Hand, bei der Lautsynthese wird die winkende Bewegung stark verkürzt. Das Handzeichen für J stellt eine grob vereinfachte Form des optischen Buchstabenbildes J dar und bietet somit eine schreibmotorische Anregung für die grafischen Fixierung des Lautes.

548 *Der stimmlose Reibelaut ch*

Darstellung der Ch-Lautgebärde:

Den *Rachenlaut ch* hören wir beim *Keuchen, Röcheln, Hecheln* und *Schnarchen* eines halskranken Kindes. Die linke Hand, leicht geöffnet wie die Form eines c, nähert sich dem Hals, während die rechte Hand nachfolgend vor den Mund geführt wird (H-Gebärde!).

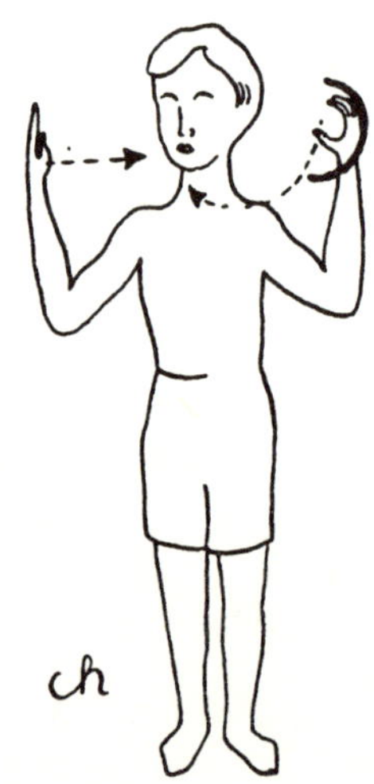

549 *Der stimmhafte Zitterlaut r*

Darstellung der R-Lautgebärde:

Die R-Lautgebärde ist eine seinem Bewegungssinn entsprechend vom Körper fortrollende kreisförmige Bewegung, wobei *ein* Kreis *ein* R, *zwei* Kreise rr bedeuten. Die kreisende Bewegung wird mit dem rechten Arm vom Körper weg ausgeführt.

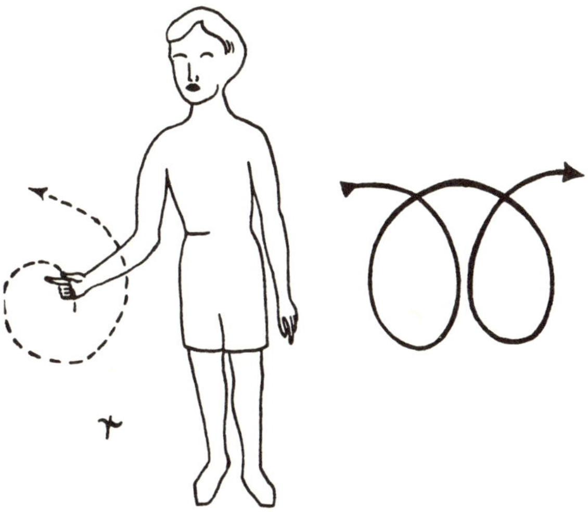

Schematische Darstellung der R-Lautgebärde: Drehende Kreisbewegung vom Körper weg.

550 *Der L-Laut*

Darstellung der L-Lautgebärde:

Die Anregung zur L-Gebärde ging von der Tätigkeit aus „Wir wollen Wolle aufwickeln“. Die Kinder hielten die linke Hand still und bewegten die rechte Hand gleichmäßig um die linke, wobei sich eine L-Schreibbewegung herauskristallisierte.

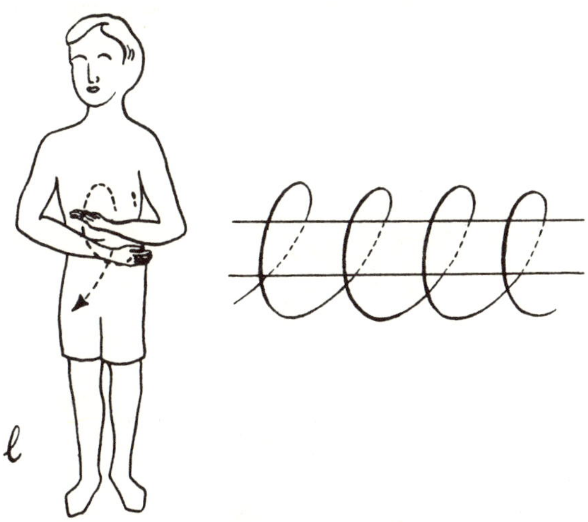

Schematische Darstellung der L-Lautgebärde: Um die linke Hand ausgeführte L-artige Wickelbewegungen.

551 *Der Nasenlaut m*

Darstellung der M-Lautgebärde:

Fehlerdiagnostische Untersuchungen ergeben häufige Verwechslungen des M und N. Aus diesem Grunde wird die Lautgebärde, abweichend vom oben beschriebenen Lautwesenscharakter, den didaktischen Forderungen angepasst. Drei ausgestreckte Finger der rechten Hand (sie bedeuten die drei Grundstriche des M) werden mit leicht angewinkeltem Arm von links nach rechts vor dem geschlossenen Mund (ohne ihn zu berühren!) vorbeigeführt. Bei mm zweimal, also erst von links nach rechts, dann von rechts nach links. Veranschaulichung des M: Behagliches Brummen der Kuh beim Malmen des Futters (geschlossener Mund!) hinter dem Zaun (drei Finger!).

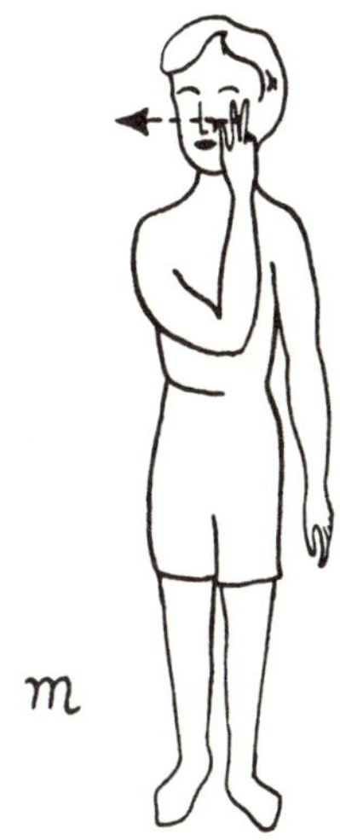

552 *Der Nasenlaut n*

Darstellung der N-Lautgebärde:

Die Gründe für die Gestaltung der N-Gebärde sind die gleichen wie bei der M-Gebärde. Zwei ausgestreckte

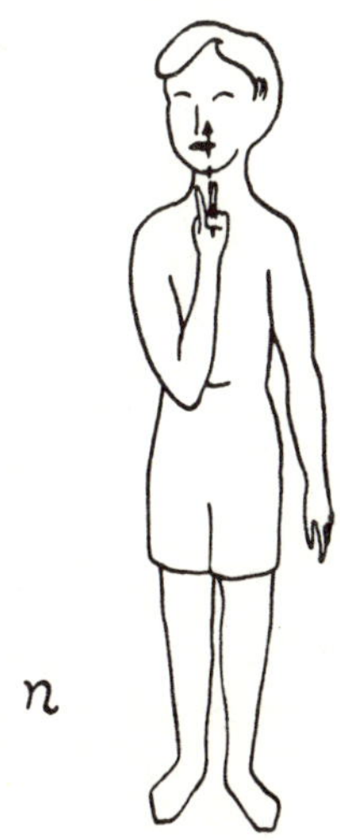

Finger der rechten Hand bewegen sich von unten nach oben an den sichtbaren Zahnreihen vorbei in Richtung Nase.
Analog zum M werden auch bei der N-Gebärde den Schülern drei Hilfen angeboten:

1. Phonetische Hilfe:
m bedeutet *M*und schließen.
n bedeutet Zäh*n*e zeigen.

2. Schreibmotorische Hilfe:
3 Finger bedeuten 3 Grundstriche des M.
2 Finger bedeuten 2 Grundstriche des N.

3. Assoziative Gedächtnishilfe:
m zeigt zum *M*und.
n zeigt zur *N*ase.

553 *Der Nasenlaut ng*
Der velare Nasal *ng* ist ein *einheitlicher* Laut, keine Lautverbindung. Durch das Heben des hinteren Zungenrückens gegen den weichen Gaumen wird der Mundraum stärker verschlossen und verengt als beim Nasal n. Dieser Grundcharakter dieser verstärkten Verengung zeigt sich in den Wörtern: *eng, zwingen, ringen, Angst, bang, Ring, streng.*
Darstellung der ng-Lautgebärde:
Darstellung wie beim N, dabei Schließen der beiden abgespreizten Finger (die Enge andeutend) und Bewegen des angewinkelten Armes etwas nach unten (Grundstrich vom G).

554 *Der stimmlose Verschlusslaut p*
Darstellung der P-Lautgebärde:
Wir puffen mit der Faust der rechten Hand auf den schräg nach unten gehaltenen linken Arm, wobei die Schriftform des P vom gegenüberstehenden Schüler abzulesen ist.

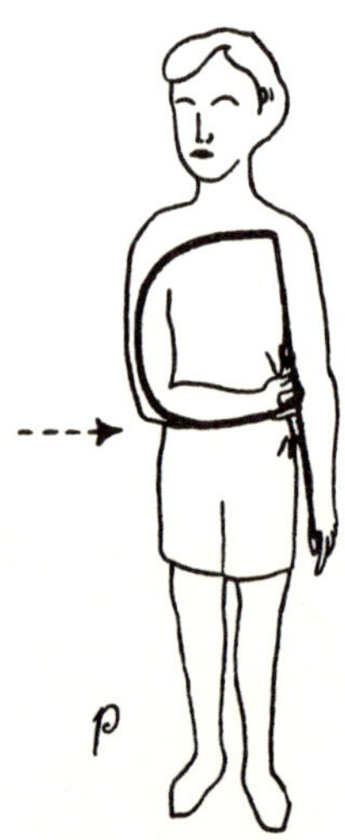

555 *Der stimmhafte Verschlusslaut b*
Darstellung der B-Lautgebärde:
Die Schüler tragen mit beiden Armen ein in seinem Bettkissen geborgenes Baby mit einhüllender Gebärde und den Atemrhythmus nachahmender Bewegung.
In einer reinen Jungenklasse wurde eine andere Einführung des B gewählt. Der Lehrer wirft einem Jungen ein Kissen zu. Die Hände umfassen, umhüllen es. Die doppelbauchige eingedrückte Form des B entsteht.

556 *Der stimmlose Verschlusslaut t*
Darstellung der T-Lautgebärde:
Bei der motorischen Darstellung des T wurde der deutlich hörbare Schlag, wie er in auffällig vielen Beispielen aus der Musik wiederkehrt, einbezogen. Die beiden nach vorn ausgestreckten Hände (entsprechend der lang gestreckten Schriftform des T) klatschen einmal kräftig zusammen (beim tt zweimal).

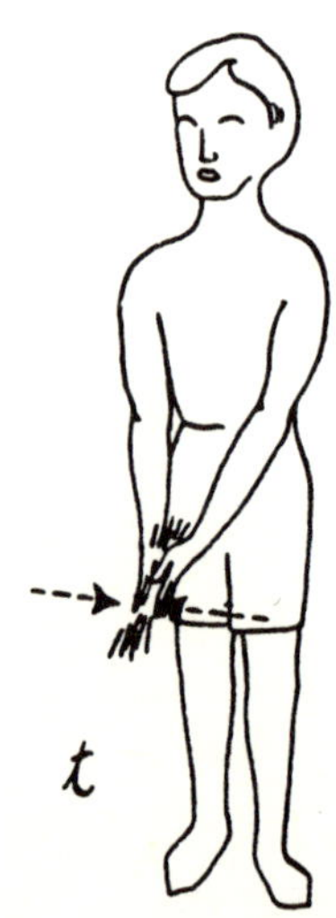

557 *Der stimmhafte Verschlusslaut d*
Darstellung der D-Lautgebärde:
Die rechte innere Handfläche schlägt leicht (entsprechend der leichten Verschlussprengung des stimmhaften D) auf die linke äußere Handfläche, wobei der angewinkelte linke Unterarm gestreckt ist und der rechte Arm gekrümmt wird (Schriftform des D).

558 *Der stimmlose Verschlusslaut k*
Darstellung der K-Lautgebärde:
Die K-Lautgebärde wird in Form eines heftig nach unten geführten Schlages mit der Unterkante der rechten Hand ausgeführt, wobei mit dem Fuß aufgestampft wird, als ob man einen Nusskern aufknacken will. Das Ck wird ähnlich ausgeführt, nur mit einer etwas abgekrümmten Schlagbewegung, die Rundung des C nachahmend.

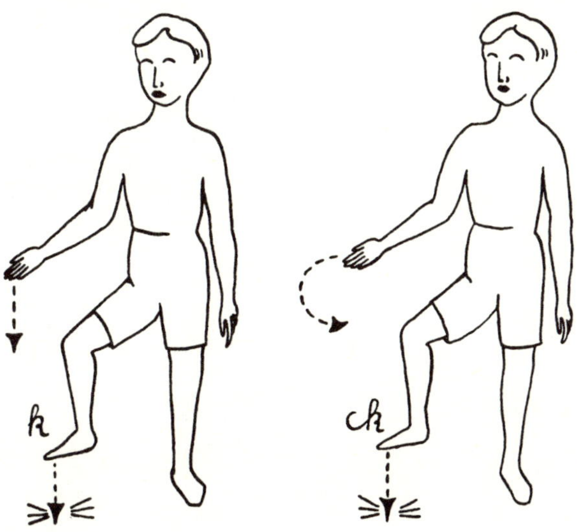

559 *Der stimmhafte Verschlusslaut g*
Darstellung der G-Lautgebärde:
Die Kinder ahmen das Aufziehen einer Gardine nach. Die Fingerknöchel schlagen leicht aneinander, die Arme öffnen sich etwas.

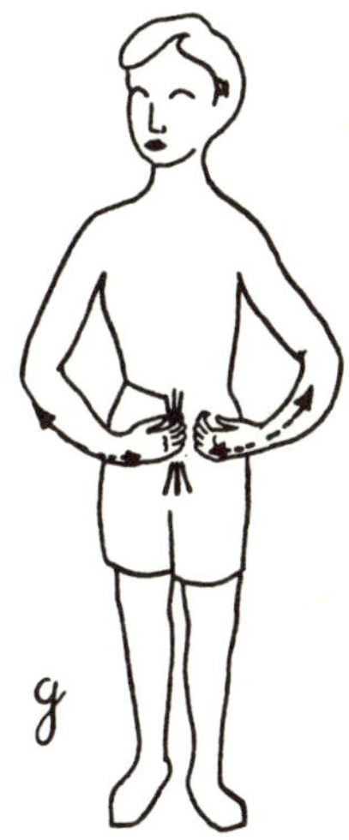

3. Spezielles Übungswortmaterial

Die hier vorgeschlagenen Wörter wurden für einen akustisch-sprechmotorischen Zusatzlehrgang im 1. Schuljahr zusammengestellt (vgl. Blumenstock 1979, S. A32).

3.1. Wortmaterial für die Anfangs- und Endlautanalyse

Anfangslaute:

560 **A:** Affe, Ast, Ampel, Amerika, Apfel, Antenne, Anna
561 **B:** Boot, Banane, baden, Birne
562 **D:** dick, Dose
563 **E:** Esel, Elefant, Eskimo, Eva, Ente, Emil
564 **F:** Fisch, Fass, fein, Fluss, Flugzeug, Flasche
565 **G:** Gabel, Garten, gelb
566 **H:** Hammer, Hans, Haus
567 **I:** Igel
568 **J:** Jäger
569 **K:** Katze, Kamel, Knochen, Käfer, Krokodil, kaufen
570 **L:** Löffel, Laus, laufen
571 **M:** Maus, Mond, Mama, Mutter, Mütze, malen, Motorrad, mit, Maschine, Mauer, Mehl, Messer, Mantel, Mädchen
572 **N:** Nest, Nagel, Netz, Nase, nein, Nacht
573 **O:** Oma, Opa, Ofen
574 **P:** Pinsel, Papa, Platz, Pulli
575 **R:** Regen, Roller, Rakete, Ritter, Rock
576 **S:** See, Sofa, Sonne, Salat, Susi
577 **T:** Tisch, Tafel, Tor, tragen, Taube, Telefon, Tür
578 **U:** Uhu, Uhr, Uli
579 **W:** Wagen, weiß
580 **Z:** Zahn, Zweig, Zirkus
581 **Au:** Auto, auf, Auge
582 **Ei:** Eisen, Eis, Eisenbahn, Eimer
583 **Ö:** Öl
584 **Sch:** Schule, Schuh, schmal

Endlaute:

585 **A:** Amerika, Oma, Mama, Anna, Christina, Regina, Ursula, da, lila, prima
586 **E:** See, Affe, Banane, Löwe, Birne, Käse
587 **F:** Schaf, fünf, Schiff, zwölf
588 **K:** Sack, Anorak
589 **L:** Krokodil, Pinsel, Ball, Esel, Löffel
590 **M:** Baum, im
591 **N:** Lebkuchen, Eltern, Laden
592 **O:** Otto, Eskimo, Auto
593 **R:** Uhr, Bär, Anker, Feder, Kinder, Tier
594 **S:** Hans, Bus, Gas, Gans, Maus, Eis, Fels
595 **T:** Wurst, Hut, mit, rot, halt, Heft, Licht, Bett
596 **U:** Uhu, Kanu, mu, du
597 **Z:** Herz, Pilz

Es ist bei den Maßnahmen der akustischen Analyse nicht notwendig, alle vorkommenden Anfangs- und Endlaute zu berücksichtigen. Es genügt, die wichtigsten Laute an ausgewählten Beispielen in den Unterricht einzubeziehen.

3.2. Wortmaterial für die Lautdiskrimination

(ähnliche Wörter)

Kino–Kilo	Rübe–Rabe
Kuchen–Gurke	Scheibe–schaben
Seite–Seide	Nebel–Nabel
reizen–reisen	Bad–Rad
Saal–Zahl	Tor–Tür
aus–Haus	Gabe–Gabel
so–Zoo	Wagen–nagen
mein–nein	tüchtig–richtig
Mama–Anna	fressen–Ferse
im–in	Frucht–Furcht
Magen–nagen	Flasche–falsche
Wolke–folgen	Frucht–Furcht
Weste–fest	Blei–Beil
Kirche–Kirsche	bringen–Birne
Feier–Feuer	blind–Bild
vier–für	klar–kalt
Bude–Butter	Reis–Kreis
Nudel–Nadel	grau–rau
Made–Mode	Gleise–leise
melken–melden	Glas–Gras
neun–nein	Gas–Gras
Netz–Nest	Klaus–Laus
Wade–Wabe	Glanz–ganz
rasen–reisen	

3.3. Wortmaterial für die Einführung in die Analyse und Synthese

(vgl. auch Blumenstock 1979, A33 und Vestner 1975, S. 120ff.)

Einsilbige Wörter:
im, am, ist, ein, wo, bei, so, in, um, bei, nun, nein, das, rot, wir, mit, und, aus, du
Tor, Bär, Hut, Fisch, Schal, Maus, Baum, Bus, Tisch, Busch, Hof, Schaf, Haus, Gas, Öl, Bad, Eis, Wein, Tür, Buch, Bein, Zaun

Zweisilbige Wörter:
Opa, Oma, Auto, Evi, Eva, Uli, Ali, Ina, Uta, Udo, Mama, Papa, Sofa, lila, Susi, rosa, Kilo, Otto, Foto, Kino, Büro, Schere, Rose, Käse, Nase, Löwe, Hose, Dame

Zweisilbige Wörter mit geschlossener zweiter Silbe
Kamel, Gabel, Salat, Igel, Pudel, Motor, Paket, Doris

Einsilbige Wörter mit Übergangskonsonant
Ast, Pilz, Arm, Holz, Wolf, Heft, Saft, Luft, Milch, Hals, Wort, Turm, ist, Glas, fest, Kopf, Licht, Mond, Pelz, Post, Rost, Schlaf, Topf, uns, Wolf, Lars

4. Wortschatzlisten

4.1. Grundwortschatz nach Sachgruppen*

Der persönliche Bereich

a) Familie/Verwandte/Bekannte

Base – **Bruder** – **Eltern** – Geschwister – Kusine – Mama – **Mutter** – Neffe – Nichte – Oma – Onkel – Opa – **Schwester** – **Sohn** – Tante – **Tochter** – **Vater** – Verwandte – Vetter

Bekannte – **Freund** – Geliebte – Kamerad – Nachbar – Person – Persönlichkeit – Typ

Baby – **Herr** – Junge – **Jüngling** – Kerl – Kind – Knabe – **Mann**

Dame – Frau – Fräulein – **Mädchen** – Weib

Alter – Erwachsene – Jugend

Ehe – Familie – Freundschaft

heiraten – **heißen** – kennen

geschieden – ledig – verwandt
jemand – **niemand** – persönlich – **selber** – selbst

b) Haus und Wohnung

Miete – Mieter – Mieterschutzgesetz – Vermieter – mieten – vermieten

Schloss – Schlüssel – Tür – abschließen

Dach – Erdgeschoss – Garage – Gebäude – **Haus** – Heim – Hof – Keller – Lift – Mauer – Stockwerk – Treppe

Bad – Ecke – **Fenster** – Kammer – Klingel – Küche – Raum – Scheibe – Stube – Toilette – Wand – WC – **Wohnung** – Wohnzimmer – **Zimmer**

Bett – Bild – Bord – Couch – Einrichtung – Garderobe – Möbel – Regal – Schrank – Sessel – Sofa – Stuhl – Teppich – **Tisch** – Vase

Gas – Heizung – Herd – Kohle – Lampe – **Licht** – Ofen – Strom

anmachen – anzünden – heizen – elektrisch

* Pluckat, H. H.: Deutscher Grundwortschatz. Weinheim: Beltz (3. Aufl.) 1987.

Besen – Dreck – Eimer – Lappen – **Ordnung** – Schmutz – Staub

abtrocknen – aufräumen – beseitigen – fegen – glänzen – putzen – räumen – saugen – spülen – wischen

durcheinander – ordentlich – praktisch – sauber – schmutzig – sorgfältig – staubig

c) Essen und Trinken

Abendessen – Appetit – Durst – Essen – Frühstück – Genuss – Geschmack – Hunger – Lebensmittel – Mahlzeit – Mittag – Nahrung – Sucht

Besteck – Büchse – Gabel – Geschirr – Korb – Kühlschrank – Pfanne – Quirl – Schale

backen – bereiten – braten – geraten – kochen – pressen – quirlen – reiben – rühren – verderben – verwenden – wiegen

Brot – Butter – Ei – Käse – Margarine – Marmelade – Quark – Scheibe

Gewürz – Mehl – Öl – Pfeffer – Reis – Salat – Salz – Suppe

Fett – Fleisch – Kalbfleisch – Schnitzel – Schweinebraten – Soße/Sauce – Wurst

Getränk – Kaffee – Kakao – Limonade – Milch – Saft – Tee

Alkohol – Bier – Likör – Schnaps – Sekt – Wein

Fass – Flasche – Kanne – Tasse

Café – Kellner – Konditorei – Ober – Restaurant – Speisekarte – Trinkgeld – Wirt – Wirtschaft

Eis – Kuchen – Pudding – Sahne – Schokolade – Waffel – Zucker

beißen – betteln – ernähren – **essen** – füllen – frühstücken – füttern – genießen – genügen – gewöhnen (sich) – lecken – nähren – probieren – reichen – riechen – schlucken – schmecken – **trinken** – betrinken sich

flüssig – frisch – **gar** – haltbar – heiß – **kalt** – roh – warm

durstig – hungrig – satt

Pfeife – Streichholz – Tabak – Zigarette – Zigarre – rauchen

d) **Kleidung**

Anzug – Bluse – Handschuh – Hemd – Hose – Hut – Jacke – Kette – Kleid – Krawatte – Mantel – Mütze – Pullover – Rock – Schal – Schirm – Schuh – Schürze – Socke – Strumpf – Unterhemd – Unterwäsche – Wäsche – Windel

Änderung – Knopf – Loch – Mode – Muster – Nadel – Nähzeug – Reinigung – Riss – Schere – Schleife – Stoff – Tuch – Wolle

ändern – anziehen – bügeln – flicken – nähen – passen – reinigen – stecken – stopfen – stricken – umziehen – verwechseln

elegant – hübsch – modern – zierlich

e) **Körperpflege/Gesundheit/Krankheit**

Erscheinung – Figur – Gestalt – Haltung – Körper – Schönheit

Auge – Bart – Gesicht – Haar – Hals – Haut – **Kopf** – Mund – **Nase** – Ohr

Arm – Daumen – Finger – **Hand**

Bein – Fuß – Knie – Zehe

Bauch – Becken – Brust – Glied – Haut – Mal – Rücken – Schulter

Atem – Blut – Drang – Herz – Knochen – Leib – Magen – Muskel – Trieb – Zahn – Zunge

aufstehen – aufwachen – ausruhen – einschlafen – erholen sich – ruhen – schonen – strecken – träumen

aussehen – ausziehen – baden – bürsten – duschen – frisieren – kämmen – pflegen – rasieren – schminken – waschen

Badewanne – Bürste – Decke – Dusche – Kamm – Klinge – Puder – Rasierapparat – Schwamm – Seife – Spiegel – Wanne – Waschlappen – Watte

Erkältung – Fieber – Gesundheit – Grippe – Krankheit – Krebs – Masern – Müdigkeit – Scharlach – Schmerz – Schnupfen – **Stelle** – Wunde

atmen – bluten – erkälten sich – fiebern – frieren – glühen – husten – schlafen – schmerzen – schwitzen – sterben – tropfen – übergeben sich – verletzen – wachen

Anstalt – Apotheke – Aufnahme – Klinik – Krankenhaus – Praxis

Arzt – Behandlung – Doktor – Kranke – Patient

Bewusstsein – Dasein – Erhaltung – Erinnerung – Existenz – Gedächtnis – Gleichgewicht – Kraft – **Leben** – Fantasie – Schlaf – Tod – Tote – Traum – Veränderung – Wesen – Zustand

abnehmen – aufnehmen – befinden sich – berühren – heilen – kümmern (sich) – **leben** – sorgen – stützen – verbinden – verschreiben – wachsen

Brille – Mittel – Pille – Salbe – Spritze – Tablette – Tropfen – Verband

barfuß – blass – blind – dringend – **gesund** – kräftig – **krank** – matt – müde – schwach – schwanger – **stark** – stumm – taub – **tot** – wach – weh

f) **Feste und Geselligkeit**

Besuch – Einladung – Empfang – Feier – Feiertag – **Fest** – Geburtstag – Gesellschaft – Hochzeit – Neujahr – Silvester

Heiterkeit – Kreis – **Musik** – Musikinstrument – Ring – Tanz – Weise

anfassen – binden – leiten – singen – tanzen

auseinander – gemeinsam – gemütlich – herrlich – herzlich – miteinander

anbieten – besuchen – **bleiben** – ehren – einladen – empfangen – erweisen – feiern – gratulieren – kriegen – küssen – schenken – schmücken – überraschen – verabschieden – wünschen

Diener – Ehre – Gabe – Gast – Geschenk – Glanz – Gunst – Mittelpunkt – Vergnügen

Chor – Engel – Gebet – Gemeinde – Glaube – Glocke – Gnade – Gott – Güte – Kirche – Kreuz – Kranz – Messe – Pfarrer – Religion – Seele – Segen – Tempel – Teufel

Ostern – Pfingsten – Weihnacht/Weihnachten

beten – glauben – läuten – weihen

evangelisch – ewig – fromm – geistlich – heilig – katholisch

g) **Spiel und Sport**

basteln – kleben – raten – sammeln – tauschen – verwandeln – zaubern

Klebstoff – Los – Puppe – Schaukel – **Spiel** – Würfel

gelten – klappen – **spielen** – suchen – teilnehmen – treffen – verschwinden – versuchen

Aufstellung – Ball – Bewegung – Folge – Gruppe – Schritt – Sieger – Sport – Sportler – Stadion – Start – Stellung – Teilnahme – Übung – Verein – Vereinigung – Wette – Ziel

aufstellen – beteiligen (sich) – erlangen – ordnen – starten – wetten

beugen – bewegen (sich) – boxen – **fallen** – **gehen** – hängen – hocken – hüpfen – klettern – kriechen – **laufen** – liegen – neigen – reiten – rennen – ringen – rodeln –

rutschen – schleichen – schwimmen – springen – **stehen** – steigen – stolpern – tauchen – treten – turnen – werfen

Boxer – Fußball – Griff – Lauf – Leichtathletik – Schi/Ski – Schlitten

anlehnen – anstrengen sich – aufgeben – **gewinnen** – siegen – stürzen – **verlieren** – zielen

aktiv – sportlich

h) Urlaub und Freizeit
Ferien – Urlaub

Abschied – Aufenthalt – Einreise – Erlebnis – Ferne – Fremde – **Grenze** – Pass – Reise – Visum – Willkommen – Zoll

Campingplatz – Gasthaus – Hotel – Unterkunft – Zelt

Aussicht – Blick – Burg – Foto – Führung – Kultur – Sicht – Spaziergang – Turm

Atlas – Gepäck – Globus – Gruß – Koffer – Tasche – Wiedersehen

einpacken – reisen – übernachten – verlassen – verzollen – verreisen

blicken – bummeln – durchführen – fotografieren – gucken – grüßen – spazieren – wandern – winken

i) Besuch von Veranstaltungen
empfehlen – erwarten – reservieren – verabreden

begeben sich – begleiten – hinsetzen (sich) – **sehen** – rücken – setzen (sich) – **sitzen**

Eintritt – **Platz** – Sitz – Vorschlag – Vorstellung

Auftritt – Bühne – Handlung – Kino – Konzert – Oper – Probe – Rolle – Theater

auftreten – erscheinen – proben – stattfinden – zeigen – spannend

Beifall – Eindruck – Publikum – Ruhm – Wirkung – Zuschauer

bewundern – **finden** – gefallen – loben – mögen – staunen – bravo

enttäuschen – lärmen – pfeifen – rufen – stören – zischen

Sinn – Unsinn – Wahrheit – Wirklichkeit – Zusammenhang

Betrachtung – **Bild** – Malerei – Rahmen – Saal – Sammlung

besichtigen – betrachten – schauen – wirken

Ausgang – Eingang – Gang – Notausgang

j) Schreiben und Sprechen
Buch – Wörterbuch

Absender – Adresse – **Brief** – Unterschrift

Block – Bogen – Heft – Papier – Schreibtisch – **Seite** – Vorlage – Zettel

Bleistift – Füller – Kugelschreiber – Radiergummi – Stift

aufschreiben – betreffen – buchstabieren – diktieren – schreiben – schriftlich – unterschreiben

Absatz – Buchstabe – Punkt – Satz – Schrift – Stenographie/Stenografie – Strich – **Wort**

knicken – reißen – zerreißen

Ausdruck – Dichter – Erzählung – Gedicht – Lesung – Poesie – Sprache

Antwort – Bemerkung – Frage – Gespräch – Muttersprache – Unterhaltung – Vortrag

anreden – anweisen – **fragen** – mitteilen – übersetzen – überreden – versprechen

antworten – aussprechen – erwidern – missverstehen – nicken – verstehen

dichten – **erzählen** – reden – sagen – **sprechen** – unterhalten – vorlesen – zuhören

k) Unterricht und Schule
Bibliothek – Institut – Klasse – Oberschule – **Schule** – Universität – Bildung – Erziehung – Gebildete – Gelehrte – Lehrer – Professor – Schüler – Student

Fach – Gegenstand – Prüfung – Studie – Studium – Unterricht – **Wissen** – Wissenschaft – Zeugnis

Aufmerksamkeit – Eifer – Fleiß – Geist – Interesse – Verstand

Anschauung – Bedeutung – Begriff – Bezeichnung – Einsicht – Erkenntnis – Erklärung – Gedanke – Idee – Kenntnis – Theorie – Verständnis

Anwendung – **Beispiel** – Berichtigung – Fehler – Gegensatz – Gegenteil – Lösung – Lücke – Problem – Schwierigkeit – Vergleich – Versuch

Bleistift – Kreide – Lineal – Tafel – Zirkel

aufmerksam – bewusst – geistig – gebildet – neugierig – tüchtig – weise – wissenschaftlich

bestehen – erklären – erziehen – lehren – lösen – korrigieren – prüfen – unterrichten – verbessern – vorbereiten

bedeuten – begreifen – behandeln – behalten – bemühen (sich) – bilden (sich) – **denken** – erinnern – **lernen** – nachdenken – studieren – **vergessen** – **wissen**

auffallen – bedenken – bemerken – beobachten – bezeichnen – ergänzen – erkennen – interessieren (sich) – merken – überlegen – unterscheiden – vergleichen – wiederholen

l) **Freude/Leid/Ärger**

Bitte – Dank – Empfindung – **Ernst** – Gefühl – Gemüt – Hoffnung – Mut – Ruhe – Schweigen – Sehnsucht – Treue – Trost – Tugend – Vernunft – Versprechen – Vertrauen – Weisheit – Würde

Ereignis – Freude – **Glück** – Glückwunsch – Kuss – Liebe – Lust – Spaß – Stimmung

Angst – Ärger – Aufregung – Fassung – Furcht – Hass – Laune – Pech – Schreck – Übel – Wut – Zorn

Elend – **Last** – Leid – Leidenschaft – Schicksal – Sorge – Träne – Verzweiflung – Zweifel

ahnen – beruhigen – empfinden – ertragen – fühlen – schweigen – spüren – trauen

bedanken sich – **bitten** – **danken** – **freuen sich** – lachen – **lieben** – schämen sich

ärgern (sich) – aufregen (sich) – erschrecken – fassen – fürchten (sich) – hassen – jammern – leiden – quälen – schimpfen – schrecken – schreien – spotten – trotzen – verachten – weinen – zanken – zittern – zweifeln

dankbar – edel – freundlich – froh – fröhlich – glücklich – **gut** – lebhaft – lieb – liebenswürdig – lieber – menschlich – nett – **ruhig** – **schön** – still – stolz – wunderbar – zufrieden

angenehm – bequem – **gern** – komisch – lustig – mutig – verrückt

ärgerlich – böse – ernst – fremd – furchtbar – **schlecht** – schlimm – traurig – unangenehm – unglücklich – wütend

Öffentliche Bereiche

a) **Medien**

äußern – berichten – drucken – erfahren – informieren – **lesen** – meinen – überzeugen (sich) – vermuten – zeichnen

Annahme – Ansicht – Auffassung – Äußerung – Darstellung – Fassung – Kritik – Meinung – Mitteilung – Nachricht – Überzeugung

Anzeige – Artikel – Bericht – Fortsetzung – Inhalt – Kapitel – Leser – Schlagzeile – Text – Überschrift – Verfasser – Zeichnung

Auflage – Buch – Druck – Illustrierte – Kopie – Literatur – Mappe – Plakat – Presse – Zeitschrift – **Zeitung**

bekanntlich – interessant – **möglich** – siehe! – **wahr** – wahrscheinlich – **wirklich**

Fernsehapparat – Fernsehen – Film – Gerät – Lautsprecher – Platte – Plattenspieler – Programm – Radio – Rundfunk – Schall – Schallplatte – Ton – Tonband

fernsehen – **hören** – klingen – schallen – übertragen – **laut** – leise

b) **Politik**

Abgeordnete – Bürgermeister – Minister – Politiker – Präsident

Bestrebung – Geschichte – Herrschaft – Macht – Nation – Politik – Reform – Regierung – Sozialismus – System – Verfassung

Anfrage – Konferenz – Liste – Genosse – Mehrheit – Mitglied – Partei – Rede – Sitzung – Versammlung – Wahl – Wähler

Bürger – Einfluss – Forderung – Freiheit – Gesinnung – Hauptsache – Menschheit – Öffentlichkeit – Standpunkt – Steuer – Widerstand – Wille – Zustimmung

Bundesregierung – Bundesrepublik – Bundeswehr – Republik

einigen (sich) – enthalten (sich) – entscheiden – erfordern – fordern – gebieten – regieren – verabschieden – veranlassen – vermeiden – wählen – wollen

aktiv – außerordentlich – mächtig – öffentlich – politisch

Flüchtling – Frieden – Krieg

Armee – Heer – Kompanie – Regiment – Truppe

General – Hauptmann – Held – Major – Offizier – Ritter – Soldat

Angriff – Atomkrieg – Atomwaffe – Befehl – Fahne – Feind – Front – Gefahr – Gefecht – Gegner – Geschütz – Kampf – Marsch – Panzer – Schlacht – Schuss – Verteidigung – Waffe – Zone

besetzen – kämpfen – marschieren – verteidigen (sich) – feindlich

Bedingung – Beziehung – Erfüllung – Plan – Prinzip – Unterstützung

c) **Wirtschaft (allgemein)**

Angebot – Ausstellung – Bestand – Fülle – Handel – Käufer – Kunde – Markt – Messe – Posten – Selbstbedienung – Stand – Verkäufer – Vertreter

Bedarf – Gebrauch – Gebrauchsanweisung – Mangel – Notwendigkeit

Anteil – Betrag – Gelegenheit – Gewinn – **Kosten** – Nutzen – **Preis** – Quittung – Rechnung – Verlust – Vertrag – Vorteil

Auftrag – Ausführung – Erfüllung – Möglichkeit – Termin

Sack – Schachtel – Tüte

Anlage – Automat – Herstellung – Marke – Qualität – Vorzug

Büro – Firma – Lager – Leitung – Organisation – Verwaltung

Genossenschaft – Industrie – Unternehmen – Verband – Versicherung

Drogerie – **Geschäft** – Gewerbe – Kiosk – Laden – Schaufenster

ausstellen – eröffnen – gründen – **schließen** – übernehmen – vertreten – zumachen

abmachen – **bringen** – liefern – verdienen – verkaufen

ausgeben – ausnutzen – aussuchen – betragen – bieten – drängeln/drängen – einkaufen – eintreten – erwerben – **geben** – **haben** – **handeln** – kaufen – lohnen – **kosten** – verlangen

abholen – aufmachen – auspacken – besorgen – holen

abgeben – bekommen – beziehen – **brauchen** – gebrauchen – überlassen

erfüllen – herstellen – verschaffen – versichern

billig – günstig – **neu** – preiswert – teuer – umsonst – wertvoll

erforderlich – nötig – notwendig – vorhanden

automatisch – technisch

d) Zahlungsverkehr

Anlage – Ausgabe – Bank – Bezug – Deckung – Kasse – Konto – Kredit – Kurs – Quittung – Rechnung – Scheck – Wechsel – Wert – Zahlung – Zinsen

Bargeld – DM – **Geld** – Gold – Kapital – Kleingeld – **Mark** – **Pfennig** – Reichtum – Schein – Silber – Vermögen

anweisen – bezahlen – decken – leihen – sparen – sperren – stimmen – überweisen – wechseln – zahlen

arm – bar – bargeldlos – echt – fällig – reich – sparsam

e) Behörden

Abteilung – Amt – Anmeldung – Antrag – Beamter – Behörde – Beratung – Bescheid – Besteuerung – Bezirk – Formular – Gebühr – Rat – Vollmacht

ablehnen – abmelden – anmelden – beantragen – melden – vorlesen – amtlich

Ausweis – Geburtsort – Geburtstag – Geschlecht – **Name** – Vorname – geboren – männlich – weiblich

f) Post

Einschreiben – Karte – Kasten – Luftpost – Päckchen – Paket – Post – Schalter – Sendung – Stempel – Telegramm

aufgeben – erhalten – packen – schicken – schnüren – senden – stempeln

Anruf – Anschluss – Apparat – Ferngespräch – Fernsprecher – Ruf – Schnur – Telefon – Verzeichnis

anrufen – unterbrechen – wählen

g) Rechtswesen

Besitz – Eigentum – Schutz – Sicherheit

Beleidigung – Betrug – Flucht – Gewalt – Lüge – Mord – Streit – Sünde – Tat – Verbrechen – Zwang

Anzeige – Begründung – Bestimmung – Beweis – Entscheidung – Entschluss – Geltung – Gesetz – Grund – Grundlage – Grundsatz – Klage – Paragraf – Prozess – Regel – Verfahren – Verhandlung

Angeklagte – Dieb – Opfer – Polizei – Polizist – Rechtsanwalt – Richter – Täter – Verbrecher – Zeuge

Angabe – Angelegenheit – Anlass – Behauptung – Beobachtung – Einzelheit – Fall – Feststellung – Sache – Tatsache – Untersuchung – Ursache – Widerspruch

Absicht – Beschluss – Entschluss – Hinsicht – Umstand – Verhalten – Voraussetzung

Anerkennung – Befriedigung – Belohnung – Genugtuung – Gerechtigkeit – Recht – Verpflichtung

Gefängnis – Gericht – Strafe – Strenge – Urteil – Verfügung

Schuld – Unrecht – Vorwurf

Anspruch – Frist – Genehmigung

Ausnahme – Geheimnis – Irrtum – Missverständnis – Wichtigkeit

Entschuldigung – Gewissen – Hilfe – Verzeihung

besitzen – gehören – schützen – sichern – vereinigen

anzeigen – begründen – behaupten – belegen – beweisen – feststellen – nennen – untersuchen

beleidigen – betrügen – drohen – fliehen – lügen – stehlen – streiten – töten – umbringen – verraten – wegnehmen – zerstören – zwingen

berufen – beschweren sich – klagen – verfolgen – wehren sich

bestrafen – kontrollieren – mahnen – richten – strafen – verbieten – verhaften

anerkennen – belohnen – berechtigen – **dürfen** – erlauben

– gestatten – gewähren – müssen – **sollen** – verhalten – verpflichten

ausschließen – beraten – beschließen – beschränken (sich) – bestimmen – entschließen sich – erfolgen

entschuldigen – **fehlen** – irren (sich) – versehen – verzeihen

ausdrücklich – ehrlich – einverstanden – gefährlich – gemäß – geheim – gesetzlich – privat – schuldig – **sicher** – wider

h) Berufe und Berufswelt

Arbeiter – **Arzt** – Bäcker – Bauer – Doktor – Elektriker – Fahrer – Frisör/Friseur – Handwerker – Ingenieur – Jäger – Landwirt – Lehrer – Makler – Maler – Mechaniker – Metzger (Schlachter) – Schlosser – Schmied – Schneider – Schreiner (Tischler) – Schuster

Angestellter – Arbeitgeber – Beamter – Chef – Direktor – Kapitän – Leiter – Meister – Vorgesetzter

Polizist – Richter – Soldat

Fachmann – Kollege – Lehrlinge – Mitarbeiter

beschäftigen (sich) – bewerben sich – eignen sich – einstellen – entlassen – leisten – streben – taugen – vorstellen sich – **werden**

Ausbildung – Bewerbung – Beruf – Einführung – Lehre – Neigung – Tätigkeit – Vorstellung

Anforderung – Betrieb – Dienst – Erfahrung – Erfolg – Fabrik – Gewerkschaft – Halle – Leistung – Pause – Pflicht – Schicht – Streik – Titel

Einkommen – Gehalt – Lohn – Verdienst

beruflich – erfolglos – erfolgreich – tätig

Arbeit – Aufgabe – Beschaffenheit – Eigenschaft – Maßstab – Zeichnung

Axt – Bagger – Balken – Band – Blei – Brett – Draht – Eisen – Farbe – Feile – Gummi – Haken – Hammer – Holz – Kran – Kunststoff – Latte – Leiste – Leiter – Material – Metall – Nagel – Pappe – Pinsel – Säure – Schaufel – Stab – Stahl – Stein – Teer

aufheben – befestigen – benutzen – bücken sich – ergreifen – heben – **legen** – stellen – versetzen

biegen – bohren – brechen – drücken – klopfen – malen – mauern – sägen – schlagen – schneiden – schütteln – schütten – spalten – spannen – sprengen – spritzen – sprühen – stoßen – streichen – trennen – werken

arbeiten – dienen – erfinden – funktionieren – gelingen – **können** – **lassen** – **machen** – mühen sich – nützen – schaffen – **tun** – verändern – vollenden – vorgehen – zeichnen

Verkehrswesen

a) Straßenverkehr*

Regel – Rücksicht – Verkehr – Vorfahrt – Vorschrift

Auto – Bus – Fahrrad – Omnibus – Roller – Taxi – Traktor

Erlaubnis – Fahrer – Führerschein – Fußgänger

Achtung – Ampel – Geschwindigkeit – Höchstgeschwindigkeit – Lärm – Regelung – Schild – Vorsicht – Zeichen

Ausfahrt – Brücke – Einbahnstraße – Einfahrt – Gasse – Halteverbot – Kreuzung – Kurve – Nebenstraße – Rand – **Straße** – Tankstelle

Landkarte – Plan – Richtung – Spur – Strecke – Umleitung

abbiegen – abfahren – abwarten – anfahren – bremsen – drehen – **fahren** – folgen – **führen** – lenken – parken – tanken – überholen – überqueren – wenden

beeilen sich – begegnen – erreichen – kommen

achten – aufpassen – beachten – weisen

direkt – eilig – entgegen – geradeaus – langsam – links – rasch – **rechts** – **schnell** – unterwegs – vorsichtig – vorwärts

Dampf – Feuer – Flamme – Notruf – Panne – Schaden – Seil – Situation – Unfall – Unglück

abschleppen – beschädigen – brennen – ereignen sich – geschehen – **helfen** – hindern – kippen – klemmen – knallen – löschen – passieren – platzen – rasen – retten – schieben – überfahren – kaputt

entziehen (sich) – Rad fahren

Achse – Batterie – Benzin – Bremse – Ersatz – Ersatzteil – Kofferraum – Motor – Rad – Reifen – Reparatur – Rost – Scheinwerfer – Steuer – Vorderrad

abschmieren – reparieren – rosten – schmieren

b) Bahnverkehr

Bahn – Bahnhof – Bahnsteig – Eisenbahn – Fahrt – Haltestelle – Linie – Schiene – **Wagen** – **Zug**

Abfahrt – Ankunft – Auskunft – Fahrkarte – Hast – Kursbuch – Verbindung – Verspätung

abfahren – abhängen – ankommen – aussteigen – eilen – einsteigen – **halten** – kontrollieren – umsteigen – versäumen – verspäten sich – **warten**

* Einige Zusammenstellungen gelten für a, b und c.

c) Luft- und Wasserverkehr
Einfernung – Flug – Flugplatz – Flugzeug – Rakete – Raumfahrt – Raumschiff

Boot – Damm – Hafen – Kapitän – Kurs – **Schiff**

fliegen – landen – leuchten – rollen – sinken

Angaben und Eigenschaften

a) Zeitangaben
Jahr – Frühling – **Sommer** – Herbst – Winter – Kalender – jährlich

Monat – Januar – Februar – März – April – Mai – Juni – Juli – August – **September** – Oktober – November – **Dezember**

Woche – Montag – Dienstag – Mittwoch – Donnerstag – Freitag – Sonnabend – Sonntag – Feiertag – Wochenende – wochenlang

Tag – täglich – **Abend** – abends – Mittag – mittags – Mitternacht – **Morgen** – morgens – Nachmittag – nachmittags – **Nacht** – nachts – Vormittag – vormittags

vorgestern – **gestern** – **heute** – **morgen** – übermorgen

Datum – Minute – Sekunde – **Stunde** – **Uhr** – Wecker – **Zeit** – wecken

Anfang – Augenblick – Beginn – Dauer – **Ende** – Moment – **Schluss**

anfangen – aufhören – beginnen – dauern – vergehen – verlängern

Gegenwart – Vergangenheit – Zukunft

alt – älter – Alter – **jung**

abermals – anfangs – augenblicklich – bald – bereits – bisher – **damals** – danach – **dann** – diesmal – eben – eher – einst – endlich – erst – **früh**/früher – gegenwärtig – gelegentlich – gleichzeitig – hierauf – **immer** – inzwischen – jemals – **jetzt** – **manchmal** – nachher – neulich – **nie** – niemals – **nun** – **plötzlich** – pünktlich – **schon** – soeben – sofort – sogleich – später – stets – **vorher** – vorhin – vorige – vorläufig – zuerst – zugleich – zuletzt – zunächst – zuvor – zuweilen – zwischendurch

bevor – ehe – nachdem – **seit** – seitdem – sobald – solange – **während** – wann

b) Raum- und Lageangaben*
Mitte – Nähe

abwärts – außen – außerhalb – **da** – **dabei** – dagegen – dahinter – daneben – **daran** – **darauf** – daraus – **darin** – darüber – darunter – **dort** – dorthin – draußen – drinnen – drüben – entlang – gegenüber – herab – heran – herauf – **heraus** – herein – herüber – herum – herunter – hervor – **hier** – hierher – hierzu – **hin** – hinab – hinauf – hinaus – hindurch – hinein – hinten – hinweg – **hoch/höher** – innen – innerhalb – mitten – niedrig – nirgends – **oben** – quer – senkrecht – **überall** – umher – **unten** – vorn – waag(e)recht – **zurück**

c) Mengen- und Zahlenangaben
null – eins – zwei – drei – vier – fünf – sechs – sieben – acht – neun – zehn – elf – zwölf – zwanzig – **hundert** – **tausend** – Million – Zahl – zählen

Gewicht – Gramm – Hälfte – Kilogramm – Pfund – Viertel

Liter – Masse – Menge – Paar – Prozent – Rest – **Teil** – Anzahl – Ergebnis – Mehrzahl – Nummer – Reihe – **Stück** – Summe – Unterschied

Kilometer – Meile – Meter – Zentimeter

Breite – Grad – Größe – Höhe – Länge – Stärke – Umfang

Maß – Maßregel – Resultat – Verhältnis – Verteilung

ausrechnen – ergeben – rechnen – stimmen – teilen – verteilen

all/alle – allerlei – **ganz** – gesamt – sämtliche – **zusammen** – zu viel

irgend – mal – **manch** – meist

andere/andre – **beide** – **einige** – höchstens – **kein** – mindestens – **nichts** – teils – teilweise – übrig – verhältnismäßig – **viel** – zahlreich

erstens – minus – plus

erste – **letzte** – mittlere

einmal – einzelne – einzige

bisschen – doppelt – erheblich – **etwas** – **genug** – gering – **halb** – **jede** – leer – mehr – mehrere – **paar** – so viel – ungefähr – **voll** – **wenig**

d) Angabe von Eigenschaften (Auswahl)
bedeutend – bekannt – berühmt – unbekannt

achtlos – ängstlich – artig – dumm – eifrig – faul – fleißig – frech – **genau** – geizig – gewöhnlich – gleichgültig – intelligent – klug – kritisch – treu – unverschämt – vernünftig

ähnlich – anders – ausgezeichnet – besser – beste – falsch – **gleich** – natürlich – normal – **richtig** – toll – üblich – verschieden

* Siehe auch unter 4.5 c) Land und Landschaft, S. 233.

deutlich – **einfach** – gewiss – offensichtlich – schwierig – selbstverständlich – wesentlich – wichtig

aufrecht – dicht – fein – **fest** – **frei** – **gerade** – glatt – hart – hohl – krumm – locker – nass – offen – schief – schmal – schräg – spitz – stumpf – trocken – weich

breit – eng – **groß** – **klein** – **kurz** – **lang** – rund – **schwer**

dunkel – hell – **klar** – rein

blau – bunt – braun – gelb – golden – grau – grün – rot – schwarz – silbern – **weiß**

scheu – streng – tapfer – wild

bereit – **fertig** – **vollkommen**

Natur und Landschaft

a) **Pflanzen/Tiere/Landwirtschaft**
Apfel – Apfelsine – Banane – Beere – Birne – Kirsche – Nuss – Obst – Pfirsich – Pflaume – Rosine – Weintraube – Zitrone

Baum – Birke – Buche – Eiche – Fichte – Linde – Tanne

Gemüse – Getreide – Gurke – Kartoffel – Klee – Kohl – Korn – Kraut – Mais – Pilz – Spinat – Weizen – Wurzel – Zwiebel

Blume – Nelke – Rose – Strauß – Tulpe – Veilchen

Ast – Blatt – Blüte – Frucht – Hülse – Knospe – Laub – Samen – Stamm – Strauch – Wurzel – Zweig

Amsel – Ente – Gans – Hahn – Huhn – Spatz – Vogel

Ameise – Biene – Fliege – Mücke – Schmetterling

Bär – Fuchs – Hase – Reh – Schlange

Fisch – Forelle – Hecht – Hering – Karpfen – Krebs

Hund – Kalb – Katze – Kuh – Maus – Pferd – Rind – Schaf – Schwein – **Tier** – Vieh

Fell – Flügel – Nest – Pelz – Schwanz – Zoo

bellen – brüllen – brummen – flattern – fressen – knurren

Bauer – Gut – Hof – Hütte – Mühle – Scheune – Stall

Beet – **Boden** – Erde – Ernte – Feld – Garten – Gras – Grube – Hacke – Landwirtschaft – Mist – Moos – Netz – Pflug – Saat – Spaten – Stich – Stock – Stroh – Wald – Wiese

ernten – fällen – gießen – graben – mähen – mahlen – pflanzen – pflücken – pflügen – säen – schälen – stechen

fangen – jagen – schlachten – treiben

blühen – reif

dürr – eingehen – schädlich

b) **Wetter und Orientierung**
Norden – nördlich – Osten – östlich – Süden – Westen

Blitz – Eis – Element – Entwicklung – Gewitter – **Himmel** – **Luft** – Mond – Nebel – Regen – Schatten – Schnee – **Sonne** – Stern – Sturm – **Wetter** – Wind – Wolke

Grad – Hitze – Kälte – Temperatur – Thermometer – Wärme

blitzen – donnern – entstehen – entwickeln – rauschen – regnen – **scheinen** – schmelzen – schneien – stürmen – wehen

bedeckt – feucht – heiß – **kalt** – kühl – mild – nass – neb[e]lig – rau – trocken – trüb – warm

c) **Land und Landschaft**
Fluss – Graben – Insel – Kontinent – **Land** – Meer – Pfütze – Quelle – See – Teich – Ufer – **Wasser** – Welle – **Welt**

Ausdehnung – Berg – Felsen – Fläche – Gebiet – Gegend – Höhle – Lage – Land – Natur – Park – Spitze – Tal – **Weg**

Bevölkerung – Dorf – Einwohner – Hauptstadt – Heimat – **Leute** – **Mensch** – Ort – Provinz – **Staat** – **Stadt** – Umgebung – **Volk** – Vorort – Zentrum

entdecken – erheben (sich) – fließen – umgeben

eben – fern – flach – hiesig – natürlich – städtisch – steil – tief – **weit**

Amerika – amerikanisch – Ausland – Ausländer – auswandern – Berlin – Bonn – Bundesrepublik – Deutschland – **deutsch** – englisch – Franzose – französisch – griechisch – Hamburg – international – Italien – Jude – München – Römer – römisch – russisch – USA

4.2. Hör- und Analysewörter

Hör- und Analysewörter

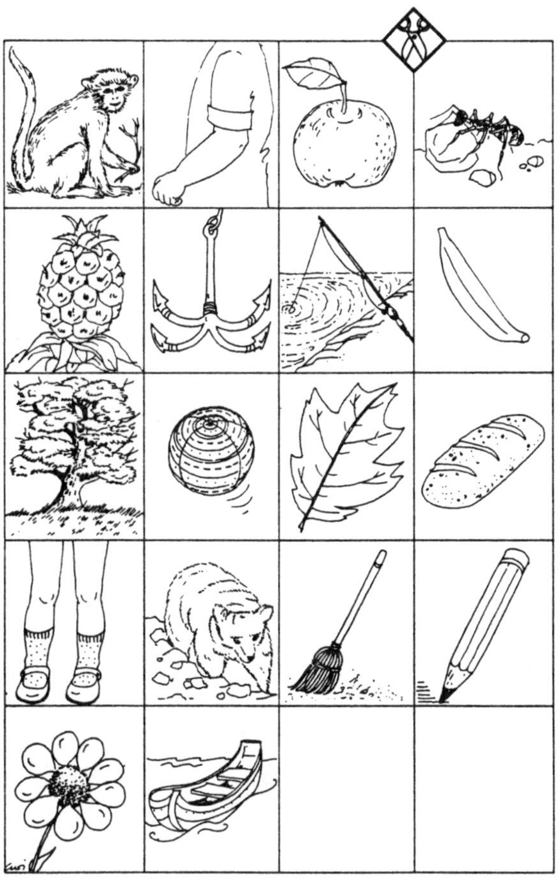

* Blumenstock, L.: Mitmachfibel. Handbuch. Bühl: Konkordia Verlag 1991.

a b c

a b c
ABC

250g
feiner
Quark

4.3. Hörwörter*

Alphabetisches Hörwörterverzeichnis

1. Affe
2. Ameise
3. Ampel
4. Ananas
5. Angel
6. Apfel
7. Arm
8. Ast
9. Auge
10. Auto

11. Bach
12. Bär
13. Ball
14. Banane
15. Baum
16. Bein
17. Besen
18. Bett
19. Biene
20. Bild
21. Birne
22. Blatt
23. Blitz
24. Blume
25. Brief
26. Brille
27. Brot
28. Buch
29. Bürste

30. Dach
31. Dackel
32. Daumen
33. Decke
34. Dose
35. Drachen

36. Ei
37. Eimer
38. Eis
39. Elefant
40. Ente
41. Esel
42. Eule

43. Feder
44. Fenster
45. Finger
46. Fisch
47. Flasche
48. Flöte
49. Frosch
50. Fuß

51. Gabel
52. Gans
53. Garten
54. Geige
55. Glas
56. Glocke
57. Gras
58. Gürtel
59. Gurke

60. Hahn
61. Haken
62. Hals
63. Hammer
64. Hase
65. Haus
66. Herz
67. Hexe
68. Hund
69. Hupe
70. Hut

71. Igel
72. Iglu
73. Indianer
74. Insel

75. Jacke
76. Jäger

77. Kahn
78. Kamel
79. Kamm
80. Kanne
81. Kasperl
82. Kasse
83. Katze
84. Kette
85. Kind
86. Kino
87. Kirche
88. Kirsche
89. Kerze
90. Kiste
91. Koffer
92. Kranz
93. Kuchen
94. Kuh

95. Lama
96. Lampe
97. Laterne
98. Leiter
99. Löwe

100. Mantel
101. Mauer
102. Maus
103. Messer
104. Milch
105. Möwe
106. Mus
107. Mutter

108. Nadel
109. Nagel
110. Nase
111. Nashorn
112. Note
113. Nest
114. Nuss

115. Ofen
116. Ohr

117. Paket
118. Palme
119. Papagei
120. Pfanne
121. Pilz
122. Pinsel
123. Pirat
124. Polizei
125. Post
126. Pudel
127. Puppe
128. Radio
129. Rakete
130. Raupe
131. Regen
132. Reh
133. Ring
134. Rock
135. Roller
136. Rose
137. Rute

138. Sack
139. Salami
140. Salat
141. Salz
142. Sand
143. Seife
144. Seil
145. Sieb
146. Sirene
147. Sofa
148. Sonne
149. Spaten
150. Suppe

151. Schaf
152. Schaukel
153. Schere
154. Schi
155. Schiff
156. Schirm
157. Schlange
158. Schlitten
159. Schnabel
160. Schnee
161. Schuh
162. Schule
163. Schwan

164. Star
165. Stein
166. Stock
167. Stuhl

168. Tafel
169. Tanne
170. Tasche
171. Tasse
172. Taxi
173. Telefon
174. Teller
175. Tiger
176. Tisch
177. Tomate
178. Tonne
179. Tor
180. Torte
181. Traktor
182. Trauben
183. Trommel
184. Tür
185. Tulpe
186. Turm

187. Uhr
188. Uhu

189. Vater
190. Vogel

191. Wagen
192. Wald
193. Wanne
194. Wasser
195. Weg
196. Welle
197. Wiege
198. Wiese
199. Wolke
200. Wolle
201. Würfel
202. Wurm
203. Wurst

204. Zahn
205. Zange
206. Zaun
207. Zelt
208. Ziege
209. Zug
210. Zweig
211. Zwiebel

* Lichtenstein-Rother, J. u. a.: Lesen lernen – Schreiben lernen. Lehrerbegleitheft, in: Der Lesebaum und der ABC-Baum. Schroedel Schulbuchverlag, Hannover, 1983.

Phonologisch-orthographische Übersicht
über die Hörwörter

Vokalismus

Kurzvokale

/i/	i	Bild, Birne, Blitz, Brille, Fisch, Indianer, Insel, Kind, Kirche, Kirsche, Kiste, Milch, Pilz, Pinsel, Pirat, Polizei, Radio, Ring, Schiff, Schirm, Schlitten, Sirene, Taxi, Tisch.
/ü/	ü	Bürste, Gürtel, Würfel.
/u/	u	Gurke, Hund, Mutter, Nuss, Puppe, Suppe, Tulpe, Turm, Wurm, Wurst.
/e/	e	Bett, Decke, Elefant, Ente, Fenster, Herz, Hexe, Kerze, Kette, Laterne, Messer, Nest, Teller, Welle, Zelt.
	ä	kommt in den Hörwörtern nicht vor.

/ö/ ö kommt in den Hörwörtern nicht vor.

/o/ o Frosch, Glocke, Nashorn, Koffer, Polizei, Post, Rock, Roller, Sonne, Stock, Tomate, Tonne, Torte, Trommel, Wolke, Wolle.

/a/ a Affe, Ampel, Ananas, Angel, Apfel, Arm, Ast, Bach, Ball, Banane, Blatt, Dach, Dackel, Elefant, Flasche, Gans, Garten, Hals, Hammer, Jacke, Kamel, Kamm, Kanne, Kasperl, Kasse, Katze, Kranz, Lampe, Laterne, Mantel, Paket, Palme, Pagagei, Pfanne, Rakete, Sack, Salami, Salat, Salz, Sand, Schlange, Tanne, Tasche, Tasse, Taxi, Traktor, Wald, Wanne, Wasser, Zange.

/e/ e in Endsilben

Rückläufig alphabetisch geordnet

-e:		
Affe	Schule	Nase
Seife	Palme	Ameise
Wiege	Blume	Dose
Ziege	Banane	Rose
Geige	Biene	Kasse
Schlange	Sirene	Tasse
Zange	Pfanne	Tomate
Auge	Kanne	Rakete
Kirche	Tanne	Flöte
Flasche	Wanne	Ente
Tasche	Sonne	Note
Kirsche	Tonne	Torte
Jacke	Laterne	Kiste
Decke	Birne	Bürste
Glocke	Tulpe	Kette
Wolke	Lampe	Rute
Gurke	Puppe	Löwe
Telefon	Suppe	Möwe
Welle	Hupe	Hexe
Brille	Raupe	Kerze
Wolle	Schere	Katze
Eule	Hase	

-el:	-en:	-er:
Gabel	Trauben	Feder
Schnabel	Ofen	Koffer
Zwiebel	Wagen	Jäger
Nadel	Regen	Tiger
Pudel	Drachen	Roller
Tafel	Kuchen	Eimer
Apfel	Daumen	Hammer
Würfel	Besen	Indianer
Nagel	Spaten	Kasper-l
Ziegel	Garten	Wasser
Igel	Schlitten	Messer
Angel		Vater
Vogel		Leiter
Dackel		Fenster
Schaukel		Mutter
Trommel		Mauer
Ampel		
Esel		
Insel		
Pinsel		
Mantel		
Gürtel		

Langvokale

/i/	i	Igel, Iglu, Kino, Salami, Schi, Tiger.
	ie	Biene, Brief, Sieb, Wiege, Ziege, Zwiebel.
	ih	kommt in den Hörwörtern nicht vor.
/ü/	ü	Tür.
/ü/	üh	kommt in den Hörwörtern nicht vor.
/u/	u	Blume, Buch, Fuß, Hupe, Hut, Iglu, Kuchen, Mus, Pudel, Rute, Schule, Uhu, Zug.
	uh	Kuh, Schuh, Stuhl, Uhr.
/e/	e	Besen, Esel, Feder, Kamel, Paket, Rakete, Regen, Schere, Sirene, Telefon, Weg.
	ee	Schnee.
	eh	Reh.
/ä/	ä	Bär, Jäger.
	äh	kommt in den Hörwörtern nicht vor.
/ö/	ö	Löwe, Möwe, Flöte.
	öh	kommt in den Hörwörtern nicht vor.
/o/	o	Auto, Brot, Dose, Kino, Note, Ofen, Radio, Rose, Sofa, Tor, Telefon, Traktor, Vogel.
	oh	Ohr.
	oo	kommt in den Hörwörtern nicht vor.

/a/	a	Ameise, Banane, Gabel, Glas, Gras, Hase, Indianer, Lama, Nadel, Nagel, Nase, Nashorn, Pirat, Radio, Salami, Salat, Schaf, Schnabel, Schwan, Sofa, Spaten, Star, Tafel, Tomate, Vater, Wagen.
	ah	Hahn, Kahn, Zahn.
	aa	kommt in den Hörwörtern nicht vor.

Diphthonge

/ai/	ei	Ameise, Bein, Ei, Eimer, Eis, Geige, Leiter, Papagei, Polizei, Seife, Seil, Stein, Zweig.
	ai	kommt in den Hörwörtern nicht vor.
/au/	au	Auge, Auto, Baum, Daumen, Haus, Mauer, Maus, Raupe, Schaukel, Trauben, Zaun.
/oi/	eu	Eule.
	äu	kommt in den Hörwörtern nicht vor.

Konsonantismus

Verschlusslaute

/p/	p	Ampel, Hupe, Kasperl, Lampe, Paket, Palme, Papagei, Pilz, Pinsel, Pirat, Polizei, Post, Pudel, Puppe, Raupe, Spaten, Tulpe.
	pp	Puppe, Suppe.
	b*	Sieb.
/t/	t	Ast, Auto, Brot, Bürste, Elefant, Ente, Fenster, Flöte, Garten, Gürtel, Hut, Kiste, Laterne, Leiter, Mantel, Nest, Note, Paket, Pirat, Post, Rakete, Rute, Salat, Spaten, Star, Stein, Stock, Stuhl, Tafel, Tanne, Tasche, Tasse, Taxi, Telefon, Teller, Tiger, Tisch, Tomate, Tonne, Tor, Torte, Traktor, Trauben, Trommel, Tür, Tulpe, Turm, Vater, Wurst, Zelt.
	tt	Bett, Blatt, Kette, Mutter, Schlitten.
	d*	Bild, Hund, Kind, Sand, Wald.
/k/	k	Gurke, Kahn, Kamel, Kamm, Kanne, Kasperl, Kasse, Katze, Kerze, Kette, Kind, Kino, Kirche, Kirsche, Kiste, Koffer, Kranz, Kuchen, Kuh, Paket, Rakete, Schaukel, Traktor, Wolke.
	ck	Dackel, Glocke, Jacke, Rock, Sack, Stock.
	g*	Weg, Zug, Zweig.
/k+s/	x	Hexe, Taxi.
/k+w/	qu	kommt in den Hörwörtern nicht vor.

* Wörter mit -b, -d, -g-Schreibung im Auslaut sind für Hörübungen zu den Phonemen, b, d, g nicht geeignet.

/b/	b	Bach, Bär, Ball, Banane, Baum, Bein, Besen, Bett, Biene, Bild, Birne, Blatt, Blitz, Blume, Brief, Brille, Brot, Buch, Bürste, Gabel, Schnabel, Trauben, Zwiebel.
	bb	kommt in den Hörwörtern nicht vor.
/d/	d	Dach, Dackel, Daumen, Decke, Dose, Drachen, Feder, Indianer, Nadel, Pudel, Radio.
	dd	kommt in den Hörwörtern nicht vor.
/g/	g	Auge, Gabel, Gans, Garten, Geige, Glas, Glocke, Gras, Gürtel, Gurke, Igel, Iglu, Jäger, Nagel, Papagei, Regen, Tiger, Vogel, Wagen, Wiege, Ziege.
	gg	kommt in den Hörwörtern nicht vor.

Affrikaten

/pf/	pf	Apfel, Pfanne.
/ts/	z	Herz, Kerze, Kranz, Pilz, Polizei, Salz, Zahn, Zange, Zaun, Zelt, Ziege, Zug, Zweig, Zwiebel.
	tz	Blitz, Katze.

Reibelaute

/f/	f	Brief, Elefant, Feder, Fenster, Fisch, Flasche, Flöte, Frosch, Fuß, Ofen, Schaf, Seife, Sofa, Tafel, Telefon, Würfel.
	ff	Affe, Koffer, Schiff.
	v	Vater, Vogel.
/sch/	sch	Fisch, Flasche, Frosch, Kirsche, Schaf, Schaukel, Schere, Schi, Schiff, Schirm, Schlange, Schlitten, Schnabel, Schnee, Schuh, Schule, Schwan, Tasche, Tisch.
/sch+p/	sp	Spaten.
/sch+t/	st	Star, Stein, Stock, Stuhl.
/s/	s	Ananas, Ast, Bürste, Eis, Fenster, Gans, Glas, Gras, Hals, Haus, Kasperl, Kiste, Maus, Mus, Nashorn, Nest, Post, Wurst.
	ss	Kasse, Messer, Tasse, Wasser.
	ß	Fuß, Nuss.
/k+s/	x	Hexe, Taxi.
/ch/	ch	Bach, Buch, Dach, Drachen, Kirche, Kuchen, Milch.
/h/	h	Hahn, Hals, Hammer, Hase, Haus, Herz, Hexe, Hose, Hund, Hupe, Hut, Uhu.

/w/ w — Löwe, Möwe, Schwan, Wagen, Wald, Wanne, Wasser, Weg, Welle, Wiege, Wolke, Wolle, Würfel, Wurm, Wurst, Zweig, Zwiebel.

/w/ v — kommt in den Hörwörtern nicht vor.

/k+w/s qu — kommt in den Hörwörtern nicht vor.

/s/ s stimmhaft — Ameise, Besen, Dose, Esel, Hase, Insel, Nase, Pinsel, Rose, Sack, Salami, Salat, Salz, Sand, Seife, Seil, Sieb, Sirene, Sofa, Sonne, Suppe.

/j/ j — Jacke, Jäger.

Sonore Konsonanten

/m/ m — Ameise, Ampel, Arm, Baum, Blume, Daumen, Eimer, Kamel, Lama, Lampe, Mantel, Mauer, Maus, Messer, Milch, Möwe, Mus, Mutter, Palme, Salami, Schirm, Tomate, Turm, Wurm.

mm — Hammer, Kamm, Trommel.

/n/ n — Ananas, Banane, Bein, Besen, Biene, Birne, Daumen, Drachen, Elefant, Ente, Fenster, Gans, Garten, Hahn, Hund, Indianer, Insel, Kahn, Kind, Kino, Kranz, Kuchen, Laterne, Mantel, Nadel, Nagel, Nase, Nashorn, Nest, Note, Nuss, Ofen, Pinsel, Regen, Sand, Schlitten, Schnabel, Schnee, Schwan, Sirene, Spaten, Stein, Telefon, Trauben, Wagen, Zahn, Zaun.

nn — Kanne, Pfanne, Sonne, Tanne, Tonne, Wanne.

/ng/ ng — Angel, Ring, Schlange, Zange.

/ng+k/ nk — kommt in den Hörwörtern nicht vor.

/l/ l — Ampel, Angel, Apfel, Bild, Blatt, Blitz, Blume, Dackel, Elefant, Esel, Eule, Flasche, Flöte, Gabel, Glas, Glocke, Gürtel, Hals, Igel, Iglu, Insel, Kamel, Kasperl, Lama, Lampe, Laterne, Leiter, Löwe, Mantel, Milch, Nadel, Nagel, Palme, Pilz, Pinsel, Polizei, Pudel, Salami, Salat, Salz, Schaukel, Schlange, Schlitten, Schnabel, Schule, Seil, Stuhl, Tafel, Telefon, Tulpe, Vogel, Wald, Wolke, Würfel, Zelt, Zwiebel.

ll — Ball, Brille, Roller, Teller, Welle, Wolle

r — Arm, Bär, Birne, Brief, Brille, Brot, Bürste, Drachen, Eimer, Feder, Fenster, Frosch, Garten, Gras, Gürtel, Gurke, Hammer, Herz, Indianer, Jäger, Kasperl, Kerze, Kirche, Kirsche, Koffer, Kranz, Laterne, Leiter, Mauer, Messer, Mutter, Nashorn, Ohr, Pirat, Radio, Rakete, Raupe, Regen, Reh, Ring, Rock, Roller, Rose, Rute, Schere, Schirm, Sirene, Star, Teller, Tiger, Tor, Torte, Traktor, Trauben, Trommel, Tür, Turm, Uhr, Vater, Wasser, Würfel, Wurm, Wurst.

/r/ rr — kommt in den Hörwörtern nicht vor.

IV Materialanhang

1. Lehrgänge zur Einführung in die Schriftsprache

Mitmachfibel
Leonhard Blumenstock
Bühl/Baden: Konkordia 1991

Materialien:
Teil 1: Durch das ABC
Arbeitsblätter zum Lesen, Schreiben und Ausmalen in Druckschrift zur Anregung der Schülerselbstständigkeit (14 Sequenzen), auch für die Freiarbeit
Teil 2: Geschichten lesen
Lesetexte unterschiedlicher Art und Schwierigkeit für den Übergang von der Fibel zum Lesebuch und zur individuellen Leseanregung
Teil 3: Schreibschrift lernen
Lehrgang zum Erwerb der Schreibschrift nach dem Schreiben der Druckschrift in Teil 1 Ausführung in Lateinischer Ausgangsschrift, Vereinfachter Ausgangsschrift und Schulausgangsschrift
Buchstaben nach Formgruppen geordnet
Schreibtechnische Übungen und inhaltsbezogenes Schreiben in enger Verbindung
Lehrerband mit zahlreichen Unterrichtsideen und Kopiervorlagen besonders für das individuelle Lernen

Konzeption:
Lesen, Schreiben, Malen und andere Tätigkeiten sind in Teil 1 integriert. Die Schüler sollen zu selbstständigem Tun angeregt werden. Die Kinder schaffen ihre *„eigene Fibel“*.
Das *„halboffene“* Verfahren integriert lehrgangsgebundenes Vorgehen in Lernschritten (Sequenzen) und offenes Lernen. Kleinschrittiges Lernen kommt auch lernschwächeren Kindern entgegen. Die Kinder sollen *an einfachem Sprachmaterial möglichst selbstständig Einsicht in die Struktur der Buchstabenschrift* gewinnen.
Durch Ausschnitte aus guter Kinderliteratur sollen die Kinder zum Buch geführt werden.

EULE
Michael Steinke u. a.
(Ergebnis des Modellversuchs „Entwicklung von Unterrichtsmaterialien zur Einschulung deutscher und ausländischer Kinder, Universität Frankfurt, Wiss. Beratung: Kurt Warwell)
Frankfurt: Diesterweg

Materialien:
Lesemappe: Arbeitsangebote für verschiedene lesebezogene Aktivitäten in Druckschrift.
Übungsmappe: Ergänzende Lernangebote zur Vertiefung
Schreibmappe: Erarbeitung der VA nach schreibmotorischen Aspekten
Schreib-Mini I und II: Ergänzende Schreibanregungen
Lehrerband mit konzeptionellen Aussagen und unterrichtlichen Anregungen.

Konzeption:
Die Materialien sind als „Gerippe“ für die Durchführung eines weitgehend *offenen Unterrichts* gedacht.
Lesen- und Schreibenlernen sind allerdings nicht vollständig integriert, da Lesen in Druckschrift, Schreiben in VA durchgeführt wird.
Die Einsicht in die Schriftsprache wird durch Strukturierung von Spracheinheiten angestrebt (zentrale Einheit: Signalgruppen): Strukturgemäßes Verfahren.

Lesen durch Schreiben
Jürgen Reichen
Hamburg: Otto Heinevetter

Material:
Informationsbroschüre
Lehrerkommentar (8 Hefte)
Lernkontrollgerät Sabefix
Schülerarbeitsblätter

Konzeption:
Die Konzeption sieht den Erwerb der Schriftsprache weitestgehend als individuelle Einzelleistung des Kindes an, die in einem *möglichst offenen Lernansatz* angestrebt werden sollte. Der Weg zum Lesen geht über das *selbstständige Verschriften der Sprache.*
Ein gegliederter und gestufter Lernweg wird nicht angeboten – ebenso wird auf den Versuch eines gemeinsamen Fortschreitens verzichtet. So können die angebotenen Materialien eigentlich nicht als „Lehrgang“ bezeichnet werden.
Zeitweise Überforderung der Kinder wird einkalkuliert.

Der ABC-Fuchs
Peter und Ursula Dassen, Karl Wolfgang Walther
Stuttgart: Klett 1992

Materialien:
Schülerband, Übungen
Schreiblehrgänge in verschiedenen Schriftarten
Kopiervorlagen
Lehrerband

Konzeption:
Die Lesefähigkeit soll in *analytisch-synthetischem Verfahren* durch direkte Begegnung mit der Struktur der Buchstabenschrift erworben werden. Einfaches und relativ lauttreues Schriftmaterial steht am Anfang des Lernprozesses.
Lesen und Schreiben erfolgt in Druckschrift.
Offenes und geschlossenes Lernen sollen verbunden werden; dabei dominiert eindeutig das *lehrgangsgeleitete Lernen.*

Meine Fibel
Gerhard Dathe u. a.
Berlin: Volk und Wissen 1993

Materialien:
Fibelband mit Lehrerband
Verschiedene Schreiblern- und Übungshefte
Lesehefte mit verschiedenen Themen („ABC-Kistchen")
Lernspiele zum Üben

Konzeption:
Das *analytisch-synthetische Verfahren* wird konsequent von Anfang an durchgeführt. Das verwendete sehr einfache Sprachmaterial erscheint bisweilen recht stereotyp. An ausgesuchten Wörtern wird die Struktur der Buchstabenschrift verdeutlicht.
Schreiben und Lesen stehen zwar in Zusammenhang, werden aber an unterschiedlichen Schriftarten erworben (Druckschrift-Schulausgangsschrift).
Der *Lehrgangsaufbau ist als weitgehend geschlossen* zu bezeichnen.

Kleeblattfibel
Ingrid Behnken u. a.
Wiss. Beratung: Elisabeth Neuhaus-Siemon
München: List-Schroedel 1990

Materialien:
Leseteil und Arbeitsmaterialien
Verschiedene ergänzende Lesehefte
Ausführungen in Druck- und Schreibschriftlehrgang

Konzeption:
Die Methode lehnt sich an das *analytisch-synthetische Verfahren* an, wobei erste Elemente durch Analyse der Anlaute gewonnen werden. Lesetexte beschränken sich anfangs auf erlesbare Wörter. Sie werden durch Texte zum Vorlesen, Mitlesen bzw. auch Selberlesen für bessere Schüler ergänzt.
Leseecken geben Anregung zu selbstständigem Erlesen.
Schreiben- und Lesenlernen sind in Druckschrift parallel geführt.
Der *Lehrgang ist überwiegend geschlossen.*
Er bietet eine Fülle an bildlichen und textlichen Anregungen.

Mimi – die Lesemaus
Waltraud Borries, Edith Tauscheck
München: Oldenbourg 1987

Materialien:
Fibelbuch, dazu Arbeitsheft und Lehrerband
Schreiblehrgänge in verschiedenen Schriftarten
Lesemaus-Handpuppe
Zusatzmaterialien (Bildkarten, Mimi-Stempel ...)

Konzeption:
Das *methodenintegrative Verfahren* baut *anfangs stark elementistisch* auf.
Die Gliederung des Lehrgangs ist traditionell.
Im Arbeitsteil wird gelesen, geschrieben und gemalt.
Das Arbeitsheft besteht aus Einzelblättern, doch ist der Aufbau linear an den Fibelteil gebunden.

Hallo Kinder
Wilhelm Topsch u. a.
Hannover: Schroedel 1987

Materialien:
Fibelband, Übungsheft in Druckschrift
Schreibübungen in verschiedenen Schriftarten
Kommentarband
Zusatzarbeits- und Demonstrationsmittel (Klebebuchstaben, bewegliche Texte, Stempel ...)

Konzeption:
Die Schriftsprache wird auf der Grundlage des integrativen *Schreib-Lese-Unterrichts* erworben.
An einfachsten Wortstrukturen sollen die Kinder lernen, die Beziehung zwischen Laut und Buchstaben zu erfassen.
Lesen und Schreiben sind eng verbunden.
Der *Aufbau ist lehrgangsartig.*

Die kleine weiße Ente
Doris Mauthe-Schonig u. a.
Weinheim: Beltz 1987

Materialien:
Mal- und Lesefibel mit Arbeitsheft
Lehrerband: Mit Kindern lesen im ersten Schuljahr
Zusatzmaterialien: „Entengrütze" (Lesetexte)

Konzeption:
Einbindung des Lesenlernens in einen *Zyklus von Erzähl- und Vorlesegeschichten.* Schreiben steht mit Malen in enger

Verbindung (als inhaltsbezogenes Schreiben). Der Ausgangsgedanke des Lesen- und Schreibenlernens an eigenen Texten führt zur Vorgabe gedruckter, relativ offener Lese-, Schreib- und Malanregungen.

Tobi-Fibel
Wilhelm Metze, Gerhard Sennlaub
Berlin: Cornelsen 1992

Materialien:
Tobi-Fibel Teile 1 und 2

Konzeption:
Die Fibel versteht sich als *bebildertes Kinderbuch*. Inhalt und Bebilderung sind durch die fortlaufenden Erlebnisse eines Kobolds (Tobi) bestimmt, die in bunten Bildern erzählt werden. Wortschatz und Texte gruppieren sich lange um diese Identifikationsfiguren. Der Leselehrgang möchte die Kinder konsequent in den Zusammenhang von Sprache und Schrift einführen.
Lesen ist eng mit Handeln verbunden.

Der schlaue Pepe
Elisabeth Schrems, Siegfried Sauerbeck
Regensburg: Wolf Verlag 1991/92

Materialien:
Fibel Teile 1 und 2
Arbeitsblätter Lehrerhandbuch

Konzeption:
Dominanz des *methodenintegrativen Verfahrens mit elementistisch-synthetischen Schwerpunkten*, besonders für lernschwache und *lernbehinderte Kinder* gedacht. Daher vollzieht sich der Aufbau der Fähigkeiten in kleinen Schritten. Bei der Elementenerarbeitung wird auf verschiedene method. Verfahren zurückgegriffen (Anlaut- und Sinnlautverfahren).

Alle lernen lesen
Rüdiger Urbanek, Alfred Goll
Bochum: Kamp

Materialien:
Leseteil
Übungsheft Sprache (bes. für ausländische Kinder)
Übungsheft Lesen
Schreiblehrgang in verschiedenen Schriftarten
Lehrerkommentar

Konzeption:
Das Leselernwerk ist für Regelklassen, besonders für *ausländische und deutsche Kinder sowie lernschwache Kinder* gedacht. Mit dem Erwerb der Schriftsprache sind daher besondere Lernhilfen im lexikalischen und syntaktisch-morphologischen Bereich verbunden (z. B. eigener Lehrgang „Sprache“). Auch inhaltlich ist der Lehrgang auf das Zusammenleben von deutschen und ausländischen Kindern ausgerichtet.
Die Methode versteht sich als *methodenintegrativ*, anfangs stark ganzheitlich. Das Schreibenlernen erfolgt in verbundener Schrift und ist vom Lesenlernen getrennt.

CVK-Fibel
Hans Vestner
Berlin: Cornelsen

Materialien:
CVK-Fibel Teil 1 und 2
mit üblichen Zusatzmaterialien
Lehrerband

Konzeption:
Ziel ist die *direkte Hinführung der Kinder zur Struktur der Buchstabenschrift* durch Einsicht in die Entsprechung von Klangbild und Schriftbild und durch analytische und vergleichende Lernakte an einfach strukturiertem Wortmaterial.

Unsere Fibel
Horst Bartnitzky, Hans-Dieter Bunk
Stuttgart: Klett 1986

Materialien:
Fibelteil mit Übungsteil
und herkömmlichen Materialien (z. B. Schreiblehrgang in verschiedenen Schriftarten)
Zusatzmaterialien (Buchstabenblättern, Handpuppe Papagei)

Konzeption:
Der Lehrgang will zügig *Einsicht in die Struktur der Buchstabenschrift* vermitteln.
Lesen- und Schreibenlernen sind nicht voll integriert, können aber aufeinander bezogen werden (lehrgangsunterstützendes Drucken).
Schriftspracherwerb, Sprache und Sachunterricht sind eng aufeinander bezogen. Das Textangebot ist recht breit.

Lesestart
Ruth Thiele, Ursula Ricke
Bochum: Kamp 1991

Materialien:
Leseband in verschiedenen Schriftarten
Übliche Ergänzungsmaterialien (Arbeitsheft, Schreiblehrgang)
Zusatzmaterialien (Stempel, Handpuppe ...)

Konzeption:
Der Leselehrgang versteht sich als *analytisch-synthetisch* und *stark lehrgangsorientiert*. Die Buchstaben werden an typischen Wörtern eingeführt.

Leseleiter
Wolfgang Eichler u. a.
Bochum: Kamp (2. Aufl. 1993)

Materialien:
Schülerband mit den üblichen Ergänzungsmaterialien (Arbeitsheft und Schreiblehrgang)
Zusatzmaterialien (Wortbildkarten)

Konzeption:
Der Lehrgang arbeitet nach dem *analytisch-synthetischen Verfahren an ausgewählten Schlüsselwörtern.* Die Einsicht ins Leseprinzip erfolgt anfangs stark über Minimalpaarbildung.

Die Fibel
Wolfgang Menzel u. a.
Braunschweig: Westermann

Materialien:
Fibel-Band mit den üblichen Ergänzungsmaterialien (Übungsteil und Schreiblehrgang)
Zusatzmaterialien (Wortkarten, Kassette Fibellieder)

Konzeption:
Der Lehrgang arbeitet *methodenintegrativ mit relativ hohem ganzheitlichem Anteil.* Dabei werden analytisch kleinere Einheiten aus größeren gewonnen (von Sätzen zu immer kleineren Spracheinheiten).
Der Übergang zu Texten erfolgt recht schnell, sodass Lesen stark bedeutungserschließend ist. Dabei muss relativ stark ganzheitlich gearbeitet werden.
Die Fibelschrift betont die *Verbindung von Lesen und Schreiben.*

Jetzt lesen wir – jetzt schreiben wir
Gabriele Krichbaum u. a.
Frankfurt: Diesterweg 1993

Materialien:
Leseteil und übliche Ergänzungsmaterialien (Arbeitsheft, Schreiblehrgang)
Lehrerband mit Kopiervorlagen

Konzeption:
Der Lehrgang arbeitet mit *analytisch-synthetischem Verfahren in teilweise offener Gestaltung.*
Zwischen Lesen und Schreiben besteht eine enge Verbindung. Der Schriftspracherwerb ist in Sach-Sprach-Situationen eingebettet.

Lies mit Habakuk
(aus dem Forschungsprojekt „Regensburger Modell" CELE hervorgegangen, 1. Aufl. 1977)
Maria Grimm u. a.
Frankfurt: Diesterweg 1989

Materialien:
Leseteil und die üblichen Ergänzungsmaterialien (Arbeitsheft, Schreiblehrgang in verschiedenen Schriftarten) mit expliziten Lernzielkontrollen
zahlreiche Zusatzmaterialien (Handpuppe, Transparente ...)

Konzeption:
Die Konzeption ist sehr weit gefasst und versucht, *Sprachkompetenz, kritisches Lesen und Leseinteresse an altersgemäßem Schriftgut integrativ* anzubahnen.
So ist das Lesenlernen eng an die mündliche Sprache angeschlossen, was zu einem großen Anfangswortschatz führt (Trennung in erlesbare und nichterlesbare Wörter).
Lernwegdifferenzierung und Lernzielkontrollen sollen sicheren Lernerfolg ermöglichen.
Der Schriftspracherwerb wird als Abfolge von Teillernzielen angesehen (*schrittweiser Aufbau der Schriftsprachkompetenz*)

A wie Anfang – Mein erstes Lesebuch
Marianne Bellenhaus, Josef Schölling
Münster: Aschendorffsche Verlagsbuchhandlung 1992

Materialien:
Fibelteil
Arbeitsblätter für den Leselehrgang
Schreiblehrgang in verschiedenen Schriftarten
Zusatzmaterialien (ABC-Bilder, Wortkarten ...)

Konzeption:
Der Lehrgang ist stark *ganzheitlich-analytisch* orientiert, wobei Elemente aus Texten gewonnen werden. Das Bilden neuer Worteinheiten schließt sich an.
Die Gestaltung ist kindorientiert und anregend.

Die Kunterbunt-Fibel
Horst Bartnitzky, Hans-Dieter Bunk
Stuttgart: Klett 1993

Materialien:
Fibel in verschiedenen Schriftarten (auch Großantiqua)
die üblichen Ergänzungsmaterialien (Übungsteil ...)
Zusatzmaterialien (Lese-Kartei)

Konzeption:
Der Lehrgang versucht, *Schrifterfahrungen der Kinder (besonders in der Großantiqua-Ausgabe)* zu berücksichtigen. Schriftsprachunterricht und Sprachunterricht werden eng verbunden. Auch die Integration von Sache und Sprache wird versucht.
Die Elemente werden in fantasievoller Weise behandelt und mit übergreifenden Spracheinheiten verbunden.

Bunte Fibel
Jens Hinrichs, Helene Will-Beuermann
(Wiss. Beratung: Renate Valtin)
Hannover: Schroedel 1990

Materialien:
(Ausgaben in gemischter Antiqua und in Großantiqua)
Schülerband mit Buchstabentafel
Arbeitsheft, Leseübungsheft
Lehrerhandbuch
zahlreiche Zusatzmaterialien (Lernkontrollen, Buchstabenkarten, Bunte Lesehefte ...)

Konzeption:
Der Lehrgang arbeitet mit Schlüsselwörtern im analytisch-synthetischen Verfahren. Durch Verwendung von Materialien (z. B. Anlauttabelle) soll eine Öffnung des Lehrgangs erreicht werden.

Lesen – lesen – lesen
Gisela Buck, Siegfried Buck
Frankfurt: Diesterweg 1991

Materialien:
Leseteil mit den üblichen Ergänzungsmaterialien (Arbeitsblätter, Schreiblehrgänge in verschiedenen Schriftarten)
Zusatzmaterialien (Bild-Wort-Karten, Poster ...)

Konzeption:
Der Lehrgang versucht, *ganzheitlichen Beginn mit analytisch-synthetischer Vorgehensweise* zu kombinieren. Schreiben und Lesen sind verbunden. Das Voranschreiten erfolgt in kleinen Schritten.

2. Lehr- und Lernmaterialien

Die Auflistung hat nur Beispielcharakter. Sie umfasst typische Lernhilfen für das erste und das frühe weiterführende Lesen, bisweilen auch im Zusammenhang mit Schreiben (mit Hilfsmitteln).

2.1. Arbeitsmittel mit Selbstkontrolle

200 Rätsel
Verlag Schule und Elternhaus, Kassel-Wilhelmshöhe
E. Schomburg
Heft im Kleinformat mit 200 einfachen Kreuzworträtseln mit Lösungsspalte und Lösungskontrolle
Als Zusatzbeschäftigungsmöglichkeit (Lesen, Rechtschreiben) besonders für lesende und interessierte Schüler gegen Ende des 1. Schuljahres gut verwendbar.

X **Leseblätter mit Selbstkontrolle**
Verlag: Sigrid Persen
Wort zum Bild, Anlautübungen, Silbenerkennen
Selbstkontrolle über Bilder

X **Bingo**
Verlag: Spectra-Lehrmittel
Lernspiele zum Lesen, Schreiben und Kontrollieren

Leseübungen (Kontrollgerät: Mini-LÜK)
Verlag: Westermann Lernspielverlag, Braunschweig
von Sieglinde Baumgartl und Heinz Vogel
Teil 1 – 2: Klasse 1 (Zuordnen von Namen zu Bildern, Lesen von Wörtern)
Teil 3: Klasse 2 (Lesen größerer Sinneinheiten)

Rechtschreibspiele (Mini-LÜK)
Verlag: Westermann Lernspielverlag, Braunschweig
von Michael Junga
Fehlende Buchstaben einsetzen, Wörter merken …

Wörterlesen (Mini-LÜK)
Verlag: Westermann Lernspielverlag, Braunschweig
von Michael Junga
Wort zum Bild, Wörterschlangen, Buchstabensalat …

Erstes Lesen (Mini-LÜK)
Verlag: Westermann Lernspielverlag, Braunschweig
von Irmgard von Maydell und Heinz Vogel
Lesen in Druckschrift
Hilfe für das erste Lesen von Buchstaben und Wörtern

Erstes Lesen von Schreibschrift
Verlag: Westermann Lernspielverlag, Braunschweig
von Irmgard von Meydell und Heinz Vogel
Erlesen von Buchstaben und Wörtern in Schreibschrift

Paletti
Verlag: Spectra Lehrmittel
Kontrolle über Farbkennzeichnung (Holzscheiben)
Übungen zum Leseanfang, Wörter, Reimwörter, Texte (unterschiedliche Schwierigkeitsgrade)

Bi-Bu-Maxi/Bi-Bu-Mini
Verlag: Spectra Lehrmittel
Maxi: Auf Metalltafel Bilder, dazu Buchstaben
Mini: Gleiches Prinzip wie Maxi, kleinere Magnettafel
Ziel: Heranführen an Wörter aus Grundwortschatz
Selbstkontrolle über Wortliste

Heinevetter Trainer
Verlag: Arnulf Betzold, Ellwangen
Wort-Bild-Zuordnungen, Zuordnungen zu Anfangsbuchstaben und Silben
Lösungsergebnis wird über Plättchen mit Verzahnung kontrolliert.

Stöpselkarten zur Lautwahrnehmung
Verlag: Heide Kraft, München
24 Karten zur Lautwahrnehmung mit Kontrolle

Lochkarten
Verlag: beenen-Lehrmittel
Karteikarten mit Löchern und Stöpseln
Wenn die richtige Antwort gestöpselt wird, kann man eine Karte aus dem Karteikasten ziehen
Erstes Anlaut- und Auslaut-Üben, Lesen von Wörtern oder Silben, Zuordnen von Silben

2.2. Lernspiele

Lesespiele
Verlag: Pädagogische Initiative – Motiviertes Lernen, Witten
Bild- und Wortkarten für die Zusammensetzung von Namen
Rätsel mit Text- und Bildkarten
Karten für Lesebingo

Kartenspiele zum Buchstabenlernen
Verlag: Pädagogische Initiative, Witten
Karten in Druckschrift und in Lateinischer Ausgangsschrift
Bildkarten
Karten für das Spiel „schwarzer Peter“
Blanko-Karten

Fröhliche Lesespiele für die erste Klasse, Heft 1 und 2
Verlag: Tessloff, Nürnberg
Das Material ermöglicht verschiedene spielerische Übungen zur Unterstützung des Lesenlernens

Buchstaben-Quartett
Verlag: Elke Dieck, Heinsberg
Bild-Buchstaben-Karten für die Hand der Schüler zum spielerischen Erwerb der Anlaut-Auslaut-Erkenntnisfähigkeit

Anlautspiel
Verlag: Renate Buchner-Köhnle
Spielmaterialien: Würfel, Spielfeld mit Buchstabenkärtchen
Buchstaben wird gewürfelt – Suchen der Bilder mit entsprechendem Anlaut (Kontrolle möglich)

Lautreine Wörter
Verlag: Renate Buchner-Köhnke
Würfel, Bildkärtchen, Spielplan
Ziel: Wörter richtig lautieren

Tipp-Topp
Verlag: Renate Buchner-Köhnke
Kartenspiel mit Buchstaben- und Bildkarten
Zwei Spieler drehen nach „Schnapp-Spiel“-Art gleichzeitig Bild- und Buchstabenkarte um. Sie sollen möglichst schnell erkennen, wann ein Buchstaben als Anfangslaut einer Bildkarte entspricht: „Tipp-Topp“ rufen!

Schnecke, Storch ... und noch viel mehr
Verlag: Renate Buchner-Köhnke
Quartettspielregeln: Gezieltes Rechtschreibtraining möglich: z. B. Sp, St usw.

Es und Zett im Quartett
Verlag: Renate Buchner-Köhnke
Quartettspielregeln:
Besonderes Üben der Artikulation (s- und z-Laute)

Lesenüben leicht gemacht
Verlag: Auer, Donauwörth
Verschiedene Arbeitsmittel und Spiele für den Erstleseunterricht

Magnet-Buchstabierspiel
Verlag: Arnulf Betzold, Ellwangen
Zu Bildern bzw. vorgegebenen Wörtern werden Wörter buchstabiert und gelegt.

Lesespiele
Verlag: Sigrid Persen
Verschiedene Spiele zum Lesen, Silben- und Anlauterkennen usw. als Quartettspiele,
Silbenspiel, Kreislesespiel, Memory.

2.3. Lernkarten – Lernkartei

Wer kann reimen?
Verlag Schule und Elternhaus, Kassel-Wilhelmshöhe
E. Schomburg
8 Karten (DIN A6) mit Hilfen für Wortreime
Als Übungshilfe und zum differenzierenden Unterricht für Alleinarbeit gut verwendbar.

Sehen, Hören, Sprechen 1 und 2
O. Maier, Ravensburg
G. E. Heuß
2 Mappen mit jeweils 56 bunt bebilderten Übungsblättern (ca. 25 × 18 cm)
Gefördert werden soll die differenzierte Wahrnehmung, der mündliche Ausdruck und die akustische Analyse von Lauten und Wortteilen.
Einsetzbar besonders im Anfangsleseunterricht, zur Vorbereitung sprachretardierter Schüler auf das Lesen oder zum Ausgleich von Lernrückständen im sprachlich-akustischen Bereich (kleine Gruppen, Förderunterricht)

Lesepeter 1 und 2
Verlag Sellier, Freising
Reidel/Drexler
Bildkarten (DIN A6) mit darunter geschriebenem Reim
Wortkarten (DIN A6)
Lottobögen (mit Bild- oder Wortkarten zum Auslegen; dabei entstehen Sätze).
Die Materialien lassen sich spielerisch in Allein-, Partner- und Gruppenarbeit einsetzen (z. B. Schnapp-, Lotto-, Domino- und Zuordnungsspiele aller Art).
Die Bildkarten wurden von Marlene Reidel sehr ansprechend und kindertümlich gestaltet. Die Materialien sind auf mehreren Stufen und zu unterschiedlichen Zielen als Zusatzmaterialien im Leseunterricht verwendbar.

Lesekartei
Verlag: Pädagogik-Kooperative, Bremen
Die Schüler lesen einfachen Lesestoff, der übersichtlich angeordnet ist: Sätze, kleinere Texte

Schreibkartei
Verlag: Pädagogik-Kooperative, Bremen
Kartei mit zahlreichen Ideen zum Schreibenlernen und -üben im 1. Schuljahr

Bild-Wort-Karten
Verlag: Heide Kraft, München
Vorlagen zum Selbermachen von Bild-Wort-Kärtchen
mit Herstellungsanleitung

Karteien für Freiarbeit und differenzierten Unterricht
Verlag: Hagemann und Partner, Düsseldorf
Kartei mit Würfel, Spielsteinen
Einzel- und Partnerarbeit, nach Frage-Antwort-Prinzip
Erkennen, verstehen, sprechen, schreiben
Fehlende Silben, Wort zu Bild, Bildrätsel

Grundwortschatzkarten
Verlag: Auer, Donauwörth
Wörter aus Grundwortschatz auf 38 Streifen in Druckschrift bzw. Lateinischer Ausgangsschrift

Alphabetische Bildertafel
Verlag: Spectra-Lehrmittel
Karteikasten mit Magnetelementen
Einführung in die Lat. Ausgangsschrift
Zuordnung von Anfangsbuchstaben zu Bildtafeln

Spectra-Rechtschreibkartei
Verlag: Spectra-Lehrmittel
Die Kartei enthält den Grundwortschatz der Klassen 1 – 4.

Bild- und Ganzwortkartei
Verlag: Arnulf Betzold, Ellwangen
Bild- und Ganzwortkarten aus dem Grundwortschatz
(Tiere, Früchte, Gemüse, Kleidungsstücke ...)
Zuordnen von Bildern und Wörtern

Wir hören das ABC
Verlag: Sigrid Persen
Bildblätter von A bis Z

Scho-ko-mi
Verlag: Elke Dieck, Heinsberg
Silbenverbindungen herstellen
Konsonanten-, Vokal-, Umlautkarten

Lesen mit Silben
Verlag: Elke Dieck, Heinsberg
Silbenkarten, Vokalkarten, Intonationskarten ...

2.4. Stempel

Wir drucken. Stempelsatz zum Lesenlernen.
Schulausgabe
Finken Verlag, Oberursel/Ts.
Plastikstempel für die Buchstaben des Alphabets einschließlich der Umlaute in Druckschrift (Groß- und Kleinbuchstaben), farbliche Unterscheidung der Großbuchstaben (rot) und der Kleinbuchstaben (blau), dazu Stempelkissen, Filzstift, DIN A4-Block mit Rastereinteilung (ein Rasterfeld für einen Buchstaben – Schülerausgabe)
Geeignet für die optische Einprägung von Buchstaben, die Buchstaben-Laut-Assoziation, den Wortaufbau und das Drucken von Wörtern und kleinen Sätzen.
Die Buchstabenstempel sind griffig und besonders in der Grundphase des Leselehrganges sowie bei der Betreuung leseschwacher Schüler sehr gut verwendbar.

Wir drucken – Schulausgabe
Verlag: Arnulf Betzold, Ellwangen
Stempel mit Groß- und Kleinbuchstaben, Arbeitsblock
Stempeln von Wörtern mit Einzelbuchstaben

Drucken und Lesen
Verlag: Arnulf Betzold, Ellwangen
Stempel lassen sich verbinden (Lego-Prinzip)
Stempel nach Häufigkeit sortiert
Groß- und Kleinbuchstaben verschiedenfarbig
Korrekturmöglichkeiten vor dem Stempeln

Bilderstempel
Verlag: Arnulf Betzold, Ellwangen
Buchstaben- und Bilderstempel können in Verbindung miteinander verwendet werden

2.5. Buchstaben-Materialien

Leseschritte: Das große Abc
Beltz, Weinheim
Dagmar Mahlstedt
Einzelbuchstaben für die Hand des Schülers
Groß- und Kleinbuchstaben
Vorderseite: Druckschrift, Rückseite: Schreibschrift
ca. 6 × 3 cm, Plastik
Aufbewahrungskasten mit Fächern für die Buchstaben
Auf allen Stufen des Leselehrgangs verwendbar, sehr große, handliche und strapazierfähige Buchstaben, leicht zu sortieren,
bereits in der 1. Hälfte des 1. Schuljahres verwendbar.

Scrabble
Spear, Nürnberg
120 Buchstabenplättchen aus Holz (1,8 × 1,8 cm) mit allen Großbuchstaben des Alphabets einschließlich der Umlaute,

je nach Vorkommenshäufigkeit in unterschiedlicher Anzahl, mit Spielplan zum Auslegen.
Als Erwachsenenspiel konzipiert; die Spielplättchen lassen sich aber auch sehr gut zum Legen von Wörtern und kreuzwortartigen Anordnungen in Spiel- und Wettkampfform verwenden.

Hangman
Verlag: MB-Spiel
Spiel mit Buchstaben und Wörtern
Das Spiel kann von zwei Partnern durchgeführt werden. Der eine Spieler steckt ein Wort aus seinen Buchstabenplättchen; der Mitspieler versucht, durch Nennen von Buchstaben das Wort herauszubringen.
Dabei können Wörter bis zu 8 Buchstaben Länge gebildet werden.
Das Spiel ist nur als Partnerspiel durchzuführen, eignet sich aber sehr gut zur Buchstaben- und Lautanalyse, zum Auf- und Abbau von Wörtern.
Auf späteren Lernstufen kann die Rechtschreibung bei Einzelwörtern gefestigt werden.

Würfel-Spiele
Verlag: beenen Lehrmittel
144 bedruckte, abziehbare Aufkleber für 23 Würfel
und Vorlagen für „Schnapp"-Kärtchen
z. B. Bestimmung der Anlaute

Buchstaben-Würfel
Verlag: Arnulf Betzold
Würfel zum Wörterbilden

Buchstaben-Steckwürfel
Verlag: Arnulf Betzold
Buchstaben lassen sich zusammenstecken

ABC-Blätter
Verlag: Cornelsen, Berlin
Lernblätter zum Erwerb der grundlegenden Buchstabenkenntnis für Grund- und Sonderschulen

Hurra! Jetzt kann ich lesen!
Verlag: Pädagogische Initiative, Witten
Übungsblätter als Kopiervorlagen zum sinnentnehmenden Lesen im 1. Schuljahr

Aufkleber für Groß- und Kleinbuchstaben
Verlag: Pädagog. Initiative, Witten
Aufkleber für Schülertische für das 1. und 2. Schuljahr in Druckschrift bzw. Lateinischer oder Vereinfachter Ausgangsschrift

Schülerlesekasten
Verlag: Oldenbourg, München
Kleine Buchstabenkärtchen geordnet
Setzleiste zum Aufstecken der Buchstaben

Klassen-Lese-Setzkasten
Verlag: Arnulf Betzold

Buchstaben-Setzleiste
Verlag: Arnulf Betzold, Ellwangen

Magnet-Buchstabensätze
Verlag: Arnulf Betzold, Ellwangen

Holzbuchstaben
Verlag: Arnulf Betzold, Ellwangen
in Druckschrift und Schreibschrift
nach Häufigkeit in der Schriftsprache
auch magnetverklebt erhältlich (Stahltafel)

Farbige Buchstaben-Steine
Verlag: Arnulf Betzold, Ellwangen
Stecksteine, beidseitig bedruckt (Groß- und Kleinbuchstaben)

Schüler-Lese-Setzkasten
Verlag: Arnulf Betzold, Ellwangen

ABC-Setztafel
Verlag: Spectra
Eisenrolltafel mit Magnet-Buchstabensätzen

ABC-Setzleiste und Setzkasten
Verlag: Spectra
Wortelemente zum Grundwortschatz

Buchstaben-Fühlbücher
Verlag: Arnulf Betzold, Ellwangen
Jedes Buch mit 55 Seiten (abwechselnd Motivseite und Fühlseite)

Buchstaben-Züge
Verlag: Arnulf Betzold, Ellwangen
Lokomotiven, Waggons mit Groß- und Kleinbuchstaben
zum Legen von Wörtern

ABC-Luftballons
Verlag: Arnulf Betzold, Ellwangen
Ballons, bedruckt mit Groß- bzw. Kleinbuchstaben
Zuordnung von Groß- und Kleinbuchstaben

Wir sehen das ABC
Verlag: Sigrid Persen, Horneburg
Material zum spielerischen Erfassen der Buchstabenformen

2.6. Kopiervorlagen

Schreibenüben leicht gemacht
Verlag: Auer, Donauwörth
Arbeitsmittel und Spiele für den Rechtschreibunterricht im 1. Schuljahr

Lesemeister
Verlag: Auer, Donauwörth
Lesearbeitsblätter als Kopiervorlagen für die 1. und 2. Jahrgangsstufe

Arbeitsblätter für den Erstleseunterricht
Verlag: Auer, Donauwörth
Kopiervorlagen, auch für die individualisierende Arbeit

Das lustige ABC
Verlag: Auer, Donauwörth
Bilder und Geschichten zum Alphabet als Kopiervorlagen (Klasse 1 und 2)

ABC im Wort-Bild-Spiel
Verlag: Auer, Donauwörth
Arbeitstransparente und Kopiervorlagen zum Spielen und Basteln für alle Buchstaben

Lesepuzzle und Lesedomino
Verlag: Sigrid Persen, Horneburg
Kopiervorlagen zum Anmalen, Ausschneiden und Aufkleben zur Herstellung von Domino- und Puzzle-Spielen

2.7. Lesehefte/Arbeitshefte

Leseblätter mit Selbstkontrolle
Verlag: Sigrid Persen, Horneburg
Blätter mit einfachem Lesematerial, auch für schwächere Schüler

Mit Muckl durch das Igel-Jahr
Verlag: Auer, Donauwörth
Texte für das 1. Schuljahr
Lesemeister
Lesearbeitshefte für die 1. und 2. Klasse

Ba-Nu-Ne
Verlag: Elke Dieck, Heinsberg
Silbenklappbuch aus 20 dreigeteilten Kartons mit Spiralbindung, auf jeder Karte ein dreisilbiges Wort

2.8. Sonstige Materialien

Wir lesen
O. Maier, Ravensburg
F. O. Schmaderer
6 Legetafeln (ca. 18 × 18 cm, steifer Karton)
54 Bildkarten (ca. 5 × 5 cm)
54 Wortkarten (ca. 5 × 5 cm, dünner Karton)
126 Wortkärtchen (Vorderseite Druck-, Rückseite Schreibschrift, ca. 3 × 2 cm, dünner Karton)
130 Buchstabenkärtchen (ca. 2,5 × 2,5 cm, in Druck- und Schreibschrift, Vorderseite Groß-, Rückseite Kleinbuchstabe)
Das vielfältige Material kann zu zahlreichen Übungen und Spielen während des Leselehrganges mit Buchstaben, Wörtern und kleinen Sätzchen verwendet werden (Allein-, Partner-, Kleingruppenarbeit). Eine Anleitung liegt bei. Die Ausführung ist im Allgemeinen stabil; dies trifft allerdings für die kleinen Buchstabenkärtchen und die Wortkärtchen nicht zu.

Sprechlernspiele
Verlag: O. Maier, Ravensburg
E. Schaar
10 Legetafeln mit Mundbildern (Gesicht eines Kindes, das einen Laut ausspricht, ca. 22 × 30 cm)
110 Deckkärtchen (Bilder von Gegenständen, Tieren, Körperteilen, ca 7 × 7 cm)
Material aus fester Pappe, strapazierfähig
Besonders für Übungen und Spiele zur Artikulation und Lautanalyse geeignet (Anfangslaute Sch, L, F, B, P, A, O, U, S, T, K), für Partner- und Kleingruppenarbeit besonders in der ersten Phase des Leselernprozesses oder für lernschwache, artikulatorisch-akustisch gestörte Kinder.

ABC-Blätter
Verlag: Klett, Stuttgart
Bilder zum Fertigmalen, jeweils 1 Buchstabe pro Blatt
Kleine Texte in Reimen zum Lesen

Sicher zum Lesen
Verlag: Klett, Stuttgart
Hilfen zum Lesen für schwächere Schüler
Kleine Texte und Spiele mit Fragen, die beantwortet werden müssen
Verschiedene Aktivitäten zum Lesen (Reimwörter, Kreuzwörter …)

Setzleiste mit Kärtchen
Verlag: Heide Kraft, München
Bild-Wort-Paar-Bildung
Satzbildung
Bild-Satz-Zuordnung
Silbentrennung

Leseschieber
Verlag: beenen-Lehrmittel
Wortstreifen werden in Leseschieber geschoben
Üben des auf- und abbauenden Lesens

Buchstaben-Haus
Verlag: Arnulf Betzold, Ellwangen
Buchstabenhaus und Buchstabenmaterial für das Klassenzimmer

Buchstaben-Haus
Verlag: Spectra
Buchstabenhaus und Buchstabenmaterial in Druckschrift und verschiedenen Ausgangsschriften

Buchstaben-Haus
Verlag: Arnulf Betzold, Ellwangen
Tafel und magnetbeklebte Buchstaben in Druck- und Schreibschrift

Lese-Uhr
Verlag: Arnulf Betzold, Ellwangen
Buchstaben auf konzentrischen Kreisen (Pappe) zum Bilden kürzerer Wörter

Wörterkiste
Verlag: Spectra
Wörterkiste mit Magnetzubehör
für analytische Übungen, zum Auf- und Abbau ein Leseschieber

Spectra-abc und 1.2.3.
Material zum Lautieren und selbstständigen Schreiben

Lesekiste
Verlag: Heinz Späth
Lesewürfel, Arbeitsblätter, Erfolgsblätter …

Leseüben mit Mundbildern
Verlag: Sigrid Persen, Horneburg
Mundbilder als mnemotechnische Hilfen zur Buchstaben-Laut-Assoziation

2.9. Arbeitsmittelverlage

Pädagogische Initiative – motiviertes Lernen. Hörder Str. 33, 58455 Witten.
Verlag Julius Beltz, Postfach 100154, 69441 Weinheim
Buchhandlung Elke Dieck, Postfach 1240, 52516 Heinsberg
Westermann Lernspielverlag, Postfach 4929, 38039 Braunschweig
Sensor Verlag Wolfratshauser Str. 84 b, 82049 Pullach
Neuer Finken Verlag, Postfach 1546, 61405 Oberursel
Verlag Tessloff, Burgschmiedstr. 2 – 4, 90419 Nürnberg
Verlag Sigrid Persen, Postfach 260, 21637 Horneburg/Niederelbe
Westermann Lehrmittelverlag, Georg-Westermann-Allee 66, 38104 Braunschweig
AOL Verlag, 77839 Lichtenau
beenen-Lehrmittel, Issumer Weg 19, 46519 Alpen
Verlag Renate Buchner-Köhncke, Pyxritzer Stieg 4, 22147 Hamburg
Cornelsen Verlagsgesellschaft, Kammeratsheide 66, 33609 Bielefeld
Verlag Moritz Diesterweg, Postfach 630180, 60386 Frankfurt
Finken-Impulse-Verlag, Postfach 1420, 61440 Oberursel
Erhard Friedrich Verlag, Postfach 100150, 30926 Seelze
Lernspiele für den Primarbereich, Jürgen Tetzlaff, Dalmerweg 85, 59269 Beckum
LÜK-Versand H. Balderhaar, Lehrmittelverlag, Postfach 166, 49839 Uelzen
Pädagogik-Kooperative, Goebenstr. 8, 28209 Bremen
Verlag Pädagog. Medien, Unnastr. 19, 20253 Hamburg
Ravensburger Verlag Otto Maier, Postfach 1860, 88188 Ravensburg
Reformpädagogischer Verlag Jörg Potthoff, Haydnstr. 16 a, 79104 Freiburg
Huesmann & Benz Verlag, Hochwaldstr. 18, 78224 Singen/Htwl.
spectra Lehrmittel Verlag, Beckenkamp 25, 46286 Dorsten
Sunshine didact, Olakenweg 32, 59457 Werl
Wehrfritz GmbH, Postfach 1107, 96476 Rodach
Verlag Otto Heinevetter, Postfach 41, 22089 Hamburg
Verlag Heide Kraft, Eichendorffstr. 29, 81369 München
Schubi Lernmittel, Zeppelinstr. 8, 78244 Gottmadingen

2.10. Literatur, die bei der Beschaffung/Herstellung von Lern- und Arbeitsmaterialien zum Schriftspracherwerb weiterhilft

Mahlstedt, D.: Lernkiste Lesen und Schreiben. Weinheim: Beltz 1994

Bergk, M.: Rechtschreibenlernen von Anfang an. Frankfurt: Diesterweg 1987

Schwander, M.: Spielen im Deutschunterricht I. Heinsberg: Dieck 1984

Dörnhoff, M.: Meine Arbeitsmittelkiste. Heinsberg: Dieck 1988.

Brügelmann, H.: Die Schrift entdecken. Konstanz: Faude. (2. Auflage) 1984.

Piechorowski, A.: Vielfältiger Erstleseunterricht. Langenau-Ulm: A. Vaas Verlag 1983

3. Lektüre für das erste Lesealter (5 – 8 Jahre)

(Die genannten Buchtitel sind nur Beispiele)

Verlag Ferdinand Kamp, Bochum

ABC – Wir lesen gern (Texte für ErstleserInnen, zusammengestellt von Gerhard Dathe)

Umis Abenteuer (Fibelbegleitendes und fibelunabhängiges Leseabenteuer)
Schwierigkeitsgrad I – VII – herausgegeben von Barbara Coldeway/Regina Martel:
I Molo
Umi am Mast
II Umi am Nil
Lotte im Leim
III Tim und Umi
Das Los
Die Wette

Moritz Diesterweg Verlag, Frankfurt am Main

Quiesel – Bücher, hrsg. von Gisela Buck, Siegfried Buck für das 1. und 2. Schuljahr:
Mit Quiesel durch das Jahr (von Marbeth Reif)
Quiesel im Herbst und Winter
Januar – Quiesel und der Schneemann
Februar – Quiesel auf dem Maskenball
März – Quiesel Ostereier
Quiesel im Frühling und Sommer
Juli – Quiesel am Meer
August – Quiesel übernachtet im Freien
September – Quiesel kocht Marmelade
Quiesel und seine Freunde
Quiesel in den Ferien
Quiesel treibt Sport
Quiesel und der Fahrraddieb
Märchen
Der arme Müllerbursch und das Kätzchen
Die Alte im Wald
Die Bienenkönigin
Tiergeschichten
Hasenbilli
Marita und die Kuh
Gesine
Der kleine Igel

Kinderbuchverlag, Luzern

Fotosachbücher von Gisela und Siegfried Buck (ab 5 Jahre):
Lissi, Mira und Max, die 3 kleinen Katzen
Kasimir das Dackelkind
Micki und Mucki, zwei kleine Meerschweinchen
Mona, das Eselfohlen

weitere Tier- und Naturbücher als Fotosachbücher:
z. B. „Achtung, ich bin giftig“ –

Reihe „Schau mal“ – Sachbücher zu verschiedenen Themen:
z. B. „Schau mal – Zucker!“

Verlag Aare, Aarau

Bilderbücher (mit kleinen Texten):
Die Geschichte von Großmutters Patchworkdecke
Ticktack!
Junu, Fuxi

Verlag Sauerländer, Aarau

Virgina Miller:
Kleiner Seebär
Aufs Töpfchen
Aufessen, Baba!
Ab in's Bett!

Lucy Collins:
Arche Noah

Erstlesebücher:
Drei kleine Igel
Die Kleinste
Marita und die Kuh
Das Mädchen und die Katze

Friedrich Wittig Verlag, Hamburg

Zum Lesen:
Biwaggl Monster
Josefine
Ich möchte keine Welle sein

Bilderbücher:
Der allerkleinste Tannenbaum
Schöpfung
Jana
Als die Schmetterlinge kamen

Deutscher Taschenbuch Verlag, München

Reihe dtV-junior Lesebär – die Reihe für Leseanfänger
Schreibschriftausgaben:
Ach, du liebes Hasenbüchlein
Hanno malt sich einen Drachen
Der Findefuchs
Bill möchte gern Pferde streicheln
Geschichten – Sammelsurium

Große Druckschrift:
Rübe kommt zu Besuch
Tobias und Ines unterm Regenschirm
Pferd macht Ferien
Der Buchstaben-vogel
Der Buchstaben-clown
Der Buchstaben-räuber
Schnuddelbuddel sagt Gutenacht
Schnuddelbuddel baut im Haus
Schnuddelbuddel fängt einen Hasen
Ach, du liebes Hasenbüchlein
Hannes malt sich einen Drachen
Findefuchs
Cherrymaus
Maxi will ein Pferd besuchen
Ein Papa für Paule
Kleine Pippa – ganz groß
Hannas Reise
Wann kommt der große Buntspecht
Unterm schwarzen Holunder
Nils Karlsohn – Däumling
Tim und Pia ganz allein
Igel, komm, ich nehm dich mit
Der heimliche Hund
Bruder Bär und Schwester Bär
Liebe Susi! Lieber Paul!
Liebe Oma, Deine Susi
Anna vor der Tür
Riesenkuß und Riesenglück
Kleiner Bruder Watomi
Ein Sommer mit Lisa
Eva bekommt einen Goldhamster
Bäckerei Engel, Halbmondgasse 12
Moritz, du spinnst wohl!
Das Vamperl
Vamperl soll nicht alleine bleiben
Wer fängt Kitty
Geschichten – Sammelsurium
25 witzige Geschichten

Benzinger Edition im Arena Verlag, Würzburg

Buchstabenbär – Lesenlernen mit bunten Bildern
teilweise sind Wörter durch Bilder ersetzt:
z. B. „Herzlichen Glückwunsch, kleiner Bär!"
„Drei Freunde bauen ein Haus"

Der kleine Bücherbär – Erster Lesespaß in Farbe
Paulas Pechtag
Nickel spielt Lehrerin
Hanna läßt die Fetzen fliegen
Der rote Ziegenbock
Der schönste Hund der Welt
Maja und der Hausaufgaben-Tick
Die Schule fliegt ins Pfefferland
Das Monster in Mamas Schrank
Rudi Vampir beißt sich durch

Arena-Verlag, Würzburg

Erstlesebücher:
Wittiwitt und der Fischemann
Wittiwitt und der große Sturm
Wittiwitt und Vogelmeier
Kassandra muß weg
Der verflixte Felix
Spaß im Zirkus Tamtime
Lachäpfel
Herr Bepps und seine Puppe
Wo kleine Igel sind

Lila Leseratz (2./3. Lesejahr):
Eine Oma für Till
Maxi will ein Pferd besuchen
Philipp – spinnst du?
Die Zauberschleife
Die Meckerpause
Wenn Tina brüllt
Tina im Schrank
Das Bachfest
Teddy Franz braucht blaue Augen
Plötzlich ist der Konrad da

Kindertaschenbücher (ab 6/7):
Der Dackel Punkt
Lillilein liebt starke Tiere
Hallo Cherie
King und die tolle Jule
Der Torwart ist ein Mädchen

Franz Schneider Verlag, München

Büchermaus – Bücher für Leseanfänger:
Der bebrillte Rabe – kurze und kluge Geschichten
Der freche Fritz aus der 2 b
Die bärenstarke Anna
Die bärenstarke Anna zieht um

Benjamin – Bücher für die ersten beiden Schuljahre:
Das einsame Pony
Kamera ab für Hildegard Hahn!
Die Reise mit der Pfeffermaus
Du bist schon 6
Du bist schon 7
Du bist schon 8
Das bunte ABC
Murmelin und Murmel
Lieber kleiner Hamster
Nina und die Hundebabys
Ninas größter Wunsch
Anita Dreckspatz
Mein erstes Witzbuch
Das ABC-Monster
Das Zahlenmonster
Die Weihnachtsgrippe

Schreibschrift:
Die Karottennase
Neue Tiergeschichten
Zwei Schweinchen sehen fern
Die Reise mit der Pfeffermaus
Die kleine Maus auf Wanderschaft
Tina Tüftelchen
Wer hat Mond gemopst?
Der Dickkopf
Das ABC-Monster
Das Zahlenmonster
Wie Daniel Dornröschen wachküßt
Ich wünsch mir einen Vogel
Der Fuchs weiß Rat

Vereinfachte Schreibschrift:
Flori geht zur Schule
Das ABC-Monster
Das Zahlenmonster
Sachbücher zum Spielen, Malen, Rätseln und Basteln:
Für Kinder im Vorschulalter
Tolle Erlebnisse auf dem Bauernhof
Burgen
Ritter
Indianer

Illustrierte Bücher:
Wir gehen ins Krankenhaus
Hurra, wir ziehen um

Nord-Süd-Verlag, Gossau – Zürich und Hamburg

Reihe „Ich lese selber"

1. Lesejahr:
Familie Maulwurf. Bitte recht freundlich!
Der kleine Mann und der Bär
Molly ist weg
Der kleine Eisbär und der Angsthase
Die Leute von Muzgigl

2. Lesejahr:
Loretta und die kleine Fee
Ein Leuchtturm geht auf Reisen
Der schlaue Fuchs Rinaldo
Der schlaue Fuchs Rinaldo plant neue Tricks
Waldemar und die weite Welt

Cecilie Dressler Verlag, Hamburg

Bücher mit verschiedenen Themen:
Bilderbücher
Kinderbücher
z. B. Finchen in der Schule
Alfred Maus
Die wilden Hühner

Dressler Kinder-Klassiker:
z. B. Die Schildbürger
Märchen aus 1001 Nacht

Anrich-Verlag, Kevelaer

Bücher für „junge Leser":
Der kleine, grüne Drache in der Schule
Marieke
Marieke und Benjamin
Steffi
Lisa Wunderbar in der großen Stadt
Vom Zuviel und Zuwenig

Taschenbücher extra:
Mein blauer Ballon
Die grauen und die grünen Felder
Steine hüpfen übers Wasser

Beltz & Gelberg Verlag, Weinheim und Basel

Bilderbücher:
Der blaue Junge
Mein Baumhaus
Das Leben der Thiere
Ich sag, du bist ein Bär
Oh, wie schön ist Panama

Minibücher:
Janosch:
Die Grille und der Maulwurf
Die Gänseoper
Der Löwe Hans
Robinson Hase

Erwin Moser:
Das Katzen-ABC
Der glückliche Bär
Der Mäusezirkus

Märchenbücher:
Das Ebenholzpferd
Geschichten aus 1001 Nacht
Fassung und Bilder der Verwandlung
Mutabor – Märchen der Verwandlung
Auswahl und Bilder von Helga Gebert
Märchen von Ludwig Bechstein
Bilder von Helga Gebert
Hans Christian Andersen
Gulliver für Kinder
Überall und neben dir
Gottfried, das fliegende Schwein
Es gingen drei Kinder durch den Wald
Der Musikant in der Luft
und andere Geschichten
Immer mehr Meerschweinchen
Der Junge mit der Kreideschachtel

Jahrbuch der Kindheit:
Geh und spiel mit dem Riesen
Am Montag fängt die Woche an
Menschengeschichten
Der fliegende Robert
Das achte Weltwunder
Wie man Berge versetzt
Augen aufmachen
Die Erde ist mein Haus
Was für ein Glück

Kinderbücher:
Ben liebt Anna
Oma
Das war der Hirbel
Theo haut ab
Wir pfeifen auf den Gurkenkönig
Die Geschichte von vier Kindern, die um die Welt segelten
Der einsame Frosch
Fabelhafte Geschichten
Die Welt der Wörter
Sprachbuch für Kinder und Neugierige
Heute tanzt der Tangobär
Das große Mitmachbuch fürs ganze Jahr
Freche Lieder – Liebe Lieder
Liederbuch mit Bildern

Kleine Geschichtenbücher von Erwin Moser:
Kleinkinder-Geschichten
Das schöne Bärenleben
Kleine Katze Mia

Rowohlt Taschenbuch Verlag – ro ro ro Rotfuchs
Taschenbücher, Reinbek

Romane und Erzählungen ab 6 Jahre:
z. B. Mama, ich hol Papa ab
Mutz macht Mätzchen
Total wahre Flunkergeschichten

Bücher zum Vorlesen und in großer Druckschrift:
z. B. Uli und Rike kommen in die Schule (in Großdruckschrift)
Der Seifenblasenbär (Vorlesegeschichten)
Der vergeßliche Cowboy und andere „Mitmachgeschichten"

Breitschopf-Verlag, Stuttgart und Wien

ab dem 5. Lebensjahr – Altersgruppe III „Fragen":
z. B. Schnipp-Schnapp-Gras-ab-Gartenmaschine
Serie „Block-Schreib- und Druckschrift"
Serie „Bilderbuchklassiker"
Serie „Konfetti"
ab dem 7. Lebensjahr – Altersgruppe IV „Staunen und Wundern":
z. B. Archibalds Reisen zu dem Glücksplaneten
verschiedene Serien:
z. B. „Spielend wissen"
„Spielend lesen"
„Wortgucker"
„1000 Bilder – 1000 Worte"
„Kinderbuch Klassiker"

Carlsen-Verlag, Hamburg

Bücher für das erste Lesealter:
Wenn ich ein Schaf hätte
Manchmal wenn ich mir weh tue
Manchmal wenn ich etwas nicht kann
Manchmal wenn ich etwas falsch mache
Manchmal wenn ich wütend bin
Manchmal wenn ich Angst habe
Waldo und seine Freunde
Foto Bilderbücher ab 4

Reihe „Lerne Lesen“:
Die Gans legt ein Ei
Ach du lieber Jochen

Pixi-Serie:
Tiergeschichten
Gute-Nacht-Geschichten
Zahnputzfest
Lesemaus-Bücher
Unser Ponyhof
Indianer
Ich hab eine Freundin, die ist Tierärztin

Carlsen-Kinderbücher:
Anna, 7 Jahre
Glitzerkatze und Stinkmaus
Als Vaters Waschmaschine streikte

Carlsens Comics für Kinder:
Die Arche Noah
Tim und Struppi
Theodor Pussel

Ravensburger Verlag Otto Maier, Ravensburg

Bilderbücher und Bildersachbücher (z. T. auch für Leseanfänger):
Ich kann lesen
Der blaue Rabe
Ravensburger Taschenbücher:
z. B. Mein erstes Taschenbuch (für Leseanfänger)
Literatur für die Primarstufe:
Die kleine Eule
Ein Fahrrad auf dem Rand der Wolken
Vernagelte Fenster, da wohnen Gespenster
Mal sehen, ob du lachst
Steinadler
Joschis Garten
Fliegender Stern
Deshalb heiße ich Starker Bär
Petah Eulengesicht
Weißnicht von Wasserwinkel

Elke Dieck – Buchhandlung, Heinsberg

Gabriele Lachnitz Lesehefte – die erste Lektüre nach Abschluss des Leselehrgangs:
Serie I ('92) Der rote Fisch und die Kiste
Die kleine Schlange sucht Freunde
Serie II ('93) Der kleine bunte Vogel
Der Storch kommt zurück

Thiemann-Verlag, Rheine

Kinderbücher von 5 – 8:
z. B. „Der Räuber Hotzenplotz“
„Wenn man Noak heißt“

Pestalozzi-Verlag, Erlangen

Mini-Bücher zu verschiedenen Themen in Serien:
Lesespaß mit Brummbär
Entdecke mit uns Tiere
Ansprechende Tiergeschichten
Bunte Geschichten zur Guten Nacht
Sonnige Geschichten
Beliebteste Märchen der Gebrüder Grimm
Erzählende Bilderbücher

Georg Bitter Verlag, Recklinghausen

Kinderbücher in großer Auswahl:
z. B. „Blätter“
„Mutzebutz“

Sachbücher:
z. B. „Der wunderbare Klang“

Middelhauve-Verlag, München

Kinderbücher – illustriert von Helme Heine
Bücher von Leo Lionni, Shil Silverstein, Frederik Vahle

Oetinger Verlag, Hamburg

Bilderbücher
Reihe „Sonne, Mond und Sterne“ für Leseanfänger
Lesereihe: Schwester Kaninchen:
Als kleine Schwester Kaninchen sich ganz und gar verlaufen hat
Kleine Schwester Kaninchen und alle ihre Freunde
Als kleine Schwester Kaninchen im großen Meer badete

Max-Bücher (Bilderbücher für die Allerkleinsten):
Max und der Teddy
Max und der Keks
Max und das Töpfchen
Max und die Wanne

Lukas-Bücher:
Lukas im Pilzwald
Lukas am Fenster

Kindersachbuch-Reihe „Erde, Wasser, Feuer, Luft“
Kirsten Boie erzählt vom Angsthaben
Hörner und Gorman erzählen von den Dinosauriern
Angelika Kutsch erzählt vom Büchermachen

Orell Füssli & Parabel Verlag, Zürich und München

Janosch-Bücher
Bilderbücher

Coppenrath-Verlag, Münster

Bei uns im Garten ist was los (Ein buntes Pop-up-Bilderbuch)
Das große Buch für kleine Leser (zu verschiedenen Themen)
Hier kommt die Maus

Ellermann Verlag, München

verschiedene Bücher
Uhren Serie

Finken-Impulse-Verlag, Oberursel

verschiedene Bücher zum Thema Behinderung, Natur u. a.

Hoch-Verlag, Stuttgart

Bilderbücher für 4- bis 6-Jährige
Bücher von Ursula Wölfel

Rüdiger Kohl Verlag, Niederzier

Mitmachbücher für Erstleser „Lernen und Lachen“
z. B. „Wie die ATZE zum K kam“
„Jan und das AUTOMOBIL“
„Das Pferd im Pyjama“

Loewes Verlag, Bindlach

Leseanfänger 5/6 „Ri Ra Rutsch“ Lesebilderbücher
„Loewe Schnuppergeschichte“
„Loewe Leseleicht“
Lesealter 6/7 „Leselöwen“
Geburtstagsgeschichten
Monstergeschichten
Kinderwitze 4
Fußballgeschichten
Lesealter 8 „Lesekönig“
Wir werden Meister
Zottelkralle, das Erdmonster
Treffpunkt Geisterstunde

Österreichischer Bundesverlag, Wien

vor allem neu aufgelegte historische Bücher für Kinder
z. B. „Das Puppenhaus – eine Festgabe für brave Mädchen

Sellier-Verlag, München

Bilderbücher in verschiedenen Angeboten:
z. B. „Stein & Staub“
Bilderbücher für das erste Lesealter:
z. B. "Lesepeter 1 + 2"

Annette Betz-Verlag, (i. V. Carl Ueberreuter), Wien

Bilderbücher für 4 – 8 Jahre:
z. B. „Die kleine Meerjungfrau“
besondere Reihe für Leseanfänger:
z. B. Motzarella und der Geburtstagsdrachen
z. B. Nele macht Frühjahrsputz

Christian Verlag & Time Life, München

Reihe: „Beobachten, Experimentieren, Entdecken“
Reihe „Entdeckungsreisen“
Reihe „Kinder fragen“
Reine „Kinder entdecken“
Reihe „Spiel – Spaß – Lernprogramm“

Karl Müller Verlag, Erlangen

Lesereihe: Was passiert heute?:
Ich komme in eine neue Schule
Ich ziehe um
Ich gehe zum Arzt
Ich gehe zum Zahnarzt

Tosa Verlag, Wien

Lesereihe: Ich lese gerne:
Uhr und Zeit
Auf dem Bauernhof
Am Meer
Tiere
Räder
Formen

Mosaik Verlag, München

Lesereihe: Die Natur kennen und lieben lernen:
Ich bin die Ente
Ich bin der Frosch
Vorschul-Bilderbücher mit einfachen Texten

Postreiter Verlag, Halle

Eine Ameise spazierte

ars-edition, München

Mini-Bücher:
Mini-Klapp-Bilderbuch
Dro-la-bär
Kro-gu-fant

Diogenes, Zürich

Diogenes-Kinder-Mini-Taschenbuch:
Ich kann schon zählen 1, 2, 3
Ein kleiner Riese
ABC für kleine Bären

Neugebauer Verlag, Salzburg – München

Philipp Bücher von Hanne Türk
Die Maus packt aus
Zum Geburtstag
Das verschwundene Sparschwein

4. Testvorschläge für den Verlauf des 1. Schuljahres

4.1. Artikulation

Bremer Artikulationstest (BAT) von W. Niemeyer
(Bremen: Herbig)
Der Test enthält 100 Wörter zum Nachsprechen mit unterschiedlicher Schwierigkeit; er ist leicht und schnell durchführbar, bietet jedoch nur quantitative Auswertungsmöglichkeiten. Außerdem scheint der Wortschatz keinesfalls kindgemäß.

Lautbildungstest (LBT) von L. Fried
(Weinheim: Beltz)
Der standardisierte Test ist für die Vorschule konzipiert, aber für das 1. Schuljahr noch geeicht. Er ermöglicht sowohl eine Grobeinschätzung wie auch eine Feindiagnose der Lautbildungsschwierigkeiten.

4.2. Lautdiskrimination

Differenzierungsprobe von Breuer und Weuffen
(in: Gut vorbereitet auf das Lesen- und Schreibenlernen. Berlin-Ost: VEB Deutscher Verlag der Wissenschaften 1978 und: dies.: Lernschwierigkeiten am Schulanfang. Weinheim: Beltz 1993.)
Die Lautdiskrimination kann sehr exakt überprüft werden; allerdings ist der Test nicht standardisiert.

Bremer Lautdiskriminationstest (BLDT) von W. Niemeyer
(Bremen: Herbig)
An 66 Wortpaaren wird die Fähigkeit überprüft, gleiche bzw. nichtgleiche Wörter zu erkennen (auf akustischem Wege). Der Test ist in der Durchführung sehr rationell. Jedoch muss bezweifelt werden, ob der Wortschatz kindgemäß ist.

Lautunterscheidungstest (LUT) von L. Fried
(Weinheim: Beltz)
Der exakt standardisierte Test ermöglicht eine Grob- und Feindiagnose der Lautunterscheidungsschwächen im Alter von 4 bis 7 Jahren, kann also im 1. Schuljahr noch verwendet werden. Eine Tonbandkassette mit akustisch zu unterscheidendem Wortmaterial ist dem Testhandbuch beigefügt.

4.3. Buchstaben-Laut-Kenntnis

Bremer Buchstaben-, Lese- und Diktatprobe von W. Niemeyer
(Bremen: Herbig o. J.)
Die informellen Testverfahren erfassen die Fähigkeit, Groß- und Kleinbuchstaben in Druck- bzw. Schreibschrift zu lesen und zu schreiben.

Subtest „Buchstaben“ aus DLF 1 – 2

Teiltest „Einzellaute und Lautverbindungen“ aus dem Zürcher Lesetest von Linder/Grissemann
(Bern-Stuttgart-Wien: Hans Huber)
Die Lesefähigkeit gegenüber Groß- und Kleinbuchstaben und häufigen Buchstabenverbindungen in Druckschrift kann überprüft werden.

Teiltest „Buchstabenkenntnis“ aus dem Untertest „Rechtschreiben“ der „Schulleistungstestbatterie für Lernbehinderte und für schulleistungsschwache Grundschüler SLB I“ von Kautter/Storz
(Weinheim: Beltz)
Die Schüler schreiben nach Diktat Groß- und Kleinbuchstaben zu einfachen, Doppel- und Mehrfachlauten, Standardnormen liegen nur für den gesamten Untertest „Rechtschreiben“ im letzten Drittel des 1. Schuljahres vor.

4.4. Lautanalyse

Informelle Tests zur Überprüfung der Analysefähigkeit der Schüler in den Bereichen Anfangslaute, Endlaute und Gesamtlautbestand eines Wortes von L. Blumenstock
(in: Prophylaxe der Lese- und Rechtschreibschwäche, Weinheim: Beltz)
Die Tests beruhen auf einer gründlichen Wortauswahl und überprüfen die Fähigkeit der Schüler, Laute am Anfang, am Ende des Wortes und den gesamten Lautbestand des Wortes akustisch zu erfassen.

Teiltest „Akustische Analyse von Anfangsbuchstaben“ im Untertest „Rechtschreiben“ der „Schulleistungstestbatterie für Lernbehinderte und für schulleistungsschwache Grundschüler SBL I“ von Kautter/Storz
(Weinheim: Beltz)
Der Test ermöglicht eine Überprüfung der Fähigkeit, vorgesprochene Wölrter akustisch erfassen und dann aufschreiben zu können.
Standardnormen liegen nur für den gesamten Untertest Rechtschreiben und für das letzte Drittel des 1. Schuljahres vor.

4.5. Lautverbindung

Informeller Test von L. Blumenstock
(in: Prophylaxe der Lese- und Rechtschreibschwäche, Weinheim: Beltz 1979)
Mittels ausgewähltem Wortmaterial wird die Fähigkeit überprüft, Laute zu ganzen gesprochenen Wörtern zu verbinden.

Subtest „Synthese“ aus DLF 1 – 2 (siehe unten 4.6.)

4.6. Lesen

Bremer Lesetest (BLT 1 – 2) von W. Niemeyer
(Bremen: Herbig)
Der Test erfasst die Lesetechnik gegenüber überwiegend bekanntem Wortmaterial. Er überprüft daher vermutlich mehr die Wortmerkfähigkeit als die Fähigkeit zum selbstständigen Erlesen fremder Wörter.

Zürcher Lesetest von Linder/Grissemann
(Bern-Stuttgart-Wien: Hans Huber)
Der Lesetest enthält Buchstaben und Buchstabenverbindungen sowie Wörter, deren Schwierigkeitsgrad kontinuierlich von sehr kurzen und leichten Wörtern bis zu sehr langen und schwierigen gesteigert wird. An ganzen Sätzen und Textabschnitten kann das zusammenhängende Erlesen von größeren Sinneinheiten überprüft werden.

Lesetestserie von F. Biglmaier
(München-Basel: Reinhardt)
Der Test erfasst folgende Bereiche:
Lautes Vorlesen von Leseabschnitten unterschiedlichen Schwierigkeitsgrades (1. Abschnitt für das 1. Schuljahr besonders gut geeignet); dabei werden Leseverständnis, Artikulation und Lesegeschwindigkeit überprüft.

DLF 1 – 2
Der Test ist als standardisierter Test sehr früh einsetzbar: bereits von der Mitte des 1. Schuljahres bis zur Mitte des 2. Schuljahres.
Er eignet sich besonders zu Ermittlung von Leseschwierigkeiten. Dazu eignen sich die Untertests zu Synthesefähigkeit, Buchstabenkenntnis gut.

4.7. Rechtschreiben

Rechtschreibtest für 1. Klassen (RST 1) von Rathenow und Raatz
Der Test ermöglicht nur eine quantitative Ermittlung von Fehlerzahlen und Prozenträngen, keine Fehleranalyse. Er ist ab Ende 1. Schuljahr bis Anfang 2. Schuljahr einsetzbar.

Test Grundanforderungen Rechtschreiben für die 1. und 2. Klasse (TGR 1/2) von Rathenow und Peh
Der Test legt einen aus Fibelanalysen gewonnenen Grundwortschatz zugrunde. Er überprüft mit den Rechtschreibauch die Lesefähigkeiten der Kinder.

Diagnostischer Rechtschreibtest für 1. Klassen (DRT 1) von R. Müller
Der Test ermöglicht neben der quantitativen Auswertung eine Fehleranalyse von Ende 1. bis 2. Klasse.

4.8. Optische Differenzierung

Prüfung optischer Differenzierungsfähigkeit (POD) von Sauter
Der Test überprüft die optische Differenzierungsfähigkeit der Kinder im Vorschulalter bis ins 1. Schuljahr (zwischen 5 und 71/2 Jahren).

4.9. Graphomotorik

Graphomotorische Textbatterie (GMT) von Rudolf
Der Test überprüft mittels mehrerer Teiltests die graphomotorischen Fähigkeiten der Kinder, die wichtige Voraussetzungen für die Schulreife sind (zwischen ca. $4^1/_2$ und 7 Jahren).

4.10. Informelle Testverfahren zum Stand der Schriftsprachentwicklung im ersten Schuljahr

Lese- und Schreibaufgaben für Schulanfänger
Beobachtungs- und Deutungshilfen zur Denkentwicklung beim Schriftspracherwerb von Brügelmann
(Universität Bremen, Postfach 330440, Bremen)
Die Aufgaben erfassen wichtige Teilkomponenten beim Erwerb der Fähigkeit, Schriftsprache zu erfassen: Sprachanalyse, Buchstabenkenntnis, Bausteingliede-

rung. Sie sind schon sehr früh im 1. Schuljahr einsetzbar. Da der Test nicht standardisiert ist, kann kein quantitativer Vergleich durchgeführt werden. Mögliche Schwächen sind aber differenziert erfassbar.

Lernbeobachtung von M. Dehn
(In: Zeit für die Schrift: Bochum: Kamp)

Die informellen Testaufgaben zum Stand der selbstständigen Lese- und Verschriftungsfähigkeit sind für Reihenuntersuchungen im Laufe des 1. Schuljahres gedacht. Sie sind einfach und ohne Probleme auch im normalen Unterricht einsetzbar. Sie eignen sich besonders zur Früherfassung von Schriftaneignungsschwächen.

5. Literaturvorschläge vorwiegend zur Unterrichtspraxis

5.1. Erstlesen

Balhorn/Brügelmann (Hrsg.): Welten der Schrift in der Erfahrung der Kinder. Konstanz 1987.

Bethlehem, G.: Praxis des Lesenlernens. Düsseldorf 1984.

Bierwisch, M.: Schriftstruktur und Phonologie. In: Hofer, A. (Hrsg.): Lesenlernen – Theorie und Unterricht. Düsseldorf 1976, S. 50 ff.

Bleidick, U.: Lesen und Lesenlernen unter erschwerten Bedingungen. Essen (4. Auflage) 1976.

Blumenstock, L.: Einführung in den Gebrauch der Schriftsprache im Erstunterricht. In: Renner, E. (Hrsg.): Akzente für den Unterricht auf der Primarstufe. Heinsberg-Oberbruch: Agentur Dieck 1982, S. 125 ff.

Blumenstock, L.: Brauchen wir einen Fibel-Lehrgang zum Schriftspracherwerb? In: Balhorn/Brügelmann (Hrsg.): Welten der Schrift in der Erfahrung der Kinder. Konstanz 1987.

Bosch, B.: Grundlagen des Erstleseunterrichts. Frankfurt 1984 (Reprint der 1. Auflage von 1937).

Breuer, H./Weuffen, M.: Lernschwierigkeiten am Schulanfang. Weinheim: Beltz 1993.

Deutsche Forschungsgemeinschaft (Hrsg.): Probleme des Lese-Schreib-Erstunterrichts. Boppard 1979.

Dühnfort, E./Kranich, E. M.: Der Anfangsunterricht im Schreiben und Lesen. Stuttgart 1971.

Goodman, K. S.: Die psycholinguistische Natur des Leseprozesses. In: Hofer, A. (Hrsg.): Lesenlernen: Theorie und Unterricht. Düsseldorf 1976.

Gümbel, R.: Erstleseunterricht. Entwicklungen – Tendenzen – Erfahrungen. Kronberg/Ts. 1980.

Hofer, A. (Hrsg.): Lesenlernen – Theorie und Unterricht. Düsseldorf 1976.

Meiers, K.: Erstlesen. Bad Heilbrunn (2. Auflage) 1981.

Meiers, K.: Die Praxis des Erstleseunterrichts. Analyse, Konsequenzen für die Praxis. Kronberg 1977.

Piecherowski, A. (Hrsg.): Vielfältiger Erstleseunterricht. Ulm 1980.

Rabenstein, R.: Erstleseunterricht. In: Rabenstein, R. (Hrsg.): Erstunterricht (2. Auflage). Bad Heilbrunn 1979.

Radigk, W.: Lesenlernen unter besonderer Berücksichtigung der Arbeit mit lernbehinderten Schülern. Berlin (3. Auflage). 1979.

Ritz-Fröhlich, G. (Hrsg.): Lesen im 2. – 4. Schuljahr. Bad Heilbrunn 1981.

Ritz-Fröhlich, G.: Weiterführender Leseunterricht in der Grundschule. Bad Heilbrunn 1971.

Schmalohr, E.: Psychologie des Erstlese- und Schreibunterrichts. München-Basel 1964.

Schwander, M.: Schriftspracherwerb aus schulpädagogischer Sicht. Heinsberg 1989.

5.2. Erstschreiben

Arbeitsgemeinschaft Schreiberziehung: Schreiben will gelehrt sein – Perspektiven und Wege der Schriftvermittlung. Hannover (Pelikan) 1988.

Boehncke, H./Humburg, J.: Schreiben kann jeder. Reinbek b. Hamburg 1980.

Bärmann, F. (Hrsg.): Lernbereich: Schrift und Schreiben. Braunschweig 1979.

Chomsky. C.: Zuerst schreiben, später lesen. In: Hofer, A. (Hrsg.): Lesenlernen: Theorie und Unterricht. Düsseldorf 1976, S. 239 ff.

Deutsche Forschungsgemeinschaft (Hrsg.): Probleme des Schreibenlernens. Bonn 1980.

Diener, K.: Schreibenlernen. Psychologische und didaktische Voraussetzungen. Stuttgart 1980.

Glöckel, H.: Erstschreibunterricht – Schreiben und Rechtschreiben. In: Rabenstein, R. (Hrsg.): Erstunterricht. Bad Heilbrunn (2. Auflage) 1979, S. 109 ff.

Glöckel, H.: Schreiben lernen, Schreiben lehren. Donauwörth (3. Auflage) 1976.

Grünewald, H.: Schreibenlernen. Bochum 1981.

Heuß, G. E.: Aktuelle Fragen des Erstlesens und Erstschreibens. In: Pädagogische Welt. Donauwörth 1977, S. 620 ff.

Heuß, G. E.: Erstlese- und Erstschreibunterricht. Donauwörth 1993.

Krichbaum, G.: Wie Kinder schreiben lernen. Heinsberg 1985.

Liedel, M.: Gegenwärtige Tendenzen in der Praxis des Schreibenlernens. In: Pädagogische Welt 1977, S. 533 ff.

Muth, J.: Ausgangsschrift im Erstleseunterricht. In:

Meiers, K.: (Hrsg.): Erstlesen. Bad Heilbrunn 1977, S. 139 ff.

Neuhaus-Siemon, E.: Schreibenlernen im Anfangsunterricht der Grundschule. Königstein 1981.

Schorch, G. (Hrsg.): Schreibenlernen und Schriftspracherwerb. Bad Heilbrunn: Klinkhardt (2. Aufl.) 1992.

Spitta, G.: Von der Druckschrift zur Schreibschrift. Frankfurt 1988.

Weinert, F. u. a.: Schreiblehrmethode und Schreibentwicklung. Weinheim 1966.

5.3. Offener Schriftspracherwerb

Balhorn, H./Brügelmann, H. (Hrsg.): Welten der Schrift in der Erfahrung der Kinder. Konstanz 1987.

Bergk, M./Meiers, K. (Hrsg.): Schulanfang ohne Fibeltrott. Bad Heilbrunn 1985.

Bergk, M.: Rechtschreibenlernen von Anfang an. Diesterweg 1987.

Blumenstock, L.: Michael schreibt. Heinsberg (Agentur Dieck) 1986.

Blumenstock, L./Renner, E. (Hrsg.): Freies und angeleitetes Schreiben. Beispiele aus dem Vor- und Grundschulalter. Weinheim 1990.

Brügelmann, H.: Kinder auf dem Weg zur Schrift. Konstanz 1983.

Brügelmann, H.: Die Schrift entdecken. Beobachtungshilfen und methodische Ideen für einen offenen Anfangsunterricht im Schreiben und Lesen. Konstanz 1984.

Dehn, M.: Zeit für die Schrift. Bochum 1988.

Gaber, H./Eberwein, H.: Ein Kind lernt schreiben. Stuttgart 1986.

Günther, K.-B. (Hrsg.): Ontogenese, Entwicklungsprozeß und Störungen beim Schriftspracherwerb. Heidelberg 1989.

Hofen, N.: Schreibanlässe in der Grundschule. In: Renner, E. (Hrsg.): Grundschule zwischen Theorie und Praxis. Landau 1990.

Mann, C.: Selbstbestimmtes Rechtschreibenlernen. Weinheim 1991.

Spitta, G.: Kinder schreiben eigene Texte: Klasse 1 u. 2. Bielefeld 1985.

Valtin, R./Naegele, I. (Hrsg.): „Schreiben ist wichtig", hrsg. vom Ak. Grundschule. Frankfurt 1986.

5.4. Schwierigkeiten beim Schriftspracherwerb

Angermaier, M. (Hrsg.): Legasthenie. Frankfurt 1976.

Becker, R.: Die Lese-Rechtschreibschwäche aus logopädischer Sicht. Berlin 1977.

Blöcher, E.: Schwierigkeiten beim Schreibenlernen. Langenau-Ulm 1983.

Blumenstock, L.: Prophylaxe der Lese- und Rechtschreibschwäche. Weinheim (Diss.) 1979.

Böhm, O./Kornmann, R. (Hrsg.): Lesen und Schreiben in der Sonderschule. Weinheim 1983.

Breuer, H./Weuffen, M.: Lernschwierigkeiten am Schulanfang. Weinheim 1993.

Deutsche Forschungsgemeinschaft (Hrsg.): Zur Lage der Legasthenieforschung. Bonn-Bad Godesberg 1977.

Eberle, G./Reiss, G. (Hrsg.): Probleme beim Schriftspracherwerb. Heidelberg 1987.

Kossakowski, A.: Wie überwinden wir die Schwierigkeiten beim Lesen- und Schreibenlernen, insbesondere bei Lese-Rechtschreibschwäche. Berlin-Ost (2. Auflage) 1962.

Kossow, H.-J.: Zur Therapie der Lese-Rechtschreibschwäche. Berlin-Ost (6. Auflage) 1979.

Malmquist, E./Valtin, R.: Förderung legasthenischer Kinder in der Schule. Weinheim-Basel 1974.

Müller, R.: Leseschwäche – Leseversagen – Legasthenie. Bd. 1: Gezieltes Lese- und Rechtschreibtraining auf der Grundlage einer funktionalen Theorie der Legasthenie. Weinheim 1974.

Müller, R.: Leseschwäche – Leseversagen – Legasthenie. Bd. 2: Theoretische und empirische Grundlagen eines gezielten Lese- und Rechtschreibtainings. Weinheim 1974.

Naegele, I. M. u. a.: Lese- und Rechtschreibschwierigkeiten. Weinheim-Basel 1981.

Naegele, I. u. a.: Lese- und Rechtschreibschwierigkeiten – Orientierungen und Hilfen für die Arbeit mit Grundschülern. Weinheim 1981.

Naegele, I./Valtin, R. (Hrsg.): LRS in den Klassen 1 – 10. Weinheim 1989.

Naegele, I./Valtin, R.: Rechtschreibunterricht in den Klassen 1 – 6. Ak. Grundschule Heft 56/57. Frankfurt 1984.

Rathenau, P./Vöge, J.: Erkennen und Fördern von Schülern mit Lese-/Rechtschreibschwierigkeiten. Braunschweig 1982.

Scheerer-Neumann, G.: Intervention bei Lese- und Rechtschreibschwäche – Überblick über Themen, Methoden und Ergebnisse. Bochum 1979.

Sommer-Stumpenhorst, N.: Lese- und Rechtschreibschwierigkeiten vorbeugen und überwinden. Frankfurt (2. Aufl.) 1992.

Straub, A. u. a.: Gezielte Rechtschreibförderung. Vorschläge für die Klassen 2 – 6. Stuttgart: Klett 1986.

5.5. Sprache – Artikulation – Sprachfehler

Atzesberger, M.: Sprachaufbau, Sprechbehinderungen, Pädagogische Hilfen. Stuttgart

Fried, L.: Spiele und Übungen zur Lautbildung. Weinheim-Basel 1981.

Führing, M. u. a.: Die Sprachfehler des Kindes und ihre Beseitigung. Wien (7. Auflage) 1978.

Hofmann, W.: Sprachbildung und Sprecherziehung des lernbehinderten Kindes auf phonetischer Grundlage. Villingen-Schwenningen 1969.

Schilling, K.-H./Wicke, E. (Hrsg.): Sprechkursus. Stimmbildung-Lautbildung-Sprechübungen. Kassel-Wilhelmshöhe 1974.

5.6. Grundwortschatz

Bartnitzky, H./Christiani, R. (Hrsg.): Grundwortschätze – Materialband. Bielefeld 1983.
Duden-Redaktion (Hrsg.): ABC-Duden. Mannheim 1971.
Lemke, H.: Mein buntes Bilderwörterbuch. Gütersloh 1970.
Mahlstedt, D.: Grundwortschatz und kindliche Schriftsprache. In: Diskussion Deutsch, Heft 81. Frankfurt 1985.
Naumann, C. L.: Rechtschreibwörter und Rechtschreibübungen. Soest 1986.
Naumann, C. L.: Rechtschreibwörter und Regelungen, hg. vom Landesinstitut für Schule und Weiterbildung. Soest (Soester Verlagskontor) (3. Aufl.) 1990.
Niedersteberg, I.: Aufbau eines Grundwortschatzes: Klasse 1 und 2. Frankfurt 1986.
Oehler, H.: Grundwortschatz Deutsch. Stuttgart 1966.
Plickat, H.-H.: Deutscher Grundwortschatz. Wortlisten und Wortgruppen für Rechtschreibunterricht und Förderkurse. Weinheim 1980.
Rathenow, P.: Minimalwortschatz Rechtschreiben Klasse 1. In: Naegele, I. u. a. (Hrsg.): Lese- und Rechtschreibschwierigkeiten. Arbeitskreis Grundschule. Weinheim 1981.
Sennlaub, G.: So wird's gemacht. Grundwortschatz, Auswahl und Arbeit. Heinsberg (3. Aufl.) 1987.
Wendelmuth, E.: Mindestwortschatz für den Rechtschreibunterricht in den Klassen 1 – 4. Berlin-Ost 1971.

5.7. Lautgebärden

Bleidick, U.: Lesen- und Lesenlernen unter erschwerten Bedingungen. Essen 1966, S. 121 ff.
Dummer, L.: Lautgebärden als psychomotorische Hilfen. In: Die Grundschule 1978, S. 442 – 444.
Kraft, W.: Lautgebärden im Erstleseunterricht der Lernbehinderten- und Geistigbehindertenschule. Eine vergleichende Untersuchung der bisherigen Gebärdemethoden. In: Zeitschrift für Heilpädagogik 1971, S. 1 – 19.
Radigk, W.: Lesenlernen unter besonderer Berücksichtigung der Arbeit mit lernbehinderten Schülern. Berlin (3. Auflage) 1979.
Schultheis, J.: Lautgebärden als didaktische Hilfe zur Integration sprachbehinderter Kinder. In: Die Sprachheilarbeit 1972, S. 202 – 210.

Mit Kindern lesen

Von Doris Mauthe-Schonig, Bruno Schonig und Mechthild Speichert

1. Schuljahr

Die kleine weiße Ente
Arbeitsheft.
64 Seiten.
Format DIN A4.
ISBN 3-407-62304-6

Mit Kindern lesen im ersten Schuljahr
Anfangsunterricht mit den Geschichten von der kleinen weißen Ente.
Lehrerhandbuch.
95 Seiten.
Format DIN A4.
ISBN 3-407-62305-4

Die kleine weiße Ente
Fibel.
72 Seiten.
Format DIN A4.
Mit 32 ganzseitigen, teilweise mehrfarbigen Abbildungen.
ISBN 3-407-62303-8

Lonis ABC-Geschichten
63 Seiten.
Format DIN A4.
ISBN 3-407-62141-8

2. Schuljahr

Mit Kindern lesen
Handlungsorientierter, fächerübergreifender Unterricht im zweiten Schuljahr.
Lehrerhandbuch.
135 Seiten mit den 14 Gulli-Geschichten und zahlreichen Abbildungen.
Magazinformat.
ISBN 3-407-62080-2

Gullis Lesebuch
96 Seiten.
Vierfarbig.
Pappband.
ISBN 3-407-62297-X

Gullis Arbeitsheft
64 Seiten.
Format DIN A4.
ISBN 3-407-62298-8

Gullis Schreibheft
2. Schuljahr.
Format DIN A4.
Lateinische Ausgangsschrift
ISBN 3-407-62299-6
Vereinfachte Ausgangsschrift
ISBN 3-407-62301-1
Schulausgangsschrift
ISBN 3-407-62169-8

3./4. Schuljahr

Unterrichten mit Geschichten
Erzählender Unterricht mit den Geschichten von der »Säbelbande« im 3./4. Schuljahr.
174 Seiten.
Magazinformat.
ISBN 3-407-62137-X

BELTZ

Preisänderungen vorbehalten

Beltz Verlag · Postfach 100154 · 69441 Weinheim

B0158